DIREITO ADMINISTRATIVO E CONTROLE DE CONTAS

ANDRÉ ROSILHO
Organizador

DIREITO ADMINISTRATIVO E CONTROLE DE CONTAS

Belo Horizonte

FÓRUM
CONHECIMENTO JURÍDICO
2023

© 2023 Editora Fórum Ltda.

É proibida a reprodução total ou parcial desta obra, por qualquer meio eletrônico, inclusive por processos xerográficos, sem autorização expressa do Editor.

Conselho Editorial

Adilson Abreu Dallari
Alécia Paolucci Nogueira Bicalho
Alexandre Coutinho Pagliarini
André Ramos Tavares
Carlos Ayres Britto
Carlos Mário da Silva Velloso
Cármen Lúcia Antunes Rocha
Cesar Augusto Guimarães Pereira
Clovis Beznos
Cristiana Fortini
Dinorá Adelaide Musetti Grotti
Diogo de Figueiredo Moreira Neto (*in memoriam*)
Egon Bockmann Moreira
Emerson Gabardo
Fabrício Motta
Fernando Rossi
Flávio Henrique Unes Pereira

Floriano de Azevedo Marques Neto
Gustavo Justino de Oliveira
Inês Virgínia Prado Soares
Jorge Ulisses Jacoby Fernandes
Juarez Freitas
Luciano Ferraz
Lúcio Delfino
Marcia Carla Pereira Ribeiro
Márcio Cammarosano
Marcos Ehrhardt Jr.
Maria Sylvia Zanella Di Pietro
Ney José de Freitas
Oswaldo Othon de Pontes Saraiva Filho
Paulo Modesto
Romeu Felipe Bacellar Filho
Sérgio Guerra
Walber de Moura Agra

FÓRUM
CONHECIMENTO JURÍDICO

Luís Cláudio Rodrigues Ferreira
Presidente e Editor

Coordenação editorial: Leonardo Eustáquio Siqueira Araújo
Aline Sobreira de Oliveira

Rua Paulo Ribeiro Bastos, 211 – Jardim Atlântico – CEP 31710-430
Belo Horizonte – Minas Gerais – Tel.: (31) 99412.0131
www.editoraforum.com.br – editoraforum@editoraforum.com.br

Técnica. Empenho. Zelo. Esses foram alguns dos cuidados aplicados na edição desta obra. No entanto, podem ocorrer erros de impressão, digitação ou mesmo restar alguma dúvida conceitual. Caso se constate algo assim, solicitamos a gentileza de nos comunicar através do *e-mail* editorial@editoraforum.com.br para que possamos esclarecer, no que couber. A sua contribuição é muito importante para mantermos a excelência editorial. A Editora Fórum agradece a sua contribuição.

Dados Internacionais de Catalogação na Publicação (CIP) de acordo com ISBD

D598	Direito Administrativo e Controle de Contas / organizado por André Rosilho. - Belo Horizonte : Fórum, 2023.
	385p. ; 14,5cm x 21,5cm
	Inclui bibliografia. ISBN: 978-65-5518-491-4
	1. Direito constitucional. 2. Direito financeiro. 3. Direito administrativo. 4. Controle de contas. 5. Tribunal de contas. 6. Tribunal de Contas da União. 7. Controle público. 8. Órgãos de controle. 9. Contratações públicas. 10. Processo administrativo. I. Rosilho, André. II. Título.
2022-3479	CDD 341.3 CDU 342.9

Elaborado por Odilio Hilario Moreira Junior - CRB-8/9949

Informação bibliográfica deste livro, conforme a NBR 6023:2018 da Associação Brasileira de Normas Técnicas (ABNT):

ROSILHO, André. (org.). *Direito Administrativo e Controle de Contas*. Belo Horizonte: Fórum, 2023. 385p. ISBN 978-65-5518-491-4.

SUMÁRIO

APRESENTAÇÃO..27

PARTE 1
CONTROLE PÚBLICO E SEUS LIMITES

A MEDIDA DO CONTROLE DA ADMINISTRAÇÃO PÚBLICA – ADMINISTRAÇÃO PÚBLICA É MUITO OU POUCO CONTROLADA?
Juliana Bonacorsi de Palma..31

O DIREITO TAMBÉM TEM DE VALER PARA O TCU – ESTÁ HAVENDO UMA INVERSÃO DE PAPÉIS?
André Rosilho...33

CONTROLADOR BEM INTENCIONADO PODE DESTRUIR O CONTROLE – CORREGEDORIA DE JUSTIÇA DE SP DESCOBRE QUE INCENTIVOS ERRADOS ESTÃO GERANDO ABUSOS E DESPERDÍCIOS
Carlos Ari Sundfeld..35

OS ÓRGÃOS CRIMINAIS NÃO ENTENDEM DE GESTÃO PÚBLICA – AUTORIDADES ESTÃO IMPROVISANDO DEMAIS, LEVANTANDO SUSPEITAS GRAVES CONTRA GESTORES PÚBLICOS
Carlos Ari Sundfeld..37

QUEM CONTROLA OS TRIBUNAIS DE CONTAS? – FAZ SENTIDO ATRIBUIR ESSA COMPETÊNCIA AO CNJ
André Rosilho...39

QUAIS SÃO OS DESAFIOS DO SISTEMA BRASILEIRO DE
CONTROLE? – LEGISLAÇÃO NÃO SE PREOCUPOU EM DAR
EQUILÍBRIO E EFICIÊNCIA À REDE DE CONTROLES
Juliana Bonacorsi de Palma...41

NÃO EXISTE PROCESSO GRÁTIS – ÓRGÃOS JUDICIAIS E DE
CONTROLE TÊM DE IMPEDIR O INÍCIO DE PROCESSOS SEM
FILTRO
Carlos Ari Sundfeld..43

O CONTROLE COMO BUROCRACIA – PESQUISA MOSTRA
AS DIFICULDADES DE O TCU EVITAR OS RISCOS DA
BUROCRATIZAÇÃO
Carlos Ari Sundfeld..45

TCU E A REMUNERAÇÃO NAS EMPRESAS ESTATAIS –
AUDITORIA É POSITIVA, MAS DETERMINAÇÕES PODEM
GERAR INSEGURANÇA JURÍDICA
André Rosilho...47

A EXPANSÃO DO TCU PARA DENTRO DE ENTIDADES
CONTROLADAS – FENÔMENO É MAIS UM SINAL DE
DESEQUILÍBRIO INSTITUCIONAL EM FAVOR DO CONTROLE
Eduardo Jordão...49

O IMPACTO DO TCU SOBRE INOVAÇÕES: A TERCEIRIZAÇÃO É
A BOLA DA VEZ? – ÓRGÃO DE CONTROLE COSTUMA DEIXAR
SUA MARCA EM INOVAÇÕES DO SETOR PÚBLICO
André de Castro O. P. Braga..51

DETERMINAÇÕES DO TCU EM FISCALIZAÇÃO
OPERACIONAL? – 'MANUAL DE AUDITORIA OPERACIONAL'
EM CONSULTA PÚBLICA TEM PROPOSTA CONTROVERSA
Conrado Tristão...53

O TCU E A BUSCA PELA CAUSALIDADE PERDIDA – TRIBUNAL
DEVERIA CRIAR INSTRUMENTO PARA AVALIAR O IMPACTO
DE INOVAÇÕES NO SETOR PÚBLICO
André de Castro O. P. Braga..55

O TCU E O RISCO DA 'AUTOIDEALIZAÇÃO' – AO MIRAR
FRAGILIDADES DAS AGÊNCIAS, O TCU ESTÁ ATENTO ÀS SUAS
PRÓPRIAS?
Eduardo Jordão, Gustavo Leonardo Maia Pereira 57

TCU: 'REGULADOR NACIONAL' DOS TRIBUNAIS DE CONTAS? –
PROPOSTAS LEGISLATIVAS PODEM COLOCAR A EFICÁCIA DO
CONTROLE EM RISCO
André Rosilho 61
Referências 63

O VIÉS PRÓ-CONTROLE E SUAS DISTORÇÕES
INTERPRETATIVAS – É EQUIVOCADO SUPOR UMA
ORIENTAÇÃO GERAL DO DIREITO PARA FAVORECER O
CONTROLADOR, EM DETRIMENTO DO GESTOR PÚBLICO
Eduardo Jordão 65

QUEM REFORMARÁ O TCU? PROVAVELMENTE NÃO SERÁ O
JUDICIÁRIO – STF POSSUI INSTRUMENTOS PARA MITIGAR
RISCO DE EXTRAPOLAÇÃO DE COMPETÊNCIAS PELO TCU.
MAS HÁ MOTIVOS PARA SER CÉTICO
André de Castro O. P. Braga 67

MP DE CONTAS E O CONTROLE DA POLÍTICA – ATIVISMO
DO MP DE CONTAS É PREJUDICIAL À BOA GOVERNANÇA
PÚBLICA
André Rosilho 69

O TCU *VERSUS* A MILITARIZAÇÃO DOS ÓRGÃOS AMBIENTAIS –
INVESTIDA DO TRIBUNAL TENDE A GERAR INSEGURANÇA
JURÍDICA E BENEFÍCIOS DUVIDOSOS
André de Castro O. P. Braga 71

O TCU E O USO DE PRINCÍPIOS COMO *CONVERSATION
STOPPER* – BELOS PRINCÍPIOS NINGUÉM TEM CORAGEM DE
REFUTAR
Gustavo Leonardo Maia Pereira 73
Referências 74

STF E A 'EXTRAPOLAÇÃO QUALIFICADA' DE COMPETÊNCIAS NO CONTROLE DE CONTAS – SUPREMO FALHA AO CHANCELAR DECISÃO DE CORTE DE CONTAS COM DUPLA VIOLAÇÃO DE COMPETÊNCIA
André Rosilho, Eduardo Jordão 75
Referências 77

O PREÇO DO PROTAGONISMO – SE O TCU É PARTE DA DECISÃO ADMINISTRATIVA, FAZ SENTIDO QUE TENHA PRAZO PARA DECIDIR?
Vitória Damasceno, Pedro A. Azevedo Lustosa 79
Referências 81

O CONTROLE PÚBLICO E A REFORMA DO ESTADO – SERÁ QUE DEVEMOS PENSAR EM REFORMAR O TCU?
Gustavo Leonardo Maia Pereira 83
Referências 85

TCU E O APERFEIÇOAMENTO REGULATÓRIO – COMO CONTROLAR SEM SE SUBSTITUIR AO REGULADOR?
Daniel Bogéa 87

TCU AGIGANTADO: UMA ESCOLHA DO NOSSO DIREITO? – EXCESSOS DO TRIBUNAL DE CONTAS DA UNIÃO SÃO DE SUA RESPONSABILIDADE
Eduardo Jordão 89

TCU, O CASO MORO E OS CUSTOS DA REDUNDÂNCIA DE CONTROLES – EXPANSIONISMO DO CONTROLE DE CONTAS PODE SER ANTIECONÔMICO
Conrado Tristão 91

PARTE 2
CONTROLE DE CONTAS E OS PODERES

TCU CONTRA ACORDOS EM INFRAESTRUTURA – É ERRADO TRATAR TAC DE INVESTIMENTO COMO ACORDO DE COLABORAÇÃO?
Juliana Bonacorsi de Palma 95

O CONTROLE IMPEDE A CAPTURA DA GESTÃO PÚBLICA POR NOMEAÇÕES POLÍTICAS? – INVESTIGAÇÕES DE NOMEADOS TÊM GERADO ATENÇÃO E DESCONFIANÇA DOS CONTROLADORES
Juliana Bonacorsi de Palma 97

COMO ARTICULAR OS CONTROLES SOBRE A ADMINISTRAÇÃO PÚBLICA? – RECENTE DECISÃO DO TCU SUSPENDENDO RESOLUÇÃO DA ANTAQ CHAMA ATENÇÃO AO TEMA
Yasser Gabriel 99

QUANTO O TCU CONTROLA AS ATIVIDADES-FIM DAS AGÊNCIAS REGULADORAS DE INFRAESTRUTURA? – PESQUISA DO OBSERVATÓRIO DO CONTROLE DA ADMINISTRAÇÃO PÚBLICA (USP) APRESENTA DADOS QUE AJUDAM NESSE DEBATE
Juliana Bonacorsi de Palma 101

O 'CONFORTO ESPIRITUAL' DO TCU – POR QUE OS GESTORES PÚBLICOS PROCURAM O TRIBUNAL?
André de Castro O. P. Braga 103

O TCU E A DEFERÊNCIA AO REGULADOR – QUANDO AS APARÊNCIAS ENGANAM: CONCORDAR COM O RESULTADO NÃO É SER DEFERENTE
Gustavo Leonardo Maia Pereira 105
Referências 106

QUEM DÁ AS CARTAS NA REGULAÇÃO? – OS RISCOS E BENEFÍCIOS DO PODER DE AGENDA DO TCU
Daniel Bogéa 107

ADMINISTRAÇÃO DIALÓGICA OU AMEDRONTADA? – DIÁLOGO REAL NÃO PARECE COMBINAR COM RISCO DE SANÇÃO
Eduardo Jordão 109

TCU E AS INVESTIGAÇÕES INDEPENDENTES EM ESTATAIS – NÃO VAI TER SIGILO
André de Castro O. P. Braga 111

ESTRATÉGIA DO TCU PARA REGULAR A SAÚDE? – FALTA DE MOTIVAÇÃO FOI PRETEXTO PARA TCU REVISAR DECISÃO DA ANVISA
Gustavo Leonardo Maia Pereira 113

TCU RESPEITA A DISCRICIONARIEDADE ADMINISTRATIVA? – DISCURSO E PRÁTICA PARECEM ESTAR EM DESCOMPASSO
Conrado Tristão 115

QUANDO O TCU RESPEITA A DISCRICIONARIEDADE ADMINISTRATIVA? – A AUSÊNCIA DE CRITÉRIO CLARO GERA INSEGURANÇA JURÍDICA
Gabriela Duque 117

ORIENTAÇÃO PACÍFICA DO STF E DO STJ VINCULA O TCU? – TCU TEM O ÔNUS DE DIALOGAR COM A JURISPRUDÊNCIA DOS TRIBUNAIS SUPERIORES
Ricardo Alberto Kanayama 119
Referências 121

TCU PODE COLABORAR PARA A EDIÇÃO DE LEIS ORÇAMENTÁRIAS MAIS REALISTAS – AUDITORIAS PODEM AJUDAR O LEGISLATIVO A PRIORIZAR PROGRAMAS GOVERNAMENTAIS QUE DÃO CERTO
André Rosilho 123

TCU FISCALIZARÁ O 'ORÇAMENTO SECRETO'? – TRIBUNAL PODE TER PAPEL CENTRAL NO ACOMPANHAMENTO DAS EMENDAS RP9
Rodrigo Luís Kanayama 125

PARTE 3
ALCANCE DA "JURISDIÇÃO DE CONTAS"

O QUE O TCU TEM A DIZER SOBRE ACORDOS ADMINISTRATIVOS? – TRIBUNAL DE CONTAS ACEITA ACORDO ADMINISTRATIVO TROCANDO MULTA POR INVESTIMENTO
Juliana Bonacorsi de Palma 129

ÓRGÃOS DE CONTROLE PODEM AFASTAR LEIS INCONSTITUCIONAIS? – SE A DECLARAÇÃO DE INCONSTITUCIONALIDADE É PRIVATIVA DO JUDICIÁRIO, A DEFESA DA ORDEM CONSTITUCIONAL NÃO O É
Juliana Bonacorsi de Palma 131

TRIBUNAIS DE CONTAS TÊM JURISDIÇÃO SOBRE PARTICULARES CONTRATADOS? – PARA O TCU, SIM. MAS O DIREITO COMPARADO SUGERE SE TRATAR DE INTERPRETAÇÃO INUSITADA
Conrado Tristão 133

TCU E A DESCONSIDERAÇÃO DA PERSONALIDADE JURÍDICA DE CONTRATADOS – DIREITO COMPARADO EVIDENCIA USO DISTINTO DO INSTITUTO
Conrado Tristão 135

NAS FRONTEIRAS DO CONTROLE: DEVE O TCU ABARCAR O MUNDO COM AS MÃOS? – FISCALIZAÇÃO DE ENTIDADES PRIVADAS PELO TCU NÃO É ALGO INÉDITO OU POUCO USUAL
Daniel Bogéa 137

POR QUE O TCU SUSPENDEU A PUBLICIDADE SOBRE O PACOTE ANTICRIME? – O TRIBUNAL FUNCIONOU COMO CENSOR DA PROPAGANDA OFICIAL?
Gustavo Leonardo Maia Pereira 139

TCU: JUSTIÇA ADMINISTRATIVA? – 2019 REVELA QUE TRIBUNAL SE VÊ COMO JUIZ DE OFÍCIO DE QUALQUER INTERESSE PÚBLICO
André de Castro O. P. Braga, André Rosilho, Conrado Tristão, Daniel Bogéa, Eduardo Jordão, Gustavo Leonardo Maia Pereira, Juliana Bonacorsi de Palma, Yasser Gabriel 141

USO ESTRATÉGICO DO CONTROLE? – LEITURA DAS COMPETÊNCIAS DO TCU DEVE SER FEITA A PARTIR DE NORMAS E NÃO DO RESULTADO ESPERADO
Yasser Gabriel 145

CONTROLE DE CONSTITUCIONALIDADE POR TRIBUNAIS DE CONTAS? – CASO DO 'BÔNUS DE EFICIÊNCIA' APONTA IMPASSE ENTRE TCU E STF
Conrado Tristão 147

TCU NÃO É CONSELHO DE ESTADO – NÃO CABE AO TCU ANALISAR DESVIO DE FINALIDADE EM FISCALIZAÇÃO TRIBUTÁRIA
André Rosilho 149

O TCU PODE REVER OS VALORES DE ACORDOS CELEBRADOS PELO CADE? – QUESTIONAR AS CONTRIBUIÇÕES PECUNIÁRIAS PODE INVIABILIZAR FUTUROS ACORDOS ADMINISTRATIVOS
Juliana Bonacorsi de Palma 151

TCU NO COMBATE ÀS *FAKE NEWS*? – TRIBUNAL NÃO PODE INVIABILIZAR PUBLICIDADE GOVERNAMENTAL EM NOVOS MEIOS DE COMUNICAÇÃO
Mariana Vilella 155

TCU TEM JURISDIÇÃO SOBRE A OAB? – STF INOVA AO SUGERIR QUE A AUTONOMIA SEJA LEVADA A SÉRIO
Conrado Tristão 157

TCU E O MITO DA 'JURISDIÇÃO DE CONTAS' – DECISÕES DO TRIBUNAL SERIAM IMUNES A REVISÃO PELO JUDICIÁRIO?
Conrado Tristão 161
Referências 163

TCU E O ÔNUS DA JABUTICABA – QUAIS OS BENEFÍCIOS DE UM CONTROLE OPERACIONAL INTERVENTIVO?
Conrado Tristão 165

UMA NOVA COMPETÊNCIA DO TCU? – PROJETO QUE ALTERA A LEI DE IMPROBIDADE ADMINISTRATIVA EXIGE INTERVENÇÃO DOS TRIBUNAIS DE CONTAS NAS SOLUÇÕES CONSENSUAIS
Ricardo Alberto Kanayama 167

TCU E O CONTROLE DE POLÍTICAS PÚBLICAS – ATÉ ONDE VAI SUA JURISDIÇÃO? CASO DA EDUCAÇÃO SUGERE QUE TCU EXERCE CONTROLE DE CONTAS NACIONAL
Mariana Vilella 171

TCU E CRISES NO ENEM – QUAL O PAPEL DO TRIBUNAL NO ÂMBITO DA EDUCAÇÃO?
Mariana Vilella 173

MORO E A INDISPONIBILIDADE DE BENS NO TCU – RIGOR NA APLICAÇÃO DE REGRAS PODE EVITAR A POLITIZAÇÃO DO CONTROLE
André Rosilho 175
Referências 177

O RISCO DO IMPROVISO – TCU E NOMEAÇÃO DE DIRIGENTES DE AGÊNCIAS REGULADORAS: EM DECISÃO RECENTE, CORTE AFIRMOU SUA COMPETÊNCIA PARA REALIZAR CONTROLE PRÉVIO DE NOMEAÇÕES PARA AGÊNCIAS
André de Castro O. P. Braga 179

TRANSFERÊNCIAS FEDERAIS NA EDUCAÇÃO – NEM SEMPRE SOLUÇÃO É AMPLIAR CONTROLE: PARA MELHORAR A ALOCAÇÃO DE RECURSOS, É PRECISO OUVIR OS GESTORES PÚBLICOS
Mariana Vilella 181

PARTE 4
CONTROLE DAS CONTRATAÇÕES PÚBLICAS

TRIBUNAL DE CONTAS NA LEI DAS ESTATAIS – CONSTITUIÇÃO NÃO TRANSFORMOU OS TRIBUNAIS DE CONTAS EM REVISORES GERAIS DA ADMINISTRAÇÃO PÚBLICA
André Rosilho 185

ENTIDADES DO TERCEIRO SETOR PODEM DISPUTAR LICITAÇÕES? – O TCU TRATA OSs e OSCIPs DE MODO DIFERENTE?
Yasser Gabriel 189

COMPLIANCE EM CONTRATAÇÕES PÚBLICAS – QUAL CAMINHO O TCU ESCOLHERÁ? TRIBUNAL TEM ÓTIMA OPORTUNIDADE PARA APOIAR INICIATIVA INOVADORA
André de Castro O. P. Braga 191

TCU E O SOBREPREÇO EM CONTRATOS PÚBLICOS – AFIRMAR QUE PREÇO NÃO É O 'JUSTO' É ARGUMENTO INSUFICIENTE PARA CONDENAR
André Rosilho 193

TCU E A 'CULTURA DO REGISTRO PRÉVIO' – DIREITO COMPARADO MOSTRA QUE PROBLEMAS NÃO SÃO EXCLUSIVOS DO BRASIL
Conrado Tristão 195

QUANDO TCU E REGULADOR DIVERGEM – CASO DOS BENS REVERSÍVEIS: A QUEM COMPETE DEFINIR O CONCEITO DE BENS REVERSÍVEIS NO SETOR DE TELECOM?
Daniel Bogéa 197

PRORROGAÇÃO ANTECIPADA DA MALHA PAULISTA NO TCU –
O PRINCÍPIO DA LICITAÇÃO: ENTRE DOGMA E REALIDADE
Daniel Bogéa, Vitória Damasceno 199

TERCEIRO SETOR PODE PARTICIPAR DE LICITAÇÕES? – TCU
ENTENDEU QUE SIM, MAS IMPÔS RESTRIÇÕES
Mariana Vilella 201

PRIVATIZAÇÕES E O TRIBUNAL DE CONTAS DA UNIÃO –
QUANDO AS AUTORIDADES DE CONTROLE APLICAM REGRAS
EM VEZ DE PRINCÍPIOS VAGOS, A SEGURANÇA JURÍDICA
PREVALECE
André Rosilho 203

TCU E O CASO DAS *GOLDEN SHARES* – RESPOSTA CONSULTA
TROUXE SEGURANÇA JURÍDICA ÀS DESESTATIZAÇÕES?
Daniel Bogéa 205

O TCU COMO FIADOR DE REEQUILÍBRIOS? – FÓRMULAS
INOVADORAS DE CONTROLE PRÉVIO REFORÇAM
TENDÊNCIAS ANTERIORES À PANDEMIA
Daniel Bogéa 207

TCU E A CONFIABILIDADE DO SISTEMA SICRO –
INCONSISTÊNCIAS CRÔNICAS NO SICRO PODEM ESTIMULAR
DISTORÇÕES EM CONTRATAÇÕES PÚBLICAS
Gabriela Duque 209

EXISTE 'SUPERFATURAMENTO' TOLERÁVEL SEGUNDO O
TCU? – DECISÕES RECENTES SINALIZAM QUE AINDA NÃO
HÁ RESPOSTA FIRME PARA A PERGUNTA
Gabriela Duque 211

TCU: SOBERANO DA REGULAÇÃO, MAS SEM OS ÔNUS DO
REGULADOR – PARA AGIR COMO REGULADOR, TRIBUNAL
DEVERIA MUDAR SUA GOVERNANÇA
Gustavo Leonardo Maia Pereira 213

UMA NOVA LEI DE LICITAÇÕES E CONTRATOS COM CARIMBO DO TCU – HÁ DADOS QUE DEMONSTREM A VANTAJOSIDADE DAS SOLUÇÕES DO CONTROLE PARA AS CONTRATAÇÕES PÚBLICAS?
Gabriela Duque 215

LICITAÇÃO DO 5G – CRISE DE IDENTIDADE NA ADMINISTRAÇÃO E NO CONTROLE: INTERAÇÃO ENTRE TCU E ANATEL ILUSTRA GOVERNANÇA PÚBLICA DISFUNCIONAL E INCONSTITUCIONAL
André Rosilho 217

A QUEM CABE DIZER O QUE É O INTERESSE PÚBLICO? – CONTROLE PRÉVIO INCONSTITUCIONAL APOIADO EM CONCEITOS INDETERMINADOS ABRE MARGEM PARA ARBÍTRIO
André Rosilho, Yasser Gabriel 221

TCU E A APLICAÇÃO DA NOVA LEI DE LICITAÇÕES E CONTRATOS – EM DECISÃO, O TCU DECIDIU RELATIVIZAR DISPOSITIVO DA LEI Nº 14.133/2021
Vitória Damasceno 223

RETROSPECTIVA E PERSPECTIVAS NA APLICAÇÃO DA LEI DE LICITAÇÕES PELO TCU – JURISPRUDÊNCIA GERA DÚVIDAS SOBRE O VALOR DA LEI NA CORREÇÃO DE ATOS DA ADMINISTRAÇÃO PÚBLICA
Gabriela Duque 227

DE ONDE VEM O 'PODER' DO TCU PARA BARRAR DESESTATIZAÇÕES? – SE CONTROLE PRÉVIO É BOM, FALTOU COMBINAR COM O DIREITO
Daniel Bogéa, André Rosilho, Eduardo Jordão 229

NULIDADE DOS CONTRATOS E DESAFIOS DO TCU – ART. 147 DA NOVA LEI DE LICITAÇÕES PODE ESTIMULAR O TCU A AGIR FORA DE SUAS COMPETÊNCIAS
Gabriela Duque 233

PARTE 5
PODER CAUTELAR NO CONTROLE DE CONTAS

POR CAUTELA, O TCU PODE TUDO? – PARA STF, TCU INVADIU ESPAÇO DO EXECUTIVO AO SUSTAR PROCESSO DE CONCILIAÇÃO

André Rosilho 237

INDISPONIBILIDADE DE BENS DE CONTRATADOS PELO TCU – QUAL É O CRITÉRIO? MANEJO DA MEDIDA PODE SUSCITAR APLICAÇÃO DO ART. 27 DA LINDB

André Rosilho 239

AUTOCONTENÇÃO DO TCU? – PROBLEMAS NA EXECUÇÃO DA INDISPONIBILIDADE DE BENS COLOCAM EM XEQUE A EFICÁCIA DA CAUTELAR

André Rosilho 241

QUANTO E QUAL PODER DE CAUTELA PARA O TCU? – IDEIA DE PODER GERAL DE CAUTELA IMPLÍCITO NÃO CONDIZ COM TEXTO CONSTITUCIONAL

Eduardo Jordão 243

TCU ENTRE O DIÁLOGO E O PORRETE: DOIS POLOS DO CONTROLE DA REGULAÇÃO – FATO É QUE A CORTE VALE-SE DE AMPLO LEQUE DE FERRAMENTAS PARA EXERCER O CONTROLE EXTERNO

Daniel Bogéa 245

LIMITES À EFETIVIDADE DE CAUTELARES RESTRITIVAS DE BENS NO TCU – APRIMORAMENTO DAS MEDIDAS DE URGÊNCIA DEVE OCORRER DENTRO DOS LIMITES LEGAIS

Vitória Damasceno 247

O USO DE CAUTELARES E A ROTA DE AUTOCONTENÇÃO DO TCU – O SINUOSO CAMINHO DA MODERAÇÃO DO CONTROLE

Gustavo Leonardo Maia Pereira 251

TRIBUNAIS DE CONTAS PODEM SUSTAR CONTRATOS? – NOVA LEI DE LICITAÇÕES REFORÇA LÓGICA CONSTITUCIONAL
Conrado Tristão 253

PARTE 6
RESPONSABILIZAÇÃO E SANÇÕES NO CONTROLE DE CONTAS

MAIS OU MENOS INIDÔNEO? – TCU PARECE ENTENDER QUE A DECLARAÇÃO DE INIDONEIDADE INDEPENDE DE CRITÉRIOS CONSISTENTES DE DOSIMETRIA
Yasser Gabriel 257

QUEM É O 'ADMINISTRADOR MÉDIO' DO TCU? – LINDB EXIGE QUE CONDUTAS SEJAM AVALIADAS A PARTIR DA REALIDADE
Juliana Bonacorsi de Palma 259

PODE O TCU INABILITAR CONTRATADO A OCUPAR CARGO PÚBLICO? – LEI DIZ QUE ESSA SANÇÃO SÓ SE APLICA A GESTOR DE RECURSOS PÚBLICOS
André Rosilho 261

QUANTO TEMPO PODE DURAR A INIDONEIDADE DECLARADA PELO TCU? – APLICA-SE A LIMITAÇÃO DE CINCO ANOS À PENA TOTAL CUMULADA?
Yasser Gabriel 263

O TCU E A RESPONSABILIZAÇÃO PESSOAL DE REGULADORES – PARA PUNIR, NÃO BASTA A SUPOSIÇÃO DE QUE O REGULADOR PODERIA TER SIDO MAIS EFICIENTE
Gustavo Leonardo Maia Pereira 265

RESPONSABILIDADE SOLIDÁRIA EM CONSÓRCIO PARA O TCU – PARA TCU, 'DIGA-ME COM QUEM ANDAS, QUE DIREI QUEM TU ÉS' É INSUFICIENTE PARA PUNIR
Yasser Gabriel 267

O NOVO REGIME DE PROTEÇÃO DA IDENTIDADE DO
DENUNCIANTE JUNTO AO TCU – EFETIVIDADE DAS
DENÚNCIAS DEPENDE DE REGULAMENTAÇÃO
Juliana Bonacorsi de Palma 269

IMPASSE NA JURISPRUDÊNCIA DO TCU: EFEITOS DA OMISSÃO
NO DEVER DE PRESTAR CONTAS – JULGADOS DIVERGENTES
PODEM GERAR INSEGURANÇA JURÍDICA
Gilberto Mendes C. Gomes, Pedro A. Azevedo Lustosa 271

É ERRO GROSSEIRO DIVERGIR DO TCU? – DIVERGÊNCIA
FUNDAMENTADA NÃO ENSEJA RESPONSABILIDADE DO
GESTOR
Juliana Bonacorsi de Palma 273

TCU E A DEVOLUÇÃO DO LUCRO ILEGÍTIMO – TRIBUNAL
NÃO PODE APLICAR SANÇÃO DE PERDA DE BENS E
VALORES ACRESCIDOS ILICITAMENTE AO PATRIMÔNIO DE
PARTICULAR
Yasser Gabriel 275

O QUE É ERRO GROSSEIRO PARA O TCU? – A SEGURANÇA
JURÍDICA É OBRA COLETIVA DE LEGISLADORES E
CONTROLADORES
Eduardo Jordão, Conrado Tristão 277

PARÂMETROS DA LINDB EM MULTAS DO TCU – TRIBUNAL
TEM RECORRIDO À LINDB PARA FAZER A DOSIMETRIA NA
APLICAÇÃO DE MULTAS
Yasser Gabriel 279

ERRO GROSSEIRO E TCU: ALGO MUDOU? – EVIDÊNCIAS
SUGEREM QUE IMPACTO DA ALTERAÇÃO DA LINDB FOI
MODESTO
André de Castro O. P. Braga 281

COOPERAÇÃO DOS CONTROLES EM ACORDO DE LENIÊNCIA – CONTROLADORES PÚBLICOS SE COMPROMETEM A AGIR COM HARMONIA EM ACORDOS DE LENIÊNCIA
Yasser Gabriel 283

IMPROBIDADE NO TCU: SERÁ QUE A MODA PEGA? – RECENTES DECISÕES DO TCU SOBRE IMPROBIDADE ADMINISTRATIVA TRAZEM SURPRESA E PREOCUPAÇÕES
Ricardo Alberto Kanayama 285

É CONSTITUCIONAL A INIDONEIDADE DECLARADA PELO TCU? – STF TERIA DITO QUE SIM. DISSE MESMO?
André Rosilho, Yasser Gabriel 287

A NECESSÁRIA "DETRAÇÃO" NA APLICAÇÃO DE SANÇÕES DO TCU – INDEPENDÊNCIA INSTITUCIONAL NÃO JUSTIFICA AUTOALIENAÇÃO DAS ESFERAS PUNITIVAS
Yasser Gabriel 289

CABE RESPONSABILIZAÇÃO DE PARECERISTA QUE NÃO SEGUIR JURISPRUDÊNCIA PACIFICADA DO TCU? – É ÔNUS DO TCU INDICAR SUA JURISPRUDÊNCIA PACIFICADA COM BASE EM SÓLIDA METODOLOGIA
Juliana Bonacorsi de Palma 291

ACORDO DE LENIÊNCIA E DECLARAÇÃO DE INIDONEIDADE PELO TCU – PARA STF, MULTIPLICIDADE SANCIONADORA NÃO PODE LEVAR AO DESCUMPRIMENTO PRÁTICO DO ACORDO
Yasser Gabriel 295

BOA NOTÍCIA NA APLICAÇÃO DO ART. 22 DA LINDB PELO TCU? – REALIDADE DO GESTOR FOI DECISIVA EM RECENTE DECISÃO DO TCU
Gilberto Mendes C. Gomes 297

CONTORCIONISMOS DO PODER PUNITIVO DO TCU –
INTERPRETAÇÃO DO TRIBUNAL DIFICULTA APLICAÇÃO DO
§3º DO ART. 22 DA LINDB
Yasser Gabriel 299

O CONTROLADOR MÉDIO – O PRIMO MENOS CONHECIDO DO
"ADMINISTRADOR MÉDIO"
Eduardo Jordão 301

CONTEXTO FÁTICO E CRITÉRIOS PARA A APLICAÇÃO DE
SANÇÕES PELO TCU – TCU PARECE TER DIFICULDADE DE
ATENDER AO COMANDO DO §2º DO ART. 22 DA LINDB
Gabriela Duque 303

TCU PODE DESCONSIDERAR PERSONALIDADE JURÍDICA
E ESTENDER EFEITOS DA INIDONEIDADE? – TRIBUNAL DE
CONTAS DESENVOLVEU RACIOCÍNIO VISANDO A EVITAR
FRAUDE À SANÇÃO DE INIDONEIDADE
Juliana Bonacorsi de Palma 307

DELEGAÇÃO DE COMPETÊNCIA: UM TEMA QUE MERECE
MAIS ATENÇÃO DO TCU – FALTAM PARÂMETROS
PARA RESPONSABILIZAR GESTORES EM CASOS DE
DESCONCENTRAÇÃO
Ricardo Alberto Kanayama 309

O PODER DISSUASÓRIO DO TCU: ENTRE RECORDES E O VAZIO –
COM DIRETRIZES MAIS CLARAS, O PODER DO TRIBUNAL DE
CONTAS DA UNIÃO DE GUIAR COMPORTAMENTOS SERIA
MAIS EFETIVO
André de Castro O. P. Braga 311

COMO A NOVA LEI DE IMPROBIDADE ADMINISTRATIVA PODE
INSPIRAR O TCU? – CINCO PONTOS DA NOVA LIA QUE PODEM
INSPIRAR MELHORIAS NO TRIBUNAL DE CONTAS DA UNIÃO
Ricardo Alberto Kanayama 315

PARTE 7
PROCESSO NO CONTROLE DE CONTAS

E SE O CONTROLADOR MUDA DE IDEIA? – TEM DE RESPEITAR O PASSADO E OS PRECEDENTES, DIZ O TCE-SP, APLICANDO A LINDB
Yasser Gabriel 319

CONSEQUENCIALISMO, EVIDÊNCIAS E O CONTROLE PELO TCU – TRIBUNAL DEVE CONSIDERAR A LEITURA ADMINISTRATIVA DAS EVIDÊNCIAS
Juliana Bonacorsi de Palma 321

A IMPORTÂNCIA DA TÉCNICA DECISÓRIA NO CONTROLE PÚBLICO – MESMO DIANTE DE ACHADOS DE AUDITORIA CONSISTENTES, A FORMA DE DECIDIR ADOTADA PELO TCU PODE CAUSAR IMPACTOS INDESEJADOS
Gustavo Leonardo Maia Pereira 323

LIMITES AOS PODERES INDIVIDUAIS NO TCU: O PEDIDO DE VISTA E A FORÇA DO COLEGIADO – MUDANÇA REGIMENTAL DO TCU EXPLICITA UMA FACETA PROMISSORA DA CORTE DE CONTAS
Daniel Bogéa, Vitória Damasceno 325

TCU TEM PRAZO PARA JULGAR CONCESSÃO DE APOSENTADORIA? – STF DECIDIU QUE SIM, MAS DEIXOU ESPAÇO PARA INTERPRETAÇÃO
Ricardo Alberto Kanayama 327

TRIBUNAIS DE CONTAS E A PRESCRIÇÃO DO RESSARCIMENTO AO ERÁRIO – STF APLICARÁ NOVA TESE AO TCU?
Conrado Tristão 329

DESENVOLVIMENTO DA DISCUSSÃO ENVOLVENDO A
PRESCRIÇÃO DA ATUAÇÃO DO TCU NA PAUTA DO SUPREMO –
HOUVE CONSIDERÁVEL AMADURECIMENTO DESSA
DISCUSSÃO DESDE QUE FOI INDICADA JUNTO AO STF COMO
"PAUTA TCU" EM 2018
Gilberto Mendes C. Gomes, Pedro A. Azevedo Lustosa 331
Referências 333

PRETENSÃO DE RESSARCIMENTO NO TCU: IMPRESCRITÍVEL
ATÉ QUANDO? – TCU PRECISA EXPLICAR POR QUE SEGUE
APLICANDO A SÚMULA DA IMPRESCRITIBILIDADE
André Rosilho 335

TCU E O ÔNUS DA PROVA EM PROCESSO ADMINISTRATIVO
SANCIONADOR – CONTRATADOS PELO ESTADO NÃO PODEM
SER EQUIPARADOS A GESTORES PÚBLICOS
Gilberto Mendes C. Gomes, Pedro A. Azevedo Lustosa 337

O TCU CONSIDERANDO AS CONSEQUÊNCIAS PRÁTICAS DA
SUA DECISÃO – TRIBUNAL APLICA O ART. 20 DA LINDB PARA
NÃO IMPOR DÉBITO A MUNICÍPIO
Ricardo Alberto Kanayama 339

IMPEDIMENTO E SUSPEIÇÃO DE MINISTROS DO TCU – QUAL É
A JURISPRUDÊNCIA DO TRIBUNAL SOBRE O TEMA?
Gilberto Mendes C. Gomes, Pedro A. Azevedo Lustosa 341

TCU ENTRE O 'DEVER DE UNIFORMIDADE' E A JUSTIÇA NO
CASO CONCRETO – FATOS SUGERIAM A NECESSIDADE DE
REVISÃO DA JURISPRUDÊNCIA REITERADA DO TRIBUNAL
RESOLUÇÃO 315 DO TCU: INÍCIO DE UMA REVOLUÇÃO NO
CONTROLE? – EVIDÊNCIAS SUGEREM QUE O TCU ENTROU EM
ROTA DE AUTOCONTENÇÃO
André de Castro O. P. Braga 345

HÁ DUPLO GRAU DE JURISDIÇÃO NO TCU? – O NÃO IMPEDIMENTO DO "RELATOR RECORRIDO"
Gilberto Mendes C. Gomes, Vitória Damasceno 349

TCU, O TRIBUNAL DRIBLADOR – TCU TEM DRIBLADO DECISÃO DO STF QUE FIXOU PRAZO PARA O JULGAMENTO DE APOSENTADORIAS
Ricardo Alberto Kanayama 351

O PLENÁRIO DO TCU PODE LIMITAR O TEMPO DE VISTA DE MINISTRO REVISOR? – PARA AGILIZAR O JULGAMENTO DA CONCESSÃO DO 5G, O TCU FEZ INTERPRETAÇÃO HETERODOXA DO REGIMENTO INTERNO
Gilberto Mendes C. Gomes 353

TRIBUNAIS DE CONTAS SÃO IMUNES ÀS LEIS DE PROCESSO? – NOVA LEI DE LICITAÇÕES IMPÕE PRAZO PARA DECISÃO DE MÉRITO EM CAUTELARES
Conrado Tristão 355

DIREITO DE VISTA DO RELATOR NO TCU: CASO ELETROBRAS – PLENÁRIO AUTORIZA O PROCESSO DE DESESTATIZAÇÃO MESMO COM PEDIDO DE VISTA PENDENTE
Gilberto Mendes C. Gomes, Pedro A. Azevedo Lustosa 357

PARTE 8
PERFIL INSTITUCIONAL E ORGANIZAÇÃO INTERNA DO TRIBUNAL DE CONTAS DA UNIÃO

O STF CONTROLANDO O CONTROLADOR – ASSUMIRÁ O SUPREMO O PAPEL DE FREAR O MOVIMENTO EXPANSIONISTA DO TCU?
Eduardo Jordão 361

TCU E A DESBUROCRATIZAÇÃO DO CONTROLE – SIMPLIFICAÇÃO DO CONTROLE É O MELHOR CAMINHO PARA APERFEIÇOAR A GESTÃO PÚBLICA
Daniel Bogéa 363

SIMPLIFICAÇÃO DO CONTROLE PELO TRIBUNAL DE CONTAS DA UNIÃO – RESOLUÇÃO DO TRIBUNAL INCORPORA DIRETRIZES DA LEI DE INTRODUÇÃO ÀS NORMAS DO DIREITO BRASILEIRO (LINDB)
André Rosilho 367

QUAL MINISTRO QUEREMOS PARA O TCU? – DEBATE JÁ TÍPICO NAS NOMEAÇÕES AO STF DEVE CHEGAR TAMBÉM AO TCU
Eduardo Jordão 371

SERÁ QUE O TCU PREFERE SER TEMIDO? – EM COMUNICADO, TCU OMITE ISENÇÃO DE RESPONSABILIDADE PESSOAL COM BASE NA LINDB
André Rosilho 373

MUDANÇAS NO RH DO TCU: MODERNIZAÇÃO OU TREM DA ALEGRIA? – NORMA TRAZ FLEXIBILIDADE E PODE MELHORAR O CONTROLE
Gustavo Leonardo Maia Pereira 375

TUDO O QUE O TCU QUER NESTE NATAL – ... É TER PODER DE VETO SOBRE QUEM SERÃO SEUS FUTUROS MINISTROS
Yasser Gabriel 377

JURISPRUDÊNCIA DO CONTROLE DE CONTAS E IDENTIDADE INSTITUCIONAL DO TCU – OS PRIMEIROS VOTOS DO MINISTRO ANTONIO ANASTASIA
Juliana Bonacorsi de Palma 379

SOBRE OS AUTORES 383

APRESENTAÇÃO

O controle de contas não costuma ser protagonista nos manuais de direito administrativo. Essa instituição e sua influência sobre o direito administrativo contemporâneo têm merecido poucas linhas. No controle externo da Administração Pública, o foco continua recaindo mais sobre o controle judicial.

Porém, quando o administrativista deixa o mundo dos livros e cai na vida, uma surpresa: tribunais de contas por todos os lados, decidindo sobre os mais variados temas (contratos administrativos, servidores públicos, serviços públicos, regulação etc.) e movimentando reflexões novas sobre debates doutrinários clássicos (limites do controle de atos administrativos, limites da discricionariedade da Administração Pública e por aí vai).

Nas redes sociais, os informativos do Tribunal de Contas da União (TCU) causam alvoroço e exercem magnetismo: "Acórdão nº tal. TCU decide isto ou aquilo". Imediatamente, reações pró e contra. Mobilização e compartilhamentos mil.

Para quem vive a prática, o fenômeno tem explicação intuitiva: hoje, o direito administrativo real é mais impactado pelo controle de contas do que pelo controle judicial. Os manuais seguem sendo construídos a partir das normas e das preocupações que povoam a cabeça dos autores, como um reflexo do período e do ambiente em que elaborados. Como o foco do controle de contas sempre foi o universo das finanças públicas, é natural que os administrativistas não investissem tanta energia para esquadrinhá-lo em seus livros.

Nos manuais do futuro, contudo, isso tende a mudar. Não porque tenha havido uma mudança radical nas normas que tratam do controle de contas, mas porque as instituições que o compõem têm atribuído a si mesmas funções inéditas. Entre os administrativistas há certo consenso de que os tribunais de contas, sobretudo o da União, passaram a ser mais "ativistas", impactando bastante a aplicação do direito administrativo e a gestão pública.

O presente livro reúne textos selecionados, que procuram, a partir da ótica do direito administrativo, subsidiar a compreensão do controle de contas na contemporaneidade. São alguns dos artigos curtos publicados ao longo de cinco anos na Coluna Controle Público, no site JOTA.info, produzidos por pesquisadores do Observatório do TCU da FGV Direito SP + Sociedade Brasileira de Direito Público – SBDP. Somos um grupo de pesquisa que há vários anos se dedica a acompanhar a atuação do tribunal e a refletir sobre suas características, perfil e influência. Nosso compromisso primordial é com a produção de conteúdo acadêmico independente voltado a colaborar com o aumento da segurança jurídica e com o aprimoramento das instituições de controle público no Brasil.

A coletânea está dividida em sete partes: controle público e seus limites; controle de contas e os Poderes; alcance da "jurisdição de contas"; controle das contratações públicas; poder cautelar no controle de contas; responsabilização e sanções no controle de contas; processo no controle de contas; e perfil institucional e organização interna do Tribunal de Contas da União.

Vistos em perspectiva, os textos revelam um controle público em expansão. E, talvez, em crise de identidade. Será que tem faltado deferência dos controladores de contas para com o direito administrativo? Será que os administrativistas ainda olham menos do que deviam para o controle de contas?

Para concluir, os autores agradecem a Jolivê Alves da Rocha Filho pelo apoio fundamental na organização e revisão da obra.

Boa leitura!

PARTE 1

CONTROLE PÚBLICO
E SEUS LIMITES

A MEDIDA DO CONTROLE DA ADMINISTRAÇÃO PÚBLICA

ADMINISTRAÇÃO PÚBLICA É MUITO OU POUCO CONTROLADA?

JULIANA BONACORSI DE PALMA

04.04.2017

Em 2015, aproximadamente dois milhões de processos relativos a "direito administrativo e outras matérias de direito público" circularam nas prateleiras do Poder Judiciário brasileiro, segundo o CNJ. No mesmo ano, o TCU julgou 5.628 processos de controle externo e proferiu 22.433 acórdãos; o valor das condenações é de R$6,6 bilhões, segundo a própria instituição. Também em 2015 o Ministério Público federal instaurou 1.462 inquéritos civis sobre concursos públicos, 3.459 sobre improbidade administrativa (460 foram judicializados e 1.370 arquivados), 1.415 em licitações, 4.587 sobre patrimônio público e 1.629 sobre servidores públicos civis, segundo seu relatório de gestão.

Esse controle é alto ou baixo? Estaria a Administração Pública sendo excessivamente controlada, ou ao contrário? Para responder essas provocações, devemos ainda levar em conta outras instituições de controle, e também o tamanho da máquina burocrática do Estado. De acordo com o Boletim Estatístico de Pessoal do Ministério do Planejamento de dezembro de 2016, a Administração Pública Direta e Indireta federal contava com 524.802 servidores efetivos na ativa e 98.719 ocupantes de cargos e funções de confiança, a um custo aproximado de R$152 bilhões anuais, incluídos aposentados e pensionistas. O Estado está maior e o controle também se robusteceu. Ainda assim, *por que não conseguimos visualizar um estado de equilíbrio quanto à medida do controle?*

Resposta direta: *a medida do controle não pode ser um número absoluto*. O fato de um promotor instaurar centenas de inquéritos por ato de improbidade administrativa não faz dele um paladino da Justiça ou o melhor defensor do interesse público. Tampouco promove a moralidade administrativa. O mesmo raciocínio vale para um juiz que suspende liminarmente decisão técnica construída ao longo de processo administrativo permeado por audiências e consultas públicas, estudos técnicos e análises de custo-benefício. Não importa o número de liminares. O volume de casos não faz diferença prática (salvo em termos de custos). Valorizar o aumento do controle coloca em risco a defesa de direitos individuais e a governabilidade, pois as instituições passam a se movimentar incentivadas por sinais invertidos: *quantidade em detrimento da qualidade*.

O bom controle se mesura por seus efeitos concretos. Mais ou menos controle é abordagem errada. Apenas com um olhar prático, voltado aos casos concretos e desafiadores, poderemos refletir sobre o papel, a extensão e os limites do controle. *A priori*, e em abstrato, não se pode valorizar qualquer volume de controle. Situação concreta, atores envolvidos, regime jurídico, mecanismos empregados, processo administrativo, qualidade da decisão administrativa, motivação, interesses em jogo, tempo e, em especial, o correspondente efeito prático somente podem ser avaliados em concreto.

Para tanto, um bom método de análise corresponde ao *estudo de impasses do controle*, ou seja, das situações limítrofes envolvendo o controle externo da Administração Pública que criam um cenário de difícil resolução porque deles decorrem *efeitos adversos*. Um controle bem-intencionado pode terminar gerando altíssimos custos – com potencial de comprometimento de toda uma cadeia de prestação de serviços públicos – favorecendo a insegurança jurídica, contribuindo para a paralisia decisória pública, desmantelando políticas públicas ou criando ônus desproporcionais para os agentes públicos.

Informação bibliográfica deste texto, conforme a NBR 6023:2018 da Associação Brasileira de Normas Técnicas (ABNT):

PALMA, Juliana Bonacorsi de. A medida do controle da Administração Pública: Administração Pública é muito ou pouco controlada? *In*: ROSILHO, André. (Org.). *Direito Administrativo e Controle de Contas*. Belo Horizonte: Fórum, 2023. p. 31-32. ISBN 978-65-5518-491-4.

O DIREITO TAMBÉM TEM DE VALER PARA O TCU

ESTÁ HAVENDO UMA INVERSÃO DE PAPÉIS?

ANDRÉ ROSILHO

18.04.2017

O Tribunal de Contas da União (TCU) vem disputando espaço com o legislador. Ao tomar decisões, não raro procura transformar suas *preferências* em *deveres jurídicos gerais*. As estratégias para fazê-lo são muitas, mas normalmente têm raiz em leitura própria do art. 70 da Constituição, que lhe confere competência para fiscalizar não só quanto à legalidade e à legitimidade, mas também quanto à economicidade.

A simples previsão do parâmetro de controle "economicidade" tornaria o TCU competente para impor comportamentos e para punir sempre que intuísse que recursos públicos poderiam ser mais bem empregados pela administração, mesmo que não identificada ilegalidade? Para o TCU, parece que sim. É o que sugere sua jurisprudência recente.

O Serviço Brasileiro de Apoio às Micro e Pequenas Empresas (SEBRAE) foi caracterizado pela legislação como serviço social autônomo (Sistema S). É ente privado, não integra a Administração Pública e, por isso, está sujeito a regime jurídico peculiar, distinto daquele aplicável a órgãos e entes estatais. Não é obrigado, por exemplo, a seguir as leis federais de licitação.

No entanto, por gerir recursos de origem pública, entende-se que está sujeito a controles estatais específicos (como o exercido pelo TCU) e que, ao agir, tem de tomar cautelas especiais (como instituir processo seletivo para a aquisição de bens e serviços). É por essa razão que o SEBRAE criou, por ato normativo interno, um "Regulamento de

Licitações e Contratos". Dele consta a possibilidade de o ente contratar por pregão, sendo livre para optar pelas modalidades presencial (art. 20) ou eletrônica (art. 21).

O TCU não desconhece esses fatos. Mas não se constrangeu ao ignorar a opção do legislador (de conferir aos entes do Sistema S discricionariedade para fixar suas regras de contratação) e, sem que houvesse detectado ilegalidade propriamente dita, ao preferir a substituição dessa opção por outra, a seu ver capaz de gerar maior benefício a um menor custo.

No acórdão 1.584/2016, o TCU, calcado no princípio da eficiência, afirmou que, apesar de o SEBRAE realmente não estar obrigado (por lei, decreto ou por seu Regulamento) a preferir o pregão eletrônico ao presencial, teria ele o dever de motivar a opção pelo segundo (pregão presencial), sob risco de incorrer "em contratações antieconômicas". Para o TCU, o pregão eletrônico deveria ser utilizado sempre que possível por supostamente permitir "maior competição entre os interessados em contratar e, consequentemente, a obtenção de menores preços".

Essa recomendação não foi fruto da consolidação de interpretações possíveis da legislação. Consubstanciou-se em criação de regra nova (com o dever geral de os entes do Sistema S realizarem pregão eletrônico por ele ser mais econômico), baseada em princípio vago (eficiência). A preferência do TCU pelo pregão se baseia em uma presunção, pois não há base empírica rigorosa que comprove sua maior capacidade de economizar recursos nas diversas situações.

Parece que o TCU está dizendo: "faça o que digo ou prove que estou errado". Mas será que não está havendo uma inversão de papéis? O TCU deve provar que suas regras têm base no Direito e que consistem no único caminho a seguir. Não é adequado atribuir ao gestor ônus argumentativo que é seu. Por mais que sua postura tenha motivação justa, fato é que a erosão de parâmetros jurídicos pela invenção *ad hoc* de regras novas pode causar enorme insegurança jurídica, prejudicando a própria gestão pública. É importante que as regras legais valham também para o TCU.

Informação bibliográfica deste texto, conforme a NBR 6023:2018 da Associação Brasileira de Normas Técnicas (ABNT):

ROSILHO, André. O Direito também tem de valer para o TCU: está havendo uma inversão de papéis? *In*: ROSILHO, André. (Org.). *Direito Administrativo e Controle de Contas*. Belo Horizonte: Fórum, 2023. p. 33-34. ISBN 978-65-5518-491-4.

CONTROLADOR BEM INTENCIONADO PODE DESTRUIR O CONTROLE

CORREGEDORIA DE JUSTIÇA DE SP DESCOBRE QUE INCENTIVOS ERRADOS ESTÃO GERANDO ABUSOS E DESPERDÍCIOS

CARLOS ARI SUNDFELD

15.05.2017

Os controladores públicos fazem um bom trabalho com os recursos públicos de que dispõem? Atingem bons resultados? Enquanto a opinião pública tem dúvidas, controladores costumam fazer propaganda, mas pouca avaliação crítica de sua atuação. Isso pode estar mudando. A Corregedoria da Justiça de São Paulo resolveu investir em pesquisa e os primeiros resultados apareceram.

O NUMOPEDE (núcleo de monitoramento de perfis de demandas) descobriu um gasto crescente do orçamento público nos processos de massa com justiça gratuita. São ações contra instituições financeiras (ações para "limpar o nome"), contra planos de saúde, contra a seguradora líder do DPVAT etc. Sinal de vitalidade do judiciário, que está servindo às pessoas comuns? Não é bem assim: ele pode estar queimando seu orçamento para gerar negócios fáceis, por vezes escusos, para espertos.

Advogados multiplicam as ações para esconder os fatos (seria difícil o devedor de oito empresas diferentes conseguir do Judiciário a classificação de todas as cobranças como indevidas). Alegam pobreza sempre e conseguem isenção de custas. Com base no código do consumidor, obtêm inversão do ônus da prova, pois o juiz presume estar diante de inocente encurralado pela cobrança indevida de empresa gigante. Pedem cancelamento dos débitos, indenização por dano moral e honorários de advogado, os quais serão tanto maiores quanto mais as ações forem divididas.

Em uma comarca, no período de 10 meses, ações assim, propostas por cinco advogados, foram responsáveis por 10% da distribuição. Os próprios autores frequentemente desconhecem as ações. O chocante é que o custo médio de cada uma para o orçamento público paulista é de R$1.883,00 (dados de 2015). Processo custa caro para o estado.

Judiciário e empresas rés se afogam no volume imenso de ações. Os espertos acabam ganhando, pois as rés perdem prazos, atrapalham-se com documentos, advogados erram a contestação, juízes são enganados etc. Também conseguem acordos: para as empresas, pagar pode ser mais barato do que gastar com defesa e recursos. O juiz, quando defere justiça gratuita baseando-se apenas na alegação do advogado do autor e quando inverte sistematicamente o ônus da prova contra empresas grandes, não supõe que o resultado prático disso será abrir caminho fácil para espertos, que predam recursos públicos. Imagina estar aumentando o acesso popular à justiça.

Qual o interesse dessas descobertas para os diversos controles públicos? É natural que controladores tenham boas razões para acreditar em si. Eles são uma burocracia bem remunerada e bem equipada. São temidos e têm ótimas intenções. O que a corregedoria da justiça está mostrando é que esses controladores devem pesquisar as consequências reais e sistêmicas das decisões de controle. Boas intenções não bastam. Ao frequentemente suspenderem licitações a pedido de interessados, tribunais de contas podem estar incentivando o mercado de chantagistas. Ao serem sistematicamente contra qualquer inovação, órgãos internos de consultoria jurídica podem estar incentivando o gestor a deixar de ouvi-los. Ao ajuizarem milhares de ações de improbidade contra atos de que discorda, o ministério público pode estar incentivando a paralisia dos agentes públicos. Vale a pena correr o risco e gastar tanto dinheiro público para isso?

Informação bibliográfica deste texto, conforme a NBR 6023:2018 da Associação Brasileira de Normas Técnicas (ABNT):

SUNDFELD, Carlos Ari. Controlador bem intencionado pode destruir o controle: Corregedoria de Justiça de SP descobre que incentivos errados estão gerando abusos e desperdícios. *In*: ROSILHO, André. (Org.). *Direito Administrativo e Controle de Contas*. Belo Horizonte: Fórum, 2023. p. 35-36. ISBN 978-65-5518-491-4.

OS ÓRGÃOS CRIMINAIS NÃO ENTENDEM DE GESTÃO PÚBLICA

AUTORIDADES ESTÃO IMPROVISANDO DEMAIS, LEVANTANDO SUSPEITAS GRAVES CONTRA GESTORES PÚBLICOS

CARLOS ARI SUNDFELD

12.07.2017

É perturbador. Vieram dos órgãos de repressão penal – a polícia, o ministério público criminal e a justiça criminal – as iniciativas que, nos últimos quatro anos, contados do momento zero da Operação Lava Jato em 11 de julho de 2013, revelaram ao Brasil como os núcleos de poder da Administração Pública funcionavam de verdade. Investigações e processos vão da Petrobras à Eletronuclear, passando por ministérios e instituições financeiras como a Caixa. E chegaram até à presidência da república, de Lula a Temer. Depois das delações de empreiteiros sobre outros esquemas criminosos, também as administrações estaduais e municipais viraram alvo dos órgãos criminais.

Em suma: hoje, ao menos quanto aos desvios mais graves, que sugam muito dinheiro público e distorcem a tomada das decisões importantes, o controle público que parece importar mesmo é o do Código Penal.

Os outros controles soam agora como algo de efeito marginal. Será que não há como torná-los mais relevantes até para os processos criminais? Os controles das consultorias jurídicas internas da administração não estão conseguindo prevenir irregularidades muito graves. Mas dão trabalho aos gestores e por vezes atrapalham a boa gestão.

O mesmo com o controle externo dos tribunais de contas, os quais pesam no orçamento público e tomam tempo dos gestores públicos e das empresas.

Há outra preocupação, mais séria, por conta da emergência dos órgãos criminais como os controladores públicos mais importantes do país. O que esses órgãos entendem de gestão pública? Será que eles têm informação jurídica e técnica, atualizada e de qualidade, para vasculhar e avaliar os atos, contratos e processos administrativos?

Não é preciso saber muita coisa sobre as competências de um corrupto para descobrir seus crimes. Propina pode ser provada com testemunhas, escutas telefônicas e contas bancárias. Só que é bem mais complexo examinar pareceres e decisões administrativas e verificar se o conteúdo e as circunstâncias de um ato de ofício indicam que ele foi praticado com algum desvio.

Quanto a isso, policiais, promotores e juízes criminais têm improvisado demais. Os funcionários do BNDES reclamaram disso ao serem visitados em maio deste ano pela Operação Bullish, que investiga aportes do banco à JBS. O alerta é relevante. É bem perigoso permitir que autoridades criminais levantem suspeitas graves contra gestores públicos, cujo trabalho elas simplesmente não conhecem e não são capazes de avaliar.

Será que não existe um meio de essas autoridades criminais melhorarem a qualidade de seus juízos articulando-se melhor com o restante do gigantesco aparato do controle público? Nas arbitragens privadas, os árbitros passam horas ouvindo com respeito os peritos especialistas, inclusive em questões jurídicas. Por que o ministério público e os juízes criminais não fazem o mesmo, ouvindo e debatendo com os demais controladores, mais especializados em gestão pública? Esses por acaso não são confiáveis? Se não são, por que os mantemos?

Informação bibliográfica deste texto, conforme a NBR 6023:2018 da Associação Brasileira de Normas Técnicas (ABNT):

SUNDFELD, Carlos Ari. Os órgãos criminais não entendem de gestão pública: autoridades estão improvisando demais, levantando suspeitas graves contra gestores públicos. In: ROSILHO, André. (Org.). *Direito Administrativo e Controle de Contas*. Belo Horizonte: Fórum, 2023. p. 37-38. ISBN 978-65-5518-491-4.

QUEM CONTROLA OS TRIBUNAIS DE CONTAS?

FAZ SENTIDO ATRIBUIR ESSA COMPETÊNCIA AO CNJ

ANDRÉ ROSILHO

28.11.2017

O Direito tem papel central na arquitetura das instituições estatais. Regras jurídicas estabelecem a governança das estruturas do estado: características e competências de órgãos e entes; o modo como interagem (entre si e com os cidadãos); e o modo pelo qual decisões são tomadas e controladas.

Um dos desafios do legislador é encontrar o equilíbrio entre dois valores para a máquina estatal: coordenação e autonomia. De um lado, tem de construir amarras jurídicas, mitigando parcela de sua liberdade para garantir que as partes do estado atuem de modo harmônico, coerente e coeso. É preciso evitar atuações aleatórias, caóticas. Mas a força constritiva não pode ser excessiva ou uniforme, pois as instituições precisam de alguma autonomia para cumprir suas missões.

O atual sistema brasileiro de controle de contas (SBCC), tal como desenhado pela legislação, parece não equilibrar esses valores adequadamente. Tem problemas de governança que prejudicam seu funcionamento.

Um deles refere-se ao baixo grau de coordenação entre os tribunais de contas (da União, dos Estados e dos Municípios). É claro que eles precisam ter autonomia decisória. Mas há discrepâncias gritantes do ponto de vista administrativo, organizacional e funcional. Outro ponto é o déficit de controle sobre esse sistema. Atualmente, cabe ao Judiciário, se e quando provocado, controlar, pontualmente, abusos e ineficiências. Há também o corporativismo, talvez decorrente do déficit de controle. O sistema como um todo tem dificuldade de apurar irregularidades funcionais.

O procurador do TCU Júlio Marcelo de Oliveira, em recente artigo de opinião, aponta reforma institucional capaz de melhorar a governança do SBCC. Baseado em emenda constitucional em trâmite, sugere que o Conselho Nacional de Justiça (CNJ) tenha suas competências alargadas, passando a também exercer controle administrativo, financeiro e funcional dos tribunais de contas. O CNJ seria uma espécie de conselho nacional da magistratura.

Há boas razões para apoiar essa ideia.

Os membros dos tribunais de contas, tal qual juízes de direito, já são regidos pela Lei Orgânica da Magistratura. Ministros do TCU são equiparados pela Constituição a ministros do STJ e conselheiros dos TCEs e TCMs são equiparados a desembargadores dos tribunais de justiça. Sustenta Júlio Marcelo de Oliveira que se têm os mesmos direitos, prerrogativas e deveres funcionais, devem estar submetidos ao mesmo controle.

A sujeição dos tribunais de contas ao controle do CNJ poderá viabilizar exame mais isento das condutas de seus membros. O órgão é equipado com instrumentos de controle úteis e adequados também ao ambiente dos tribunais de contas. A experiência do CNJ nesses 12 anos — uniformizando procedimentos, modernizando estruturas, evitando abusos e privilégios e supervisionando as diversas unidades do Judiciário — pode impactar positivamente a organização e dinâmica do SBCC, conferindo-lhe mais transparência e eficiência.

Informação bibliográfica deste texto, conforme a NBR 6023:2018 da Associação Brasileira de Normas Técnicas (ABNT):

ROSILHO, André. Quem controla os tribunais de contas? Faz sentido atribuir essa competência ao CNJ. In: ROSILHO, André. (Org.). *Direito Administrativo e Controle de Contas*. Belo Horizonte: Fórum, 2023. p. 39-40. ISBN 978-65-5518-491-4.

QUAIS SÃO OS DESAFIOS DO SISTEMA BRASILEIRO DE CONTROLE?

LEGISLAÇÃO NÃO SE PREOCUPOU EM DAR EQUILÍBRIO E EFICIÊNCIA À REDE DE CONTROLES

JULIANA BONACORSI DE PALMA

27.06.2018

Em 1965 foi editada a Lei da Ação Popular (Lei nº 4.717/65), primeira grande lei moderna de controle da Administração Pública. Vinte anos depois, na redemocratização do Estado, também foi editada a Lei da Ação Civil Pública (Lei nº 7.347/85), com base em projeto redigido pelo Ministério Público. Um ano após a promulgação da Constituição, foi apresentado projeto de lei de autoria do TCU, que se tornaria a Lei Orgânica do TCU (Lei nº 8.443/92), editada no mesmo ano da Lei de Improbidade Administrativa (Lei nº 8.429/92), outra lei construída sob influência de controladores. O panorama político era o *impeachment* do Collor e o recrudescimento do discurso de combate à corrupção diante de inúmeros escândalos. Também a Lei de Licitações e Contratos (Lei nº 8.666/93) se insere no contexto da responsabilização administrativa. Vinte anos depois, editou-se a Lei Anticorrupção (Lei nº 12.846/13), no calor dos protestos de 2013 e do desenrolar do Mensalão. São essas as grandes leis estruturantes do sistema de controle da Administração Pública.

Em maior ou menor medida, todas elas estão inseridas em um contexto conjuntural forte e é notável que foram redigidas ou influenciadas pelos próprios controladores. Combinadas com um processo legislativo praticamente inoperante, as características do sistema de controle da Administração levam a pelo menos três consequências deletérias.

Em primeiro lugar, aponta-se para o *problema de garantismo*, com a subversão da equação autoridade x liberdade pela previsão de mais prerrogativas ao exercício do controle que garantias ao controlado. A Lei da Ação Civil Pública sujeita aquele que recusar, retardar ou omitir dados técnicos requisitados pelo Ministério Público a pena de reclusão de 1 a 3 anos e multa. A LOTCU inova conferindo ao TCU poder regulamentar e a possibilidade de declarar empresas inidôneas. A Lei de Improbidade Administrativa é repleta de exemplos de tipificação com base em princípios e conceitos abstratos (*vide* rol do art. 11).

Outro problema é a *insuficiência de procedimentalização* dos mecanismos de controle. Na prática, controladores fixam o modo de controle sem maiores referenciais básicos em lei. Dentre vários exemplos de normatização procedimental no âmbito do TCU, mencione-se a Resolução nº 259.2014, que estabelece rito para constituição, organização e tramitação de processos de controle externo. Mencione-se, ainda, o papel regulador que o CNMP tem desenvolvido em matéria de ação civil pública, com a disciplina do inquérito civil (Resolução nº 23.2007) e do TAC (Resolução nº 179.2017).

Por fim, as peculiaridades da construção das leis de controle ensejam problemas de articulação institucional e de eficácia do controle, dado o desenho legislativo autocentrado em cada uma das leis, sem considerar o cenário normativo em que se inserem. O exemplo mais emblemático refere-se ao acordo de leniência da Lei Anticorrupção.

Pesquisas devem buscar inventariar o controle da Administração com a finalidade de endereçar reformas. Que elas sejam construídas de modo mais racional e com experimentação, em atenção a direitos, processos e articulação institucional, evitando-se a captura por atores interessados.

Informação bibliográfica deste texto, conforme a NBR 6023:2018 da Associação Brasileira de Normas Técnicas (ABNT):

PALMA, Juliana Bonacorsi de. Quais são os desafios do sistema brasileiro de controle? Legislação não se preocupou em dar equilíbrio e eficiência à rede de controles. In: ROSILHO, André. (Org.). *Direito Administrativo e Controle de Contas*. Belo Horizonte: Fórum, 2023. p. 41-42. ISBN 978-65-5518-491-4.

NÃO EXISTE PROCESSO GRÁTIS
ÓRGÃOS JUDICIAIS E DE CONTROLE TÊM DE IMPEDIR O INÍCIO DE PROCESSOS SEM FILTRO

CARLOS ARI SUNDFELD

08.08.2018

Membros do Ministério Público (MP) têm todos os estímulos para iniciar processos. Mas a instituição, que não paga custas nem sucumbência, não analisa viabilidade e custo-benefício. E não evita excessos. Juízes deveriam negar seguimento a pedidos frágeis, mas não têm incentivos para fazê-lo. Deixam rolar. Quanto mais processos, melhor.

A multiplicação contaminou também agências reguladoras, hoje soterradas por processos sancionatórios; assim ninguém as acusa de cumplicidade com ilícitos. É igual nos tribunais de contas: nos últimos 10 anos, o TCU editou em média 100 acórdãos por dia útil.

Só as vítimas diretas sentem o problema. O grupo é variado: um sofisticado professor de direito de Harvard, as autoridades que implantaram o programa federal de financiamento da educação superior – FIES, um simples vereador de Osasco e milhares de outros agentes. Vítimas dos processos sem filtro.

Roberto Mangabeira Unger, de Harvard, gastou sete anos para arquivar um processo na Justiça eleitoral. O MP queria puni-lo. A tese, bizarra, era que, em campanha eleitoral, a doação de horas de trabalho intelectual (ideias para o programa de governo) seria limitada pela renda anual do doador.

O ministro Fernando Haddad e outros gestores do FIES suaram frio. Até que o TCU, no acórdão nº 1643/18, invocando o art. 22 da Lei de Introdução ao Direito Brasileiro (na redação da Lei nº 13.655/18), reconhecesse que não podia puni-los só por dificuldades que, nas condições da época, não tinham individualmente como prever.

Se, ao menos nesses exemplos, os órgãos reconheceram seus erros, qual, então, o problema? É que não há entre nós sistema algum para medir custos, riscos, sofrimentos e externalidades dos processos sem filtro. E eles se repetem, com novas vítimas e efeitos perversos.

Talvez o vereador de Osasco tenha apontado um caminho. Em 2001, sofreu ação de improbidade e perdeu em 1ª Instância. Recorreu e teve de pagar cerca de R$17 mil de custas. Deu sorte, acabou vitorioso. E surpreso: o estado nem pagaria seu advogado, nem reembolsaria os R$17 mil.

Irritado, moveu ação para recobrar as custas. Agora, em 2018, o Tribunal de Justiça de São Paulo lhe deu razão, desafiando a legislação processual e usando o princípio da causalidade (apelação nº 1028683-23.2016.8.26.0405). Reconheceu o óbvio: "Não existe, de fato, Justiça gratuita". Processos sempre oneram alguém. E é errado que o ônus caia sobre a parte inocente. Ao condenar o estado, o Tribunal disse: quem "deu causa à propositura da ação ou à instauração de incidente processual deve responder pelas despesas deles decorrentes".

Poderia ter invocado também o art. 27 da Lei de Introdução reformada, segundo o qual "a decisão no processo, na esfera administrativa, controladora ou judicial, poderá impor compensação por benefícios indevidos ou prejuízos anormais ou injustos resultantes do processo ou da conduta dos envolvidos".

Quem sabe agora, com a nova lei, as autoridades sejam cobradas a usar algum filtro antes de abrir processos? Se não por racionalidade e justiça, ao menos para prevenir as compensações.

Informação bibliográfica deste texto, conforme a NBR 6023:2018 da Associação Brasileira de Normas Técnicas (ABNT):

SUNDFELD, Carlos Ari. Não existe processo grátis: órgãos judiciais e de controle têm de impedir o início de processos sem filtro. In: ROSILHO, André. (Org.). *Direito Administrativo e Controle de Contas*. Belo Horizonte: Fórum, 2023. p. 43-44. ISBN 978-65-5518-491-4.

O CONTROLE COMO BUROCRACIA

PESQUISA MOSTRA AS DIFICULDADES DE O TCU EVITAR OS RISCOS DA BUROCRATIZAÇÃO

CARLOS ARI SUNDFELD

28.11.2018

Millôr Fernandes (1923-2012) foi um olhar agudo que, a partir de Ipanema, conseguiu capturar as imagens essenciais da vida brasileira do século XX. Ele, com a sabedoria dos céticos (definia-se "um escritor sem qualquer estilo"), criou milhares de frases desconcertantes sobre os mundos público e privado, reunidas em "Millôr Definitivo – Bíblia do Caos" (editora LPM, 1994). Em uma dessas sínteses, Millôr explicou a burocracia como a mais engenhosa das "inatividades inventadas pelo homem".

Millôr ajuda a entender os caminhos do controle público no Brasil. Nas últimas décadas, a prioridade tem sido fazer volume. É a epopeia da ampliação constante: dos órgãos, das oportunidades de controle, dos processos, dos poderes e das cobranças dos controladores. Só que, com frequência, mais controle se reduz a mais burocracia. É hora de mudar o foco: ao invés de volume, eficiência no controle. Mas para isso os controladores terão de olhar com ceticismo para si mesmos e levar a sério os custos e os benefícios de suas opções.

O projeto Observatório do TCU, parceria do Grupo Público da FGV Direito SP com a Sociedade Brasileira de Direito Público – SBDP, tem acompanhado de perto a dinâmica decisória do Tribunal de Contas da União. Os três relatórios já divulgados[1] mostram conquistas

---

[1] Disponível em: https://direitosp.fgv.br/projetos-de-pesquisa/observatorio-tcu.

e problemas do órgão. A burocratização, a inatividade operosa de que falou Millôr, tem se revelado um risco.

Vai por esse caminho a estratégia da inconclusão: levantar dúvidas sobre o que a administração faz, produzir tensão, gastar tempo e energia, e aí mais confundir que ajudar, sendo inconclusivo nas críticas, recomendações ou demandas. Os relatórios do Observatório do TCU mostram isso em processos sobre quarteirização de mão de obra (acórdão nº 120/2018), tarifa básica de pedágio (acórdão nº 290/2018), unitização de blocos de petróleo (acórdão nº 672/2018), seguro de crédito à exportação (1031/2018) e outros.

Em defesa dessa técnica é comum se dizer que comprovar a licitude, legitimidade e economicidade das ações públicas é ônus do gestor, não do controlador. Além disso, ser aberto nas cobranças seria um modo de respeitar a autonomia dos gestores. A explicação pode ser sincera, mas não convence. Toda demanda do controle é interferência e oneração. Em um caso, destacado pelo Observatório, até o TCU veio a reconhecer a irrelevância do que andou cobrando do gestor (quanto ao valor para ressarcimento de estudos em procedimento de manifestação de interesse, acórdão nº 1340/2018).

Nenhuma autoridade pode se limitar à invocação de valores jurídicos abstratos para interferir e onerar. Controladores têm o ônus de demonstrar a necessidade e adequação de suas medidas instrutórias, e para isso, segundo o art. 20 da Lei de Introdução, a LINDB, têm de olhar para as consequências negativas da burocracia e das incertezas que geram.

Autoridades públicas precisam ver com empatia as situações e os sujeitos que atingem. Uma visita ao Instituto Moreira Salles, em São Paulo, pode ajudar. Lá está montada, até 27 de janeiro de 2019, a exposição "Millôr: obra gráfica", com a outra face do legado do grande artista. A burocracia, essa engenhosa inatividade, está bem retratada em quatro fortes desenhos. Mas só vale para quem tiver olhos para ver.

Informação bibliográfica deste texto, conforme a NBR 6023:2018 da Associação Brasileira de Normas Técnicas (ABNT):

SUNDFELD, Carlos Ari. O controle como burocracia: pesquisa mostra as dificuldades de o TCU evitar os riscos da burocratização. In: ROSILHO, André. (Org.). *Direito Administrativo e Controle de Contas*. Belo Horizonte: Fórum, 2023. p. 45-46. ISBN 978-65-5518-491-4.

TCU E A REMUNERAÇÃO NAS EMPRESAS ESTATAIS
AUDITORIA É POSITIVA, MAS DETERMINAÇÕES PODEM GERAR INSEGURANÇA JURÍDICA

ANDRÉ ROSILHO

05.06.2019

Quanto ganham funcionários de estatais federais não dependentes, empresas lucrativas que não precisam de aporte de recursos públicos para ficar no azul? Seus salários são equivalentes aos pagos pela iniciativa privada?

O TCU procurou responder a essas questões por meio de auditoria em 104 estatais, com dispêndio anual em salários da ordem de R$44 bilhões, englobando mais de 459 mil empregados. O objetivo, em linha com diretriz da Lei das Estatais (art. 12, I), foi aumentar a transparência na gestão de pessoal de entes que, apesar de gozarem de certa autonomia, integram o Estado.

Os achados são reveladores (Acórdão nº 728/2019 – Plenário).

Técnicos do TCU concluíram, por exemplo, que "quase 86% das remunerações das estatais são superiores àquelas observadas no setor privado; 43% das remunerações das estatais superam o dobro das remunerações de mercado; em quase 11% dos casos, o valor da mediana da remuneração das estatais supera 120% da remuneração máxima encontrada no setor privado; por outro lado, em 15% dos casos, a remuneração do mercado supera a das estatais".

O relator observou que o pagamento de salários por estatais não dependentes "não se submete ao teto de remuneração fixado pelo inciso

XI [do art. 37 da CF]". Ponderou, contudo, que a não incidência do teto não afasta "a necessidade de observância do princípio da moralidade nem a garantia da razoabilidade das remunerações".

Seguindo o relator, decidiu o TCU, entre outros: 1) determinar à Secretaria de Coordenação e Governança das Empresas Estatais (Sest) — órgão de supervisão das estatais federais — que, ao se manifestar "sobre propostas de remuneração e assuntos correlatos, nos termos do art. 92, inciso VI, letra "g", do Decreto nº 9.679.2019", adotasse, como parâmetro de avaliação, "o teto constitucional", bem como "o nível salarial praticado por empresas similares do setor privado"; e 2) determinar a oitiva de gestores da Sest sobre "indícios de irregularidades", como o de "permitir o pagamento de salários notadamente acima do teto constitucional" e em "patamares muito superiores aos praticados no mercado (...), em ofensa aos princípios da moralidade e razoabilidade".

As informações que o TCU produziu ajudam no aprimoramento da governança pública. Mas o TCU não se satisfez com isso e quis expedir comandos. É aí que começam os problemas.

O que significa a determinação para a Sest, órgão com competência para se manifestar sobre remuneração nas estatais, adotar como parâmetro o teto constitucional e a média de salários do setor privado? Qual é o conteúdo exato desse dever, e, por conseguinte, como aferir seu descumprimento? E que irregularidades os gestores da Sest teriam praticado se estatais não dependentes, como reconhecido pelo TCU, não se sujeitam ao teto constitucional?

As intenções podem ser boas, mas o TCU é competente para definir teto de salários? Criar insegurança para induzir comportamentos de gestores é instrumento legítimo do controle?

Para aumentar a segurança jurídica (art. 30 da Lei de Introdução às Normas do Direito Brasileiro – LINDB), o TCU, além de se ater às suas competências, tem de decidir de modo claro e objetivo. Ademais, entendimento novo não pode ser aplicado retroativamente (arts. 22, 23 e 24 da LINDB). Ajustes no modo de decidir podem evitar que a indução à boa governança seja acompanhada de insegurança na gestão pública.

Informação bibliográfica deste texto, conforme a NBR 6023:2018 da Associação Brasileira de Normas Técnicas (ABNT):

ROSILHO, André. TCU e a remuneração nas empresas estatais: auditoria é positiva, mas determinações podem gerar insegurança jurídica. In: ROSILHO, André. (Org.). *Direito Administrativo e Controle de Contas*. Belo Horizonte: Fórum, 2023. p. 47-48. ISBN 978-65-5518-491-4.

A EXPANSÃO DO TCU PARA DENTRO DE ENTIDADES CONTROLADAS

FENÔMENO É MAIS UM SINAL DE DESEQUILÍBRIO INSTITUCIONAL EM FAVOR DO CONTROLE

EDUARDO JORDÃO

17.07.2019

O anúncio público de três atuais ou ex-membros do TCU entre os 10 diretores nomeados pela nova presidência do BNDES chamou a atenção. O movimento sugere a inauguração de nova etapa na trajetória expansionista desse órgão de controle.

Até aqui a literatura já documentava (i) a extrapolação, pelo TCU, de suas competências legais e constitucionais; (ii) o uso desmedido de poderes de sanção; (iii) a consequente submissão de diferentes entidades administrativas às "meras recomendações" deste órgão de controle; e (iv) o costume desenvolvido por várias dessas entidades de "consultar" o TCU antes da tomada de decisões de sua competência.

Essas circunstâncias vinham transformando o TCU em autêntica entidade "supra-reguladora" nacional, ainda que essa função nunca lhe tenha sido oficialmente atribuída e que esse desenho institucional jamais tenha sido pensado pelos legisladores.

Mas a nova etapa da trajetória expansionista pode ser ainda mais forte, e envolver a progressiva ocupação, por membros do Tribunal, do corpo dirigente de seus jurisdicionados. O TCU deixaria de ocupar apenas espaços decisórios de diferentes entidades administrativas, para passar a ocupar seus espaços físicos.

A propósito, se o caso do BNDES chamou a atenção pelo volume, ele não é inédito. (i) Há pouco, um ex-auditor do TCU foi nomeado diretor da ANTT, agência que já vinha sofrendo com intervenções do tribunal e que é explicitamente caracterizada por alguns de seus membros como detentora de "má reputação". (ii) Antes dele, outro auditor federal e ex-chefe de Gabinete de ministro fora nomeado Presidente do CADE. (iii) O atual Subchefe de Assuntos Governamentais da Casa Civil, um dos principais órgãos de articulação interministerial para elaboração de políticas públicas, também foi auditor do TCU.

Se não é inédito, o movimento é certamente novo. Dados de Pesquisa Empírica realizada em 2016 pela FGV Direito SP não identificaram, até aquele ano, dirigente de agência reguladora federal no setor de infraestrutura com ligações pretéritas com o TCU. Aliás, até recentemente, o Tribunal possuía clara orientação de não ceder seus funcionários para o Poder Executivo.

Sob a perspectiva individual de cada uma dessas entidades importadoras de membros do TCU, o movimento é compreensivo: chamar para dentro de sua diretoria membros ou ex-membros dos órgãos de controle é mais uma estratégia de blindagem institucional e de preservação de seus funcionários.

Com essa incorporação, espera-se mesmo que a relação com esse órgão de controle seja "aperfeiçoada", numa linguagem eufemística. No caso do BNDES, era notória a preocupação de integrantes do banco com o incremento do ímpeto fiscalizatório e sancionatório do TCU em processos relacionados com políticas públicas do governo anterior (em especial, investimentos nos chamados "campeões nacionais" ou na exportação de serviços de engenharia).

Mas, sob uma perspectiva institucional, o fato é mais uma demonstração do desequilíbrio institucional pendente em favor de órgãos de controle e, em especial, do TCU. Pode significar que o TCU vem vencendo (ou já venceu) o jogo de poder que disputa com diferentes entidades administrativas. E, a menos que se compartilhe da visão idealizada e ingênua de que a intervenção do controlador se faz sempre para melhor, este desequilíbrio institucional não pode ser entendido como positivo.

Informação bibliográfica deste texto, conforme a NBR 6023:2018 da Associação Brasileira de Normas Técnicas (ABNT):

JORDÃO, Eduardo. A expansão do TCU para dentro de entidades controladas: fenômeno é mais um sinal de desequilíbrio institucional em favor do controle. In: ROSILHO, André. (Org.). *Direito Administrativo e Controle de Contas*. Belo Horizonte: Fórum, 2023. p. 49-50. ISBN 978-65-5518-491-4.

O IMPACTO DO TCU SOBRE INOVAÇÕES: A TERCEIRIZAÇÃO É A BOLA DA VEZ?

ÓRGÃO DE CONTROLE COSTUMA DEIXAR SUA MARCA EM INOVAÇÕES DO SETOR PÚBLICO

ANDRÉ DE CASTRO O. P. BRAGA

07.08.2019

No setor público, inovações surgem a todo momento, com origens diversas. O Congresso Nacional cria normas que modificam o funcionamento de organizações públicas. O Executivo edita regulamentos que estabelecem novas maneiras de contratar, prestar serviços, fiscalizar, organizar competências. Servidores responsáveis por licitações elaboram novas cláusulas contratuais na tentativa de aumentar a qualidade do serviço a ser executado.

Em maior ou menor medida, o destino dessas inovações costuma ser influenciado, na esfera federal, pelo Tribunal de Contas da União (TCU). Por vezes, ele altera de forma significativa os contornos da inovação imaginada por gestores públicos ou legisladores.

Exemplo: regulamentado em 2001, o instituto da adesão à ata de registro de preços, que tinha por objetivo simplificar a aquisição de bens e serviços por entes públicos, foi amplamente reformulado em razão de sucessivas decisões do TCU, que nele enxergou inconstitucionalidades e risco de corrupção.

Esse e outros exemplos permitem perceber que, ao se deparar com inovações, o TCU às vezes adota uma postura de pouca deferência em relação às escolhas feitas por gestores e legisladores. Além disso, há casos em que o TCU interfere em iniciativas inovadoras exclusivamente com base em conceitos jurídicos indeterminados, em riscos hipotéticos, sem evidências concretas sobre seus custos e benefícios, sem uma análise retrospectiva de sua aplicação prática.

Em breve, provavelmente teremos a chance de conferir como o TCU fiscalizará e interpretará mais uma inovação no setor público.

No mês passado, o Ministério Público junto ao TCU (MPTCU) requereu ao plenário, por meio de representação, que o tribunal acompanhasse a implementação das novas regras que tratam da terceirização de serviços na administração federal, em especial as previstas no Decreto nº 9.507.2018, que entraram em vigor em janeiro deste ano.

Nas palavras do MPTCU, há "necessidade de se apurar se as inovações trazidas pelo Decreto nº 9.507.2018 estão sendo implementadas de forma a se evitar crônicos e persistentes problemas verificados na prática da terceirização". Particularmente, preocupa o MPTCU o risco de a terceirização ser utilizada como uma "forma de driblar a obrigatoriedade do concurso público" ou como um mecanismo para a "satisfação de interesses pessoais, mediante direcionamento na indicação dos profissionais a serem alocados na prestação de serviços pela empresa contratada".

Em sua argumentação, o MPTCU emprega certo viés negativo, ao deixar subentendido que as novas regras facilitariam a prática de ilícitos. No entanto, o MPTCU não explica por que a nova legislação representa um risco maior se comparada com a anterior. Tampouco descreve, à luz de algum caso concreto, irregularidade ou prejuízo decorrente das novas regras. Simplesmente lança uma sombra de suspeição sobre todo o regime atual de terceirização.

Após o Decreto nº 9.507 e sob o clima de maior segurança jurídica proporcionado por decisões recentes do STF, vive-se hoje a expectativa de que o governo federal investirá na terceirização em busca de maior produtividade. Nesse cenário, o TCU fará bem se, nas próximas auditorias sobre o tema, adotar uma postura contida, que preserve um espaço de discricionariedade para órgãos e entidades públicas, restringindo as hipóteses de terceirização ou recomendando novos controles somente se identificar evidências concretas de prejuízos aos cofres públicos.

Informação bibliográfica deste texto, conforme a NBR 6023:2018 da Associação Brasileira de Normas Técnicas (ABNT):

BRAGA, André de Castro O. P. O impacto do TCU sobre inovações: a terceirização é a bola da vez? Órgão de controle costuma deixar sua marca em inovações do setor público. In: ROSILHO, André. (Org.). *Direito Administrativo e Controle de Contas*. Belo Horizonte: Fórum, 2023. p. 51-52. ISBN 978-65-5518-491-4.

DETERMINAÇÕES DO TCU EM FISCALIZAÇÃO OPERACIONAL?

'MANUAL DE AUDITORIA OPERACIONAL' EM CONSULTA PÚBLICA TEM PROPOSTA CONTROVERSA

CONRADO TRISTÃO

28.08.2019

Está em consulta pública o novo "Manual de auditoria operacional" do Tribunal de Contas da União (TCU), cujo objetivo é orientar a realização de auditorias operacionais pelas unidades técnicas do tribunal. Embora o documento declare que "foram consideradas as melhores experiências internacionais sobre o tema", algumas de suas disposições parecem inusitadas à luz do direito comparado.

Chama atenção, em especial, a possibilidade de o TCU emitir "determinações" à administração em fiscalização operacional (isto é, comandos). No novo manual, isso está refletido, por exemplo, nas propostas de encaminhamento da auditoria operacional, que podem ser "recomendações ou determinações" (item 6.4.6).

Outros países atribuíram à fiscalização operacional caráter estritamente orientativo, não originando comandos à administração. É o caso, por exemplo, da *Corte dei Conti* italiana.

A lei que reformou a *Corte dei Conti* (*legge* nº 20.94) introduziu o "controle sucessivo sobre a gestão", por meio do qual a corte "verifica (...) a correspondência do resultado da atividade administrativa com os objetivos estabelecidos pela lei, avaliando comparativamente custo, modo e tempo" (art. 3, 4). A lei previu que "o relatório da Corte deve ser (...) enviado à administração interessada, à qual a Corte formula (...) suas próprias observações", tendo a administração que comunicar "as medidas subsequentemente adotadas" (art. 3, 6). Apesar de a lei não ter definido com precisão os contornos do instituto, a *Corte Constituzionale* entendeu que o controle sobre a gestão, "por meio de avaliação geral da economicidade e eficiência da ação administrativa e da eficácia dos serviços prestados", tem por objetivo "iniciar processo de 'autocorreção' pela administração pública". Desse modo, "consiste em *atividade essencialmente colaborativa*, da qual não pode derivar nenhuma sanção" (*sentenza* 29.95).

O caráter colaborativo do controle sobre a gestão foi reforçado pelo legislador a partir do reconhecimento expresso de que a administração pode discordar das observações feitas pela *Corte dei Conti*. Nesse sentido, "a administração que decida não seguir as observações formuladas pela Corte (...) expedirá, dentro de trinta dias do recebimento das observações, ato motivado de comunicação à Presidência das Câmaras, (...) do Conselho de ministros e (...) da Corte de contas" (*legge* 244.07, art. 3, 64). Ao que tudo indica, quis-se diminuir o risco de interferência indevida na função administrativa.

Tal entendimento tem reflexos na atuação da *Corte dei Conti*. Tanto é assim que as "Diretrizes para o exercício do controle sobre a gestão" (*Linee guida per l'esercizio del controllo sulla gestione*), aprovadas pelo tribunal em 2018, previram apenas a possibilidade de formulação de "recomendações" à administração (*capitolo* VII, 15, c).

A iniciativa do TCU de modernizar seu "Manual de auditoria operacional", submetendo-o a consulta pública, é positiva e demonstra esforço do tribunal em aprimorar seus métodos de controle a partir de diálogo com a sociedade. No entanto, a técnica de usar "determinações" em fiscalização operacional, ao contrário do que parece fazer crer o TCU, pode não se coadunar com as "melhores práticas internacionais" de controle. É o que o exemplo italiano sugere. Seria esse um caso isolado?

Informação bibliográfica deste texto, conforme a NBR 6023:2018 da Associação Brasileira de Normas Técnicas (ABNT):

TRISTÃO, Conrado. Determinações do TCU em fiscalização operacional? 'Manual de auditoria operacional' em consulta pública tem proposta controversa. *In*: ROSILHO, André. (Org.). *Direito Administrativo e Controle de Contas*. Belo Horizonte: Fórum, 2023. p. 53-54. ISBN 978-65-5518-491-4.

O TCU E A BUSCA PELA CAUSALIDADE PERDIDA

TRIBUNAL DEVERIA CRIAR INSTRUMENTO PARA AVALIAR O IMPACTO DE INOVAÇÕES NO SETOR PÚBLICO

ANDRÉ DE CASTRO O. P. BRAGA

02.10.2019

Em 2015, a ANCINE adotou nova metodologia de prestação de contas de projetos audiovisuais. Em vez de analisar detalhadamente todos os projetos executados, a agência passou a examinar a documentação de apenas alguns deles, selecionados mediante amostragem.

Em março deste ano, o TCU determinou que a ANCINE deixasse de utilizar essa nova metodologia porque, entre outros motivos, ela "abriria brechas" para irregularidades (Acórdão nº 721/2019 – Plenário). Isto é: segundo o tribunal, haveria uma relação de causalidade entre, de um lado, a adoção do sistema simplificado e, de outro, o aumento de irregularidades no uso de recursos públicos.

Embora esse seja um raciocínio intuitivo, cabe indagar: será que a metodologia simplificada tinha o potencial de *causar* um crescimento de práticas ilícitas? Será que essa relação de causalidade de fato existia?

Perguntas semelhantes poderiam ser direcionadas a outros processos julgados pelo TCU. Em 2012, por exemplo, o tribunal restringiu fortemente o uso da adesão tardia à ata de registro de preços, valendo-se do argumento de que esse instituto aumentaria o risco de corrupção nas contratações públicas (Acórdão nº 2.692/2012 – Plenário). Será?

O que quero defender aqui é que o TCU deveria adotar uma postura de maior cautela ao analisar relações de causalidade na gestão pública.

Um primeiro passo nesse sentido seria reconhecer que provar a causalidade entre dois fatos é tarefa árdua. Há economistas que gastam boa parte de suas carreiras tentando entender a relação entre duas variáveis.

Essa dificuldade impõe certa humildade cognitiva a todos aqueles que busquem investigar o impacto de um ato estatal.

Um segundo passo envolveria a criação de novo instrumento de controle, que o TCU poderia utilizar sempre que surgissem dúvidas sobre os verdadeiros efeitos de uma inovação no setor público.

Esse novo instrumento, uma espécie de "auditoria de impacto", poderia se inspirar em métodos econométricos já consolidados, que buscam justamente identificar relações de causalidade.

Entre os especialistas no tema, existe o consenso de que o melhor método para provar relações de causa e efeito é aquele que se baseia em experimentos com dois grupos de indivíduos. Um deles recebe o tratamento (por exemplo, o Bolsa Família). O outro, não.

Após certo tempo, comparam-se os dois grupos, a fim de se verificar se existe alguma diferença entre eles (por exemplo, se os filhos dos beneficiários do Bolsa Família apresentam melhor desempenho escolar). Caso exista diferença estatisticamente relevante, conclui-se que o tratamento fez efeito.

O mesmo método, com adaptações, pode ser utilizado para comparar, de um lado, entes públicos que adotaram determinada inovação e, de outro, entes públicos que não a adotaram. Ao fim dessa comparação, o TCU possuiria mais elementos para tomar boas decisões.

O gestor público trabalha cercado de incertezas. É uma realidade que por vezes entra em choque com a lógica do controle, que tende a privilegiar respostas binárias: o ato do gestor é lícito ou ilícito, é econômico ou antieconômico. A criação de auditorias de impacto nos moldes sugeridos aqui poderia aproximar esses dois mundos.

Informação bibliográfica deste texto, conforme a NBR 6023:2018 da Associação Brasileira de Normas Técnicas (ABNT):

BRAGA, André de Castro O. P. O TCU e a busca pela causalidade perdida: Tribunal deveria criar instrumento para avaliar o impacto de inovações no setor público. In: ROSILHO, André. (Org.). *Direito Administrativo e Controle de Contas*. Belo Horizonte: Fórum, 2023. p. 55-56. ISBN 978-65-5518-491-4.

O TCU E O RISCO DA 'AUTOIDEALIZAÇÃO'
AO MIRAR FRAGILIDADES DAS AGÊNCIAS, O TCU ESTÁ ATENTO ÀS SUAS PRÓPRIAS?

EDUARDO JORDÃO
GUSTAVO LEONARDO MAIA PEREIRA

06.11.2019

Em resposta a críticas de que parte do controle que realiza sobre as agências reguladoras não tem base constitucional, o TCU costuma se esquivar com argumentos de "conveniência": sua atuação produziria este ou aquele resultado social positivo.

Nessas ocasiões, frequentemente faz referência a problemas das agências, que a sua intervenção tenderia a corrigir. O curioso é que, ao apontar limitações das instituições controladas, o TCU pode estar negligenciando *as suas próprias*.

Três exemplos:

1) *O controle reduziria o problema da captura* – A captura é dilema central do modelo de agências, mas a tese de que o TCU corrigiria o problema carece de comprovação empírica e negligencia que o mesmo risco pode existir *também* em relação ao próprio TCU. Afinal, é natural e legítimo que os regulados procurem sensibilizar o órgão, da mesma forma como fazem em relação às agências. Não é desprezível, assim, o risco de conflitos setoriais penetrarem no Tribunal e repercutirem em suas decisões. Além disso, a literatura critica o perfil histórico das nomeações para a Corte, em alguns casos de

natureza político-partidárias, e nem sempre neutras, como parece supor o argumento. Ou seja, também há, ao menos em tese, risco de captura política;

2) *O controle ampliaria a segurança jurídica* – Ao contrário do que supõe esta tese, muitas vezes a atuação do TCU configura verdadeira *accountability overload, comprometendo* a segurança jurídica, ao invés de promovê-la. Assim, não é raro que o TCU fundamente suas intervenções em interpretação de princípios e conceitos jurídicos indeterminados, bloqueando opções regulatórias assentadas em compreensão diversa das mesmas normas;

3) *A atuação do TCU facilitaria o controle social* – É possível que controladores contribuam para a criação de ambiente propício ao controle social, levantando informações, prestando uma espécie de "assessoria" para a parcela da sociedade interessada numa política pública. Mas o TCU ainda não tem canais institucionais estruturados para captar a opinião da sociedade civil, o que diminui a sua capacidade para colocar em evidência os interesses da população. Além disso, não costuma promover audiências e consultas públicas nem em relação às deliberações tomadas nos julgamentos, mesmo as mais abrangentes, nem quando edita normas que regem as fiscalizações e atividades do Tribunal.

A IN nº 81.2018, que rege a análise dos processos de desestatização, não foi objeto de qualquer procedimento de consulta. A recente abertura de consulta pública prévia à edição do novo manual de auditoria operacional pode indicar mudança nesse padrão decisório, o que seria muito positivo.

A referência a limitações das agências sugere que o TCU estaria aplicando o conhecido argumento das "capacitações institucionais" para justificar a sua intervenção. Acontece que este tipo de argumento (i) se usa para *modular a intensidade* de controle constitucionalmente fundamentado, e não para justificar o controle sem base constitucional adequada; e (ii) precisa veicular uma *comparação institucional*, o que exige a consideração, também, das características do controlador. No caso dos três exemplos acima, no limite, os argumentos poderiam ser utilizados *contra* o próprio tribunal.

É fundamental que o TCU leve a sério as suas próprias fragilidades, para permitir um debate mais realista – e mais útil – sobre os limites de sua atuação.

Informação bibliográfica deste texto, conforme a NBR 6023:2018 da Associação Brasileira de Normas Técnicas (ABNT):

JORDÃO, Eduardo; PEREIRA, Gustavo Leonardo Maia. O TCU e o risco da 'autoidealização': ao mirar fragilidades das agências, o TCU está atento às suas próprias? *In*: ROSILHO, André. (Org.). *Direito Administrativo e Controle de Contas.* Belo Horizonte: Fórum, 2023. p. 57-59. ISBN 978-65-5518-491-4.

TCU: 'REGULADOR NACIONAL' DOS TRIBUNAIS DE CONTAS?

PROPOSTAS LEGISLATIVAS PODEM COLOCAR A EFICÁCIA DO CONTROLE EM RISCO

ANDRÉ ROSILHO

27.11.2019

A recente Proposta de Emenda à Constituição (PEC) do Pacto Federativo pretende alterar o art. 71, no qual estão previstas as atribuições do TCU, para autorizá-lo a "consolidar a interpretação das leis complementares de que tratam os arts. 163, 165, §9º, e 169 [relativos aos temas fiscal, orçamentário e de pessoal]" por meio de "Orientações Normativas" com efeito vinculante em relação aos tribunais de contas estaduais e municipais.

Na hipótese de os TCEs e TCMs contrariarem orientação normativa, ou de aplicá-la "indevidamente", caberá reclamação ao TCU, que, "julgando-a procedente, anulará a decisão reclamada e fixará prazo para que outra seja proferida". Em caso de descumprimento de prazo, o TCU "avocará a decisão".

O PL que reforma a legislação de licitações e contratos, na versão aprovada pela Câmara e encaminhada ao Senado, estipula que "Os órgãos de controle deverão orientar-se pelos enunciados das súmulas do Tribunal de Contas da União relativos à aplicação desta Lei, de modo a garantir a uniformidade de entendimento e a propiciar segurança jurídica aos interessados" (art. 172).

No passado, durante a constituinte de 1986-88, aventou-se a possibilidade de a Constituição dar poder normativo ao TCU.[1] A proposta, contudo, não vingou. Em 1992, com a Lei Orgânica do TCU, o Tribunal acabou sendo autorizado a "expedir atos e instruções normativas", mas apenas para fins de organização interna (art. 3º).

Com o suposto objetivo de aumentar a coordenação entre os tribunais de contas e a segurança jurídica, a PEC e o PL revivem o debate sobre a atribuição de competência normativa ao TCU. Mas ao fazê-lo, podem colocá-lo em risco.

Historicamente, o Tribunal julga a legalidade de contas, registra atos de pessoal e faz apurações em matéria financeira. A Constituição de 1988 expandiu seu escopo de atuação – por exemplo, ao aumentar sua jurisdição (que passou a abarcar qualquer pessoa que administra recursos federais) e ao autorizá-lo a fazer auditoria operacional e análises de legitimidade e economicidade.

Há indícios de que a diversidade e amplitude das missões do TCU pode afetar sua eficiência – esse parece ser o diagnóstico que está na origem da PEC das Emendas Parlamentares, que pretende retirar do TCU a competência para fiscalizar recursos transferidos a outros entes federativos por emenda parlamentar.

Seria o caso de forçar esse já caleidoscópico TCU a exercer nova atribuição, de natureza radicalmente distinta das demais, transformando-o em uma espécie de "regulador nacional" dos tribunais de contas em temas altamente complexos?

Ademais, se couber ao TCU consolidar nacionalmente, por norma vinculante, interpretações sobre direito financeiro em sentido amplo, elas terão de valer também para todas as administrações públicas, inclusive a federal. Na prática, o Tribunal se tornará o verdadeiro legislador financeiro do país. Um poder e tanto.

Mudar o centro de gravidade do TCU, modificando sua natureza, não parece ser medida adequada, necessária e proporcional para combater ineficiências do sistema brasileiro de controle de contas.

---

[1] Cf. ROSILHO, André. *Tribunal de Contas da União* – competências, jurisdição e instrumentos de controle. São Paulo: Quartier Latin, 2019. p. 83.

Referências

ROSILHO, André. *Tribunal de Contas da União* – competências, jurisdição e instrumentos de controle. São Paulo: Quartier Latin, 2019. p. 83.

Informação bibliográfica deste texto, conforme a NBR 6023:2018 da Associação Brasileira de Normas Técnicas (ABNT):

ROSILHO, André. TCU: 'regulador nacional' dos tribunais de contas? Propostas legislativas podem colocar a eficácia do controle em risco. *In*: ROSILHO, André. (Org.). *Direito Administrativo e Controle de Contas*. Belo Horizonte: Fórum, 2023. p. 61-63. ISBN 978-65-5518-491-4.

O VIÉS PRÓ-CONTROLE E SUAS DISTORÇÕES INTERPRETATIVAS

É EQUIVOCADO SUPOR UMA ORIENTAÇÃO GERAL DO DIREITO PARA FAVORECER O CONTROLADOR, EM DETRIMENTO DO GESTOR PÚBLICO

EDUARDO JORDÃO

26.02.2020

Minha coluna sobre a extensão do poder de cautela do TCU gerou respostas de membros de Cortes de Contas que manifestaram de forma cordial a sua discordância, em saudável diálogo que me honra e que desejo manter.

Em vez de voltar diretamente ao tema, interessa-me aqui explorar certo "viés pró-controle" que me parece marcar os textos dos colegas que me responderam e que orienta a interpretação (a meu ver distorcida) que fazem do direito.

Num dos textos de resposta, o viés se manifesta na preferência que os autores dão a dispositivos mais abstratos e genéricos, que podem ser usados para embasar teses pró-controle, em detrimento de dispositivos mais específicos e concretos na direção contrária. O que me chamou mais a atenção foi o argumento de que a limitação do poder de cautela não poderia ser efetivada porque "prejudicaria a missão institucional do TCU".

Ora, dado que essa missão institucional foi dada pela própria Constituição, não dá pra entender porque ela prevaleceria ou teria mais força normativa do que os dispositivos *também constitucionais* que delimitam *a específica* medida cautelar que detém o TCU e *o específico* procedimento que deve seguir para adotá-la validamente.

Não seria mais razoável supor que o Constituinte, ele mesmo, já teria feito a opção sobre *como exatamente* (e dentro de quais limites) o controlador deve cumprir sua missão institucional?

O viés pró-controle ata as mãos do constituinte: deixa-o sem espaço para desenhar um controlador com menos poderes do que o intérprete entende ser o adequado para que ele funcione bem.

No outro texto, o viés pró-controle se manifesta na compreensão de que, nas situações em que há discordância de interpretação entre gestor público e controlador, a visão deste último deve *sempre* (ou "naturalmente") prevalecer, independentemente do que diz o direito.

Supõe-se a existência de uma espécie de *preferência apriorística e generalizada* do direito à opinião do controlador, frente à do gestor público. Mas não é assim. Em alguns casos o direito prevê a prevalência da visão do controlador, em outros, não. Além disso, mesmo quando existente, o direito prevê graus diferentes desse tipo de *prevalência*, a depender do controlador em questão. A do poder judiciário sobre o gestor, por exemplo, é claramente mais ampla do que a dos Tribunais de Contas sobre o gestor – se é que essa última existe.

Na prática, isso significa que, numa situação de conflito de entendimento entre o controlador e o gestor público, não se deve supor que a solução do controlador deva necessariamente prevalecer: ao invés disso, é preciso verificar o que diz o direito sobre aquela situação concreta.

A minha tese na coluna anterior era precisamente a de que, *apenas nos casos em que prevê o direito e de acordo com o procedimento nele previsto*, pode o TCU impor medida cautelar por entender existente um risco de dano ao erário público. Fora dessas hipóteses autorizadas pelo Direito, a opinião do TCU sobre esse risco é *juridicamente irrelevante* (ou, ao menos, destituída de força impositiva), se dela discordar o gestor público.

O intérprete bem pode entender que seria socialmente positivo que este ou aquele controlador detivesse este ou aquele poder. Ele só não pode pressupor que essa seja necessariamente também a determinação do Constituinte, que, como operador do direito, lhe cabe aplicar.

Informação bibliográfica deste texto, conforme a NBR 6023:2018 da Associação Brasileira de Normas Técnicas (ABNT):

JORDÃO, Eduardo. O viés pró-controle e suas distorções interpretativas: é equivocado supor uma orientação geral do Direito para favorecer o controlador, em detrimento do gestor público. In: ROSILHO, André. (Org.). *Direito Administrativo e Controle de Contas*. Belo Horizonte: Fórum, 2023. p. 65-66. ISBN 978-65-5518-491-4.

QUEM REFORMARÁ O TCU? PROVAVELMENTE NÃO SERÁ O JUDICIÁRIO

STF POSSUI INSTRUMENTOS PARA MITIGAR RISCO DE EXTRAPOLAÇÃO DE COMPETÊNCIAS PELO TCU. MAS HÁ MOTIVOS PARA SER CÉTICO

ANDRÉ DE CASTRO O. P. BRAGA

04.03.2020

Nos últimos 30 anos, o TCU passou a desempenhar novos papéis. Há quem elogie. Outros reclamam: essa expansão de competências teria ocorrido à margem do direito positivo, gerando insegurança jurídica e ineficiência.

Entre os críticos, cultiva-se a expectativa de que, em algum momento, o STF freará de modo contundente a vocação expansionista do TCU. Isso se daria de três formas.

A primeira seria por meio da reversão de decisões do TCU. É o que vem acontecendo, por exemplo, no caso das pensões concedidas a filhas solteiras de ex-servidores. O STF já proferiu diversas liminares para restabelecer o pagamento desses benefícios que haviam sido suspensos em razão de novo entendimento do TCU, firmado em 2016.

A segunda envolveria a fixação de regras mais claras para guiar a atuação futura do TCU. Aqui, podemos citar recente decisão do STF que, em repercussão geral, definiu que a revisão de aposentadorias pelo TCU se sujeita ao prazo decadencial de cinco anos.

Terceira: a criação, pelo STF, de *standards* decisórios que esclareçam a seguinte dúvida: em quais hipóteses o TCU está obrigado a respeitar as escolhas discricionárias do gestor público?

O STF possui, portanto, instrumentos para mitigar o risco de extrapolação de competências por parte do TCU. Mas há motivos para ser cético quanto à eficácia dessas medidas.

Um deles é a lentidão do STF para enfrentar temas já decididos pelo TCU, o que foi reconhecido pelo ministro Gilmar Mendes no julgamento sobre prorrogação antecipada de concessões ferroviárias (ADI nº 5.991). Em seu voto, Mendes afirmou que o STF "chegou tarde", pois o TCU já vinha tratando do tema há cinco anos.

A morosidade faz com que entes públicos evitem o Judiciário. Em vez de iniciar um longo litígio, o gestor opta por obedecer a ordem vinda do órgão de controle, mesmo que pouco razoável.

Outro motivo é o modo pelo qual o TCU aplica o princípio da independência das instâncias. Com base nele, o TCU mostra-se disposto a seguir decisões do STF somente quando emanadas em controle abstrato de constitucionalidade ou em processos com repercussão geral.

Mês passado, por exemplo, o Plenário do TCU optou por não alterar sua jurisprudência no caso das pensões de filhas solteiras de ex-servidores, mesmo diante das centenas de decisões do STF que a contrariavam (Acórdão nº 61/2020).

Muitas dessas questões seriam superadas caso o STF consolidasse, como já mencionado, *standards* decisórios que delimitassem melhor o alcance do controle exercido pelo TCU. Conhecendo-os previamente, entes afetados por comandos do TCU poderiam avaliar, com mais precisão, as chances de sucesso em eventual judicialização.

Hoje, não se nota qualquer indicativo de que tais *standards* serão criados pelo STF. Ao contrário, há sinais de que esse vê com bons olhos o atual estado de coisas, no qual o TCU atua como revisor geral dos atos do governo, sobretudo em concessões de infraestrutura.

Tudo isso demonstra que os críticos precisam propor outros caminhos, não só o que passa pelo Judiciário, se quiserem reformar de fato o modo de funcionamento do TCU. Do contrário, arriscam andar em círculos num Forte Bastiani, onde tudo se espera, mas nada acontece.

Informação bibliográfica deste texto, conforme a NBR 6023:2018 da Associação Brasileira de Normas Técnicas (ABNT):

BRAGA, André de Castro O. P. Quem reformará o TCU? Provavelmente não será o Judiciário: STF possui instrumentos para mitigar risco de extrapolação de competências pelo TCU. Mas há motivos para ser cético. *In*: ROSILHO, André. (Org.). *Direito Administrativo e Controle de Contas*. Belo Horizonte: Fórum, 2023. p. 67-68. ISBN 978-65-5518-491-4.

MP DE CONTAS E O CONTROLE DA POLÍTICA

ATIVISMO DO MP DE CONTAS É PREJUDICIAL À BOA GOVERNANÇA PÚBLICA

ANDRÉ ROSILHO

01.07.2020

O Ministério Público de Contas tem atuado em temas de alta voltagem política. As representações ao Tribunal de Contas da União (TCU) parecem acompanhar o fluxo de notícias quentes: gastos com publicidade do pacote anticrime, vazamento de óleo nas praias do Nordeste, suposto uso do Coaf para investigar jornalista, impacto de declarações do Ministro da Economia sobre o AI-5 na alta do dólar, produção de cloroquina pelo Exército, suposta interferência do Ministério de Minas e Energia na ANEEL, veracidade das informações curriculares de nomeado para Ministro da Educação etc.

Há indícios de que o movimento seja calculado, intencional. Em entrevista para *O Estado de S. Paulo*, o subprocurador-geral do MP de Contas afirmou ser "espinho no caminho" do Executivo. Seu objetivo? Opor-se ao governo de plantão, "dar trabalho".

Mas, afinal, seria esse o papel do MP de Contas?

O perfil da instituição é delineado pelo Texto Constitucional (art. 130) e pela Lei Orgânica do TCU (art. 80 e ss). De acordo com a legislação e a jurisprudência do Supremo Tribunal Federal (ADI nº 789), ela integra a estrutura do próprio TCU – portanto, apesar do nome, nada tem a ver o Ministério Público da União ou dos estados – e não goza de autonomia administrativa ou financeira. Sua missão é de "guarda da lei e fiscal de sua execução" (art. 81 da Lei Orgânica do TCU).

Não cabe ao MP de Contas zelar pelo cumprimento da legislação em geral – esse papel é do MP da União e dos estados. A ele compete fiscalizar o cumprimento da *legislação de contas* – isto é, das normas jurídicas que dizem respeito às finanças públicas em sentido amplo. Enquanto órgão do TCU, seu escopo não pode ser mais amplo que o do próprio Tribunal. O TCU não é Judiciário e o MP de Contas não é o MP da União ou dos Estados.

Casos recentes parecem revelar baixa aderência do MP de Contas à sua missão institucional. A impressão é que, para fazer avançar uma pauta política (por exemplo, realizar oposição ao governo), o MP de Contas tem estimulado o TCU a agir (por meio de ordens, medidas cautelares, sanções etc.) em temas totalmente alheios à jurisdição de contas – qual é a relação entre eventual interferência de Ministério em agência reguladora e a legislação de contas?

Boa parte desses estímulos tem sido repelido pelo TCU. Alguns têm reverberado (como o pedido para a suspensão da publicidade sobre o pacote anticrime). Há certo casuísmo.

Estaria o MP de Contas agindo desse modo porque o TCU se mostra propenso a expandir seu campo de atuação, como constatou esta coluna? Ou, ao contrário, o avanço do TCU sobre temas alheios à jurisdição de contas seria produto de estímulos de atores legitimados a acessá-lo? Difícil dizer.

O que talvez se possa afirmar é que, de um lado, uma coisa parece alimentar a outra, conferindo inércia à expansão da jurisdição de contas. De outro lado, a mera possibilidade de ações de agentes públicos virem a impactar as finanças do estado é insuficiente para atrair a competência do TCU – e, por conseguinte, para justificar a movimentação do MP de Contas.

O avanço de instituições de controle sobre a política é perigoso. A desorganização geral do governo não é motivo para vale-tudo institucional.

Informação bibliográfica deste texto, conforme a NBR 6023:2018 da Associação Brasileira de Normas Técnicas (ABNT):

ROSILHO, André. MP de Contas e o controle da política: ativismo do MP de Contas é prejudicial à boa governança pública. *In*: ROSILHO, André. (Org.). *Direito Administrativo e Controle de Contas*. Belo Horizonte: Fórum, 2023. p. 69-70. ISBN 978-65-5518-491-4.

O TCU *VERSUS* A MILITARIZAÇÃO DOS ÓRGÃOS AMBIENTAIS

INVESTIDA DO TRIBUNAL TENDE A GERAR INSEGURANÇA JURÍDICA E BENEFÍCIOS DUVIDOSOS

ANDRÉ DE CASTRO O. P. BRAGA

18.11.2020

Desde o início do governo Bolsonaro, a nomeação de militares para cargos em órgãos ambientais provoca resistência. Mas seria ilegal?
Auditores do TCU concluíram recentemente que há, sim, indícios de irregularidade. Parte dos militares indicados não teria preenchido os requisitos de experiência e conhecimento técnico exigidos pelo Decreto nº 9.727.19, que disciplina a ocupação de cargos em comissão e funções comissionadas na administração federal direta, autárquica e fundacional.
Concordando com esse diagnóstico, o ministro relator determinou que Ministério do Meio Ambiente e IBAMA recebessem um "alerta" sobre "eventual possibilidade de o TCU vir a determinar a anulação" das nomeações, com possível "aplicação das penalidades cabíveis".
O processo ainda irá ao plenário. No entanto, o caso já faz refletir sobre a atuação sancionadora do tribunal.
Uma dúvida é: o TCU detém competência para punir autoridade responsável por nomeações que violem o Decreto nº 9.727.19?
Uma resposta razoável seria: sim, detém. O fundamento estaria na Lei Orgânica do TCU, que permite a imposição de penalidade sempre que o tribunal identificar "ato de gestão ilegal, ilegítimo, antieconômico, ou

infração à norma legal ou regulamentar de natureza contábil, financeira, orçamentária, operacional ou patrimonial" (art. 16, III, b).

É provavelmente o tipo sancionador mais impreciso do direito brasileiro. Com algum esforço hermenêutico, qualquer infração à lei, decreto, portaria ou regulamento de estatal é capaz de justificar uma sanção.

A amplitude desse poder recomendaria duas posturas ao TCU. Primeira: respeitar a discricionariedade do Executivo sempre que a norma supostamente violada permitir mais de uma interpretação razoável. Segunda: sinalizar com a maior clareza e antecedência possível qual será o grau de rigor na fiscalização de determinada norma.

Até o momento, no processo sobre a militarização de órgãos ambientais, essas duas posturas estiveram ausentes.

Veja-se, por exemplo, o currículo do atual Diretor de Proteção Ambiental do IBAMA, responsável pela fiscalização de infrações ambientais. Ele é coronel da PM, formado em direito, doutor em ciências policiais, com experiência no comando de operações de patrulhamento e combate ao crime organizado. Teria ele "perfil profissional ou formação acadêmica" para o cargo (art. 2º, II, do Decreto nº 9.727.19)? É legítimo imaginar que sim. Sob o aspecto jurídico e operacional, a fiscalização de ilícitos ambientais e penais possui diversos pontos de contato. Para os auditores do TCU, porém, "a formação e experiência estritamente no campo policial" o impediriam de ocupar o cargo. Entre duas interpretações possíveis sobre os requisitos de nomeação, o TCU optou pela que mais limita o Executivo.

O contexto revela também um inegável efeito surpresa. O Decreto nº 9.727 é de março de 2019. Desde então, o TCU o mencionou em duas decisões, sem fornecer orientações sobre o modo correto de interpretá-lo. Se houver punição no caso em debate, será a primeira por violação ao decreto. Pergunta: no futuro, o tribunal adotará o mesmo rigor no exame das outras milhares de nomeações feitas na administração federal, propondo a punição das autoridades que interpretarem as regras do decreto de modo diferente do seu?

O plenário do TCU deveria esclarecer esses pontos.

Informação bibliográfica deste texto, conforme a NBR 6023:2018 da Associação Brasileira de Normas Técnicas (ABNT):

BRAGA, André de Castro O. P. O TCU *versus* a militarização dos órgãos ambientais: Investida do tribunal tende a gerar insegurança jurídica e benefícios duvidosos. *In*: ROSILHO, André. (Org.). *Direito Administrativo e Controle de Contas*. Belo Horizonte: Fórum, 2023. p. 71-72. ISBN 978-65-5518-491-4.

O TCU E O USO DE PRINCÍPIOS COMO *CONVERSATION STOPPER*

BELOS PRINCÍPIOS NINGUÉM TEM CORAGEM DE REFUTAR[1]

GUSTAVO LEONARDO MAIA PEREIRA

03.02.2021

Na sua atividade de controle, os métodos do Tribunal de Contas da União (TCU) são variados. Uma das estratégias mais salientes é o uso de princípios e da noção de *interesse público* como justificativas para suas intervenções e opções.

Mensageiros de valores fundamentais, considerados normas "superiores", mas de conteúdo indeterminado, os princípios são frequentemente utilizados como fundamento de decisões controladoras, das mais diversas instâncias, servindo para barrar opções administrativas e até mesmo legislativas. É o que Humberto Ávila chama de "euforia do Estado principiológico".[2]

Em se tratando de fiscalização de contratos de concessão, o *princípio da modicidade tarifária* é um protagonista. Na jurisprudência do TCU, a modicidade tarifária é compreendida como uma faceta do princípio da economicidade, de modo que comumente aparecem juntos nas decisões. É o caso do Acórdão nº 3.251/2020, em que a Corte determinou a correção de tarifa de pedágio fixada pela ANTT e, ao ser confrontada com o argumento de que não teria competência para invadir

---

[1] SUNDFELD, Carlos Ari. *Direito Administrativo para Céticos*. 2. ed. São Paulo: Malheiros, 2014. p. 225.
[2] ÁVILA, Humberto. *Teoria dos princípios:* da definição à aplicação de princípios jurídicos. 18. ed. São Paulo: Malheiros, 2018. p. 43.

as atribuições da agência, rebateu dizendo que *"é certo que o Tribunal pode determinar medidas corretivas a ato praticado na esfera de discricionariedade das agências reguladoras, desde que esse ato viole o ordenamento jurídico, do qual fazem parte os princípios da economicidade da Administração Pública e da modicidade tarifária na prestação de serviços públicos"*.

Carlos Ari Sundfeld chama a atenção para o fato de que os aplicadores não manuseiam os princípios com o mesmo nível de rigor e sofisticação com que fazem os teóricos que os formularam em âmbito doutrinário, havendo no plano da aplicação uma tendência à sua simplificação e hiper generalização. Daí a afirmação do autor no sentido de que "princípios vagos podem justificar qualquer decisão".[3]

As decisões dos órgãos de controle, ao utilizarem princípios e valores abstratos, parecem ter um status *superior em relação aos atos dos gestores, normalmente fundamentados em elementos mais concretos e dados da realidade.*

Com isso, o uso de princípios pelos órgãos de controle acaba funcionando como uma espécie de *"conversation stopper"*,[4] ou seja, como bloqueio de qualquer objeção à decisão controladora que os invoca.

Acontece que um bom motivo – um princípio – não pode dispensar um método decisório racional e controlável. Neste ponto, os órgãos de controle brasileiros ainda deixam muito a desejar.

Referências

ÁVILA, Humberto. *Teoria dos princípios*: da definição à aplicação de princípios jurídicos. 18. ed. São Paulo: Malheiros, 2018. p. 43.

SUNDFELD, Carlos Ari. *Direito Administrativo para Céticos*. 2. ed. São Paulo: Malheiros, 2014. p. 225.

VIEIRA, Oscar Vilhena; GLEZER, Rubens (Orgs.). *A razão e o voto*: diálogos constitucionais com Luís Roberto Barroso. Rio de Janeiro: FGV Editora, 2017. p. 347.

Informação bibliográfica deste texto, conforme a NBR 6023:2018 da Associação Brasileira de Normas Técnicas (ABNT):

PEREIRA, Gustavo Leonardo Maia. O TCU e o uso de princípios como *conversation stopper*: belos princípios ninguém tem coragem de refutar. *In*: ROSILHO, André. (Org.). *Direito Administrativo e Controle de Contas*. Belo Horizonte: Fórum, 2023. p. 73-74. ISBN 978-65-5518-491-4.

---

[3] *Ibid.*, p. 205.
[4] Tomo a expressão emprestada de Ingo Sarlet, cf. SARLET, Ingo Wolfang. Usos e abusos em matéria de direitos sociais ou a jurisdição constitucional na esfera de controle de políticas públicas e na (des?) construção do estado democrático de direito. *In*: VIEIRA, Oscar Vilhena; GLEZER, Rubens (Orgs.). *A razão e o voto*: diálogos constitucionais com Luís Roberto Barroso. Rio de Janeiro: FGV Editora, 2017. p. 347.

STF E A 'EXTRAPOLAÇÃO QUALIFICADA' DE COMPETÊNCIAS NO CONTROLE DE CONTAS

SUPREMO FALHA AO CHANCELAR DECISÃO DE CORTE DE CONTAS COM DUPLA VIOLAÇÃO DE COMPETÊNCIA

ANDRÉ ROSILHO
EDUARDO JORDÃO

19.05.2021

A doutrina há muito clama ao Supremo Tribunal Federal (STF) que enfim censure os notórios excessos dos tribunais de contas. Afinal, na condição de guardião da Constituição, cabe-lhe zelar por um controle de contas conforme o Direito.

Oportunidade para tanto se ofereceu na suspensão de segurança 5455. O STF foi instado a se pronunciar sobre acórdão do Tribunal de Justiça do estado do Rio Grande do Norte (TJRN) que sustara os efeitos de decisão do Tribunal de Contas do Estado – a qual, por sua vez, determinara o bloqueio cautelar de contas de empresa contratada por município para a prestação de serviço.

Mas o Supremo divergiu do TJRN e restaurou a decisão da corte de contas estadual.

A oportunidade perdida é particularmente lamentável porque o caso ilustrava uma *extrapolação qualificada* de competências, incidente sobre duas dimensões.

Uma dimensão podemos chamar de *objetiva*, relativa à *extensão* dos poderes de cautela dos tribunais de contas.

Ao decidir sobre esse aspecto, o ministro Luiz Fux aludiu à ideia de "poder geral de cautela". Para tanto, dispensou a análise das normas. Limitou-se a invocar decisões do próprio STF (SS 5179 e 5205 e MS 33092), precedentes que aludiram ao MS 24510, apontado como *leading case*.

Nesse tema, o STF construiu jurisprudência tautológica, oca de conteúdo jurídico. Acórdãos justificam o suposto poder geral de cautela dos tribunais de contas a partir de outros acórdãos que, por sua vez, remetem a *leading case* em que o Supremo trata do assunto em *obiter dictum*, sem analisar norma jurídica alguma.

A base dessa jurisprudência não é o Direito, mas o provérbio de que "quem dá os fins, dá os meios", revestido com verniz acadêmico da teoria dos poderes implícitos.[1]

O STF, animado com a ideia de ampliar controles, admitiu que, a despeito das normas, tribunais de contas podem tomar a medida preventiva que lhes parecer mais adequada, desde que para preservar "o resultado final da fiscalização".

O difícil é compatibilizar a noção de poder *geral* de cautela com o fato de que a Constituição previu explicitamente *qual* poder de cautela os tribunais de contas possuem, e *como* ele deve ser exercido, conforme texto anterior desta coluna.

Mas a decisão também decepciona por não censurar a extrapolação de competência sob uma dimensão que poderíamos chamar de *subjetiva*, relativa aos *sujeitos* sobre os quais recai a jurisdição dos tribunais de contas.

O Direito aqui também é claro: meros fornecedores jamais poderiam ter seus bens declarados indisponíveis por tribunal de contas, pois sua jurisdição, embora ampla, é circunscrita a responsáveis pela gestão de dinheiros públicos (CF, art. 70, parágrafo único). Leis orgânicas de tribunais de contas traduzem essa regra (*e.g.*, art. 44, º 2º, da Lei do TCU e art. 120 c.c art. 121, V, da Lei do TCE do RN).

Ou seja, especificamente em relação a meros fornecedores de bens e serviços para a administração, não é apenas que os tribunais de contas não possuem poder geral de cautela – é que rigorosamente não possuem *poder algum*.

Ao adotar postura como essa, o STF apõe selo de validade jurídica a comportamentos extravagantes. Sinaliza para todo o sistema

---

[1] Sobre o tema, v. ROSILHO, André. *Tribunal de Contas da União* – Competências, Jurisdição e Instrumentos de Controle. São Paulo: Quartier Latin, 2019. p. 270 e ss.

de controle de contas que as regras constitucionais têm pouco valor. O clima de vale-tudo institucional é perigoso. É preciso que o STF esteja mais atento a isso.

Referências

ROSILHO, André. Tribunal de Contas da União – Competências, Jurisdição e Instrumentos de Controle. São Paulo: Quartier Latin, 2019 p. 270 e ss.

Informação bibliográfica deste texto, conforme a NBR 6023:2018 da Associação Brasileira de Normas Técnicas (ABNT):

ROSILHO, André; JORDÃO, Eduardo. STF e a 'extrapolação qualificada' de competências no controle de contas: Supremo falha ao chancelar decisão de corte de contas com dupla violação de competência. In: ROSILHO, André. (Org.). *Direito Administrativo e Controle de Contas*. Belo Horizonte: Fórum, 2023. p. 75-77. ISBN 978-65-5518-491-4.

O PREÇO DO PROTAGONISMO

SE O TCU É PARTE DA DECISÃO ADMINISTRATIVA, FAZ SENTIDO QUE TENHA PRAZO PARA DECIDIR?

VITÓRIA DAMASCENO
PEDRO A. AZEVEDO LUSTOSA

14.07.2021

Entre as novidades inseridas pela nova Lei de Licitações (Lei nº 14.133/2021), destaca-se o protagonismo conferido aos tribunais de contas, que foram descritos como a "terceira linha de defesa" para gestão de riscos e controle preventivo das contratações públicas.

Além das atribuições anteriormente conferidas a esses órgãos e ratificadas pela nova legislação, foram previstos certos parâmetros a serem observados. Entre eles, o de que o tribunal deve decidir o mérito de processos licitatórios suspensos por medidas cautelares no prazo de 25 dias úteis (art. 171, §1º), com indicação do modo de atendimento do interese público obstado por essa suspensão (art. 171, §1º, II), e apontar medidas para saneamento do certame ou determinar sua anulação na decisão meritória (art. 171, §3º).

Em comunicação durante a sessão plenária de 23.06.2021, contudo, o Tribunal de Contas da União (TCU) suscitou possível inconstitucionalidade dessas obrigações e remeteu a matéria para apreciação de sua Consultoria Jurídica, a fim de eventualmente representar à Procuradoria-Geral da República para o oferecimento de Ação Direta de Inconstitucionalidade.

Isso porque, para a Corte de Contas, a Lei nº 14.133/2021 estaria invadindo sua competência de autogoverno para dispor sobre sua Lei Orgânica, resguardada pelo Supremo Tribunal Federal (STF) em decisões diversas. Além disso, a nova Lei de Licitações estabeleceria obrigações que se tornariam inexequíveis em hipóteses mais complexas.

O prazo estabelecido não se mostraria suficiente para comportar as diversas etapas da análise no TCU – unidade técnica (auditor, diretor e secretário), procurador de contas e relator – e a possibilidade de pedidos de vista. Também desconsideraria que a urgência na análise de questões em liminares não necessariamente se mantém na fase de mérito.

Foi suscitado o julgamento da ADI nº 5351, no qual o STF entendeu como inconstitucional a definição de prazo para que o Ministério Público Federal (MPF) adotasse providências relativas a fatos apurados em CPI ou apresentasse justificativas ao Congresso Nacional em caso de omissão.

Independentemente da plausibilidade dos argumentos de inconstitucionalidade levantados pela Corte de Contas, cabe o questionamento acerca do que teria originado o atual impasse. Afinal, nos últimos tempos, o TCU tem assumido protagonismo em relevantes matérias de gestão pública.[1]

Ao ampliar sua atuação nesse campo, o Tribunal parece ter criado um cenário de dependência da gestão pública em relação às suas decisões. Por essa ótica, pode ser que os dispositivos legais que agora questiona, que, em síntese, procuram coordenar a intervenção do TCU em certames licitatórios, sejam produto de seu próprio comportamento.

Se, da perspectiva do agente público, a Corte de Contas se tornou essencial para a tomada de decisões – nesse caso, para o prosseguimento de licitações –, não seria também plausível que o legislador tentasse incluir o TCU no fluxo decisório, estabelecendo, por consequência, marcos claros para o célere atendimento do interesse público?

---

[1] Esse tema já foi abordado em artigos anteriores desta coluna (https:www.jota.info. opiniao-e-analise.colunas.controle-publico.tcu-orgao-de-controle-externo-ou-revisor-geral-da-administracao-14092019, https:www.jota.info.opiniao-e-analise.artigos.sera-que-o-tcu-prefere-ser-temido-07072021 e https:www.jota.info.opiniao-e-analise.colunas. controle-publico.tcu-e-o-onus-da-jabuticaba-16062021) e, inclusive, em livro publicado a partir de pesquisas de integrantes do Observatório do TCU (SUNDFELD, Carlos Ari; ROSILHO, André. *Tribunal de Contas da União no Direito e na Realidade*. 1. ed. São Paulo: Almedina, 2020).

Referências

SUNDFELD, Carlos Ari, ROSILHO, André. *Tribunal de Contas da União no Direito e na Realidade*. 1. ed. São Paulo: Almedina, 2020.

Informação bibliográfica deste texto, conforme a NBR 6023:2018 da Associação Brasileira de Normas Técnicas (ABNT):

DAMASCENO, Vitória; LUSTOSA, Pedro A. Azevedo. O preço do protagonismo: se o TCU é parte da decisão administrativa, faz sentido que tenha prazo para decidir? *In*: ROSILHO, André. (Org.). *Direito Administrativo e Controle de Contas*. Belo Horizonte: Fórum, 2023. p. 79-81. ISBN 978-65-5518-491-4.

O CONTROLE PÚBLICO E A REFORMA DO ESTADO

SERÁ QUE DEVEMOS PENSAR EM REFORMAR O TCU?

GUSTAVO LEONARDO MAIA PEREIRA

04.08.2021

Aumentar a eficiência da Administração Pública, melhorar sua governança, equilibrar as contas públicas, corrigir distorções no funcionalismo: lugares-comuns da desafiadora agenda de reforma do Estado. Há, porém, um tema que parece ficar esquecido – ou pelo menos subestimado – no debate reformista: o controle público.

As reformas dos anos 90 visavam criar um modelo de gestão mais flexível, com mais autonomia para o administrador e controles posteriores focados em resultados, dando protagonismo ao controle social. Nada foi feito em relação à estrutura dos órgãos de controle. De lá pra cá, o Tribunal de Contas da União (TCU) agiu para expandir competências e ampliar sua atuação, muitas vezes sem mandato legal claro.

Há autores que identificam na atuação "ativista" dos controladores uma espécie de revés ao programa de reforma, pois reforçou o caráter prévio, centralizado e burocrático do controle.[1]

---

[1] ABRUCIO, Fernando. Uma viagem redonda: por que ainda discutimos o Plano Diretor da Reforma do Estado 25 anos depois? *In*: CAVALCANTE, Pedro Luiz Costa; SILVA, Mauro Santos (Orgs.). *Reformas do estado no Brasil*: trajetórias, inovações e desafios. Rio de Janeiro: IPEA, 2020.

Reformar o controle externo ainda é tabu. Prevalece a noção de que "quanto mais controle melhor" e de que críticas e sugestões de mudanças visam fragilizá-lo.

Não quero, aqui, dizer que o TCU deve ser reformado dessa ou daquela forma, e sim chamar atenção para a importância do controle como uma variável crítica do bom funcionamento do Estado, defender que possíveis reformas do controle sejam debatidas de maneira desimpedida e propor possíveis eixos de discussão.

Um dos principais vetores do "ativismo de contas" é o uso das auditorias operacionais. Destoando da prática internacional, o TCU costuma emitir atos de comando e aplicar sanções no âmbito do controle de performance.[2] Fora dos casos expressamente previstos na Constituição, o TCU não deveria agir diretamente, ou seja, caberia ao órgão comunicar seus achados às autoridades competentes e subsidiar o Congresso Nacional, que é o titular do controle externo. Seria bem-vinda, portanto, uma legislação que esclarecesse que fiscalização operacional tem apenas caráter informativo.

Outro ponto de atenção é o desenho institucional do TCU, notadamente no que tange aos critérios de escolha de ministros.[3] Há propostas de emenda à Constituição em trâmite no Congresso Nacional visando alterar a forma de composição da Corte e até mesmo instituir mandato para os ministros.[4] Essas proposições ainda não ocuparam o centro da agenda.

Outro caminho que parece promissor é o de adaptar para o TCU os mesmos instrumentos de melhoria da governança da Administração, como a ampliação do controle social por meio da realização de consultas e audiências públicas antes da edição de normas e de atos relevantes, a elaboração de análises de impacto e a aplicação mais rigorosa de regras e garantias processuais.

O ativismo do TCU deve vir a ser corrigido pelo Supremo Tribunal Federal (STF), que ainda não deu a atenção devida ao tema. Paralelamente, reformas bem desenhadas podem contribuir para o aperfeiçoamento do controle e, em última instância, da gestão pública.

---

[2] TRISTÃO, Conrado. Tribunais de Contas e Controle Operacional da Administração. *In*: SUNDFELD, Carlos Ari; ROSILHO, André (Orgs.). *Tribunal de Contas da União no Direito e na Realidade*. São Paulo: Almedina, 2020.

[3] WILLEMAN, Marianna Montebello. *Accountability democrática e o desenho institucional dos Tribunais de Contas no Brasil*. Belo Horizonte: Fórum, 2017.

[4] Cf. PEC nº 30.2019.

Referências

ABRUCIO, Fernando. Uma viagem redonda: por que ainda discutimos o Plano Diretor da Reforma do Estado 25 anos depois? *In:* CAVALCANTE, Pedro Luiz Costa; SILVA, Mauro Santos (Orgs.). *Reformas do estado no Brasil*: trajetórias, inovações e desafios. Rio de Janeiro: IPEA, 2020.

TRISTÃO, Conrado. Tribunais de Contas e Controle Operacional da Administração. *In:* SUNDFELD, Carlos Ari; ROSILHO, André (Orgs.). *Tribunal de Contas da União no Direito e na Realidade*. São Paulo: Almedina, 2020.

WILLEMAN, Marianna Montebello. *Accountability democrática e o desenho institucional dos Tribunais de Contas no Brasil*. Belo Horizonte: Fórum, 2017.

Informação bibliográfica deste texto, conforme a NBR 6023:2018 da Associação Brasileira de Normas Técnicas (ABNT):

PEREIRA, Gustavo Leonardo Maia. O controle público e a reforma do Estado: será que devemos pensar em reformar o TCU? *In:* ROSILHO, André. (Org.). *Direito Administrativo e Controle de Contas*. Belo Horizonte: Fórum, 2023. p. 83-85. ISBN 978-65-5518-491-4.

TCU E O APERFEIÇOAMENTO REGULATÓRIO
COMO CONTROLAR SEM SE SUBSTITUIR AO REGULADOR?

DANIEL BOGÉA

11.08.2021

Ao fiscalizar Agências Reguladoras, o Tribunal de Contas da União (TCU) enfrenta o constante dilema de auditar sem se substituir ao regulador. São frequentes as críticas de que o Tribunal tem expedido atos de comando fundados em reanálises de mérito regulatório.

Haveria caminhos para um controle de Agências menos controverso e apto a contribuir com o aperfeiçoamento regulatório? Compreendo que sim.

As recentes regras (Leis nº 13848.19, nº 13874.19 e Decreto nº 10411.20) que impuseram às Agências o dever de realizar *Análise de Impacto Regulatório* (AIR) oferecem oportunidade para que o controle assuma caráter essencialmente procedimental e contribua de modo decisivo para o sucesso da política de melhoria regulatória.

Bom exemplo vem do Reino Unido, onde o *National Audit Office* (NAO) ajudou no processo de institucionalização da AIR. Por lá, as AIR foram auditadas tanto em *frequência* como em *qualidade*, tendo sido classificadas em três categorias: (i) aquelas sem impacto positivo algum (*pro forma*); (ii) aquelas com impacto positivo limitado (*informativas*); e (iii) aquelas que genuinamente informam e desafiam o regulador (*integradas*).

As perguntas conduzidas pelo NAO poderiam servir de guia a um esforço concentrado no âmbito do TCU:

1. *A análise de impacto foi iniciada cedo o suficiente?*

A indagação envolve avaliar o atendimento a objetivos regulatórios declarados, a compatibilidade do prazo estabelecido para a análise de impacto e se o regulador considerou alternativas à nova norma, incluindo a decisão de não regular.

2. *A etapa de consulta foi efetiva?*
   Cabe aqui analisar se consultas públicas foram realizadas assim que possível, e se foram adotadas ferramentas e técnicas que incentivem a participação qualificada de *stakeholders* (evitando procedimentos *pro forma*).

3. *A análise de impacto apurou os custos de forma profunda?*
   A eficácia da AIR depende de os custos da regulação serem devidamente considerados. Deve-se adotar a opção regulatória com maior benefício líquido.

4. *A análise de impacto apurou os benefícios de forma realista?*
   Diante da possibilidade de viés de seleção que superestime os benefícios de regulação pretendida, é útil investigar se as Agências são realistas em suas projeções. Sem invadir a competência do regulador, o controlador pode fazer sugestões para aperfeiçoar as metodologias utilizadas.

5. *A análise de impacto apurou de forma realista a possibilidade de não cumprimento das novas regras?*
   Cabe verificar se as Agências levaram em conta, ao desenhar novas regras, o risco de virem a ser descumpridas, antecipando-se a esse eventual problema.

6. *A regulação será monitorada e avaliada de forma efetiva?*
   Não basta que uma nova regulação seja bem planejada. O controlador pode verificar se estão sendo adotadas medidas de monitoramento e avaliação *ex post*.

A priorização de auditorias de AIR nas Agências federais poderia conferir um lugar de destaque ao TCU no atual contexto de transformação das políticas de melhoria regulatória no Brasil. Há espaço para um controle efetivo da regulação que não se confunde com intromissões indevidas sobre o papel do regulador. A experiência do Reino Unido pode ter algo a nos ensinar.

Informação bibliográfica deste texto, conforme a NBR 6023:2018 da Associação Brasileira de Normas Técnicas (ABNT):

BOGÉA, Daniel. TCU e o aperfeiçoamento regulatório: como controlar sem se substituir ao regulador? *In*: ROSILHO, André. (Org.). *Direito Administrativo e Controle de Contas*. Belo Horizonte: Fórum, 2023. p. 87-88. ISBN 978-65-5518-491-4.

TCU AGIGANTADO: UMA ESCOLHA DO NOSSO DIREITO?

EXCESSOS DO TRIBUNAL DE CONTAS DA UNIÃO SÃO DE SUA RESPONSABILIDADE

EDUARDO JORDÃO

01.12.2021

No debate público sobre os limites e os eventuais excessos da sua atuação, membros do Tribunal de Contas da União (TCU) costumam observar que o empoderamento dos controladores em geral, e do TCU em específico, foi uma opção do direito brasileiro, destinada a inibir abusos administrativos.

A observação é historicamente exata. A Constituição de 1988 e leis posteriores buscaram fortalecer o controle, ampliando o número de órgãos com essa atribuição e conferindo-lhes meios adicionais para desempenhá-la.

Mas é importante não buscar extrair dessa correta observação mais do que ela efetivamente pode dar. Afinal, ela não socorre o TCU nas críticas que se lhe fazem.

É que a literatura crítica ao agigantamento do TCU foca três hipóteses de excessos que não podem ser justificados por essa escolha do nosso Direito de fortalecer os controladores.

Numa primeira hipótese, critica-se a atuação do TCU que se dá à margem do Direito: a atuação sem base jurídica alguma ou contrária ao que determina o Direito.

Vão nesta linha as censuras ao tribunal por suspender contratos públicos, quando o texto constitucional prevê apenas a competência de sustar atos (art. 71, X e seus §§1º e 2º) ou por determinar medidas cautelares em desconsideração ao procedimento que a Constituição estabelece para tanto (art. 71, IX e X).

Que o nosso direito tenha feito a opção de empoderar o controlador não implica que se possa supor lícito o exercício de poderes que o direito não previu, muito menos daqueles que ele explicitamente negou.

Numa segunda hipótese, critica-se aquela atuação do controlador que se fundamenta numa compreensão não necessária (e pró-controle) de base jurídica efetivamente existente.

Aqui são exemplos as objeções ao TCU pelo uso livre e voluntarista que faz dos princípios da Administração Pública, para censurar e limitar opções administrativas.

A efetiva positivação de princípios não pode ser considerada diretamente responsável por esse tipo de atuação. Como boa parte da doutrina administrativista tem demonstrado, seria possível interpretar e aplicar essa base normativa (efetivamente existente) de outra forma, que não significasse tão livre poder ao tribunal e tanta limitação às escolhas do administrador.

Numa terceira hipótese, critica-se o TCU por frequentemente criar a única base normativa existente para a sua atuação. O tribunal tem utilizado o seu poder normativo para se conceder competências que o jogo democrático não lhe atribuiu – ou mesmo, que explicitamente lhe negou. Assim era, até recentemente, com o controle que o tribunal realiza sobre editais de licitação não publicados.

Para cada uma das hipóteses acima, há exemplos adicionais aos que foram aqui citados. Em nenhuma delas, a atuação do TCU pode ser atribuída diretamente a uma opção do direito. Ela é, em todos os casos, uma opção do próprio tribunal.

Isso significa que o agigantamento do TCU é, em larga medida, obra e responsabilidade do próprio TCU. E é nessa mesma medida que as críticas a ele se justificam.

Informação bibliográfica deste texto, conforme a NBR 6023:2018 da Associação Brasileira de Normas Técnicas (ABNT):

JORDÃO, Eduardo. TCU agigantado: uma escolha do nosso Direito? Excessos do Tribunal de Contas da União são de sua responsabilidade. In: ROSILHO, André. (Org.). Direito Administrativo e Controle de Contas. Belo Horizonte: Fórum, 2023. p. 89-90. ISBN 978-65-5518-491-4.

TCU, O CASO MORO E OS CUSTOS DA REDUNDÂNCIA DE CONTROLES

EXPANSIONISMO DO CONTROLE DE CONTAS PODE SER ANTIECONÔMICO

CONRADO TRISTÃO

26.01.2022

O Tribunal de Contas da União (TCU) conduz processo para "apurar prejuízos ocasionados aos cofres públicos pelas operações supostamente ilegais dos membros da Lava Jato de Curitiba e do ex-juiz Sergio Moro". Entre os indícios, "o ingresso do ex-juiz na empresa de consultoria Alvarez & Marsal, que é justamente a administradora judicial da Odebrecht, (...) em processo de recuperação judicial, após as investigações".

Bruno Dantas, o ministro relator, busca "esclarecer os indícios de inobservância do dever de fidúcia, de lealdade e de diligência", pela consultoria, "no âmbito do processo de recuperação judicial", e "obter toda documentação relativa ao rompimento do vínculo de prestação de serviços com o ex-juiz". As informações poderiam ensejar "concessão de medida cautelar tendente a bloquear os pagamentos à Alvarez & Marsal".

Pela leitura dos autos, o caso parece envolver: revisão de atos jurisdicionais praticados por ex-magistrado, intervenção em processo de recuperação judicial e fiscalização de consultoria privada que não administra recursos públicos. A sensação é de que o TCU resolveu agir para suprir suposto déficit de controles públicos. Seria esse o caso?

O "controle" do "cumprimento dos deveres funcionais dos juízes" é atribuído, pela Constituição, ao Conselho Nacional de Justiça

(CNJ), responsável por "representar ao Ministério Público, no caso de crime contra a administração" (art. 103-B, §4º, IV). O Supremo Tribunal Federal (STF), inclusive, já declarou a inconstitucionalidade de "controle externo [sobre o Poder Judiciário] por colegiado de formação heterogênea e participação de agentes ou representantes dos outros Poderes".

Nas recuperações judiciais, o processo é supervisionado pelo próprio juízo. A atuação do administrador judicial, por exemplo, ocorre "sob a fiscalização do juiz e do comitê [de credores]" (Lei nº 11.101/2005, art. 22, *caput*). Aqui o STF já afastou a atuação direta do TCU, esclarecendo que "o juízo da falência, responsável pelo acompanhamento do cumprimento do Plano [de recuperação judicial], é o juízo competente para resolver questões referentes ao patrimônio da empresa recuperanda".

Por fim, a Constituição não confere ao TCU jurisdição sobre particulares que não são "responsáveis por dinheiros, bens e valores públicos" (art. 71, II) – o STF confirma que "é a origem dos recursos envolvidos" que "permite, ou não, a incidência da fiscalização da Corte de Contas". Não obstante, o TCU pode "representar ao Poder competente sobre irregularidades ou abusos apurados" (art. 71, XI) – acionando, por exemplo, o MP.

No caso, tudo leva a crer que o TCU atua como órgão de controle redundante. A redundância até pode ter um lado positivo, mas não é livre de custos.

Há custo de eficiência na alocação de recursos: em um país com sérias restrições orçamentárias, é desejável onerar o erário com a sobreposição de controles? Também há custo de governança e segurança jurídica: quem deve dar a "última palavra"? Como proceder se os controles discordarem entre si? Ademais, pode haver custo com desperdício de recursos: em vista da jurisprudência do STF, faz sentido a abertura de processo em caso que o TCU não tem competência para fiscalizar?

O expansionismo do controle de contas não é livre de consequências negativas para o Estado. A pergunta é: será que o custo da redundância compensa?

Informação bibliográfica deste texto, conforme a NBR 6023:2018 da Associação Brasileira de Normas Técnicas (ABNT):

TRISTÃO, Conrado. TCU, o caso Moro e os custos da redundância de controles: expansionismo do controle de contas pode ser antieconômico. *In*: ROSILHO, André. (Org.). *Direito Administrativo e Controle de Contas*. Belo Horizonte: Fórum, 2023. p. 91-92. ISBN 978-65-5518-491-4.

PARTE 2
CONTROLE DE CONTAS E OS PODERES

TCU CONTRA ACORDOS EM INFRAESTRUTURA

É ERRADO TRATAR TAC DE INVESTIMENTO COMO ACORDO DE COLABORAÇÃO?

JULIANA BONACORSI DE PALMA

25.07.2017

O acordo de leniência serve para robustecer o processo de investigação por uma dinâmica do tipo "moeda de troca": informações e provas por benefícios (*acordo de colaboração*). A sua finalidade principal é sancionar. Totalmente diferente é o termo de ajustamento de conduta (TAC) celebrado para viabilizar uma licença ambiental, cuja finalidade é negociar o conteúdo da decisão administrativa final e, assim, viabilizar negócios (*acordo integrativo*). Outra figura, ainda, é o acordo que visa substituir uma sanção administrativa ou seu processo por compromissos de investimento, como o TAC no âmbito da ANATEL (*acordo substitutivo*). Esse tem por fim trazer melhorias aos mercados regulados por investimentos diretos assumidos em compromissos. Os acordos substitutivos não têm finalidade sancionatória.

É errado, portanto, tratar TAC de investimento como acordo de colaboração ou, pior, aproximá-lo de sanção administrativa. O Tribunal de Contas da União (TCU) incorre exatamente nesse erro ao suspender TAC celebrado pela ANATEL. Repudia-se qualquer negociação mais efetiva entre Poder Público e particulares porque isso seria pura captura.

Um dos problemas das telecomunicações é o alto valor do passivo de multas não recolhidas. Segundo o *Relatório Anual 2015* da ANATEL, somente 24,1% das multas constituídas em 2015 foram recolhidas, totalizando R$39,1 milhões. 64,67% das multas aplicadas entre 2000 e 2015 foram recolhidas, mas o montante corresponde a apenas 14,01% do total devido – reles R$705,4 milhões. Isso significa que R$4,3 bilhões não foram arrecadados no período. As multas mais altas estão judicializadas. O Judiciário suspendeu 1,47% das multas no período, o que pode sugerir baixo impacto judicial no *enforcement* da Agência. Porém, somadas, o valor das multas suspensas judicialmente equivale a 45,86% do valor total, ou seja, R$2,3 bilhões. As demais estão inscritas no Cadin ou na Dívida Ativa da União: nada menos que R$1,98 bilhão, segundo o mesmo *Relatório Anual 2015* da ANATEL. Há sério problema de *enforcement* no setor.

Outro ponto importante: dos R$20 bilhões arrecadados pelo FUST, incluindo os valores de multa, pouco mais que 1% se convolaram em investimento. A LOA.2015 (Lei nº 13.115/2015) autorizou dotação de R$7,5 milhões para o setor de telecomunicações em 2015, contingenciado em 43,2%. O panorama tem levado a reações institucionais. Uma foi a liminar em ação civil pública da OAB para determinar a destinação dos recursos da FISTEL apenas às finalidades do fundo (Processo n.º 65319-70.2016.4.01.3400, 5ª Vara Federal). Outra, a apresentação de projetos para afastar o contingenciamento dos fundos de telecom (PL 3041.2015 e PL 7236.2017).

É nesse cenário que os acordos substitutivos nos setores regulados se inserem. Trata-se de *instrumentos de compromisso de investimento*, bilateralmente definidos entre regulador e regulado em processo de negociação de obrigações. Só o valor de referência do TAC da Oi é de R$1,18 bilhão e o da Telefônica é de R$2,86 bilhões. Segundo o próprio TCU, há 37 pedidos de celebração de TACs na ANATEL, envolvendo multas de R$9,1 bilhões.

Não cabe ao controlador suspender acordos substitutivos pelo simples fato de discordar do seu conteúdo ou desconfiar da negociação. É ilegítimo o uso de presunções para analisar a validade dos acordos. O controlador tem um importante papel a cumprir para garantir a *regularidade procedimental* do pacto, zelando para que esse se desenvolva no curso de um processo administrativo e pela efetiva motivação dos compromissos. Substituir regras por presunções e suspender acordos de investimentos é fonte de insegurança jurídica – isso sim afasta investimentos no Brasil.

Informação bibliográfica deste texto, conforme a NBR 6023:2018 da Associação Brasileira de Normas Técnicas (ABNT):

PALMA, Juliana Bonacorsi de. TCU contra acordos em infraestrutura: é errado tratar TAC de investimento como acordo de colaboração? *In*: ROSILHO, André. (Org.). *Direito Administrativo e Controle de Contas*. Belo Horizonte: Fórum, 2023. p. 95-96. ISBN 978-65-5518-491-4.

O CONTROLE IMPEDE A CAPTURA DA GESTÃO PÚBLICA POR NOMEAÇÕES POLÍTICAS?
INVESTIGAÇÕES DE NOMEADOS TÊM GERADO ATENÇÃO E DESCONFIANÇA DOS CONTROLADORES

JULIANA BONACORSI DE PALMA

20.09.2017

Para o governante eleito implementar seu plano, precisa de equipe de confiança que transforme promessas de campanha em políticas públicas. Para isso, existem as nomeações políticas em cargos *em comissão* e *funções de confiança*.

O número alto dessas nomeações políticas e as investigações penais sobre a atuação dos nomeados (a exemplo da Operação Zelotes) têm gerado atenção e desconfiança dos controladores. Recentemente, o TCU fez vasto levantamento sobre essas nomeações (Acórdão nº 1332/2016). Importantes precedentes judiciais também foram firmados pelo STF (Caso Termo de Posse do Ex-Presidente Lula, MS 34.070, e Caso Crivella, Rcl 26.303).

Mas o controle dessas nomeações ainda é fraco. Isso se deve ao fato de elas serem tradicionalmente entendidas como decisões políticas, com livre apreciação subjetiva da Administração Pública, e infensas ao controle. Há, porém, um movimento legiferante de criação de requisitos e vedações, em tentativa de ampliar o controle das indicações. O panorama no campo da regulação é elucidativo.

Tanto as leis de criação das Agências Reguladoras quanto a Lei nº 9.986/2000 reservaram os cargos de dirigentes a brasileiros de reputação ilibada, com formação universitária e elevado conceito no campo de especialidade. O que se seguiu foi a proliferação de leis estaduais com vedações e impedimentos específicos a quem exerça atividade de direção político-partidária ou seja consultor, tenha contrato de serviços ou exerça cargo em empresa regulada (ARSAE e AGERBA). Também há exigência de requisitos técnicos, como cinco anos de função ou atividade profissional tecnicamente compatível (AGERGS) e notável saber jurídico, econômico, de administração ou técnico, comprovado por experiência profissional superior a 10 anos (AGENERSA). Essas soluções locais e federais foram sistematizadas no PLS nº 52/2013 (Lei Geral das Agências Reguladoras), que influenciou a extensa redação dos requisitos e das vedações dos impedimentos dos membros do Conselho de Administração previstos na Lei das Empresas Estatais (Lei nº 13.303/2016).

O foco do controle na pessoa do nomeado certamente ajuda, mas é pouco. A captura – ponto central da discussão – não pode ser medida com base em presunções. O favorecimento deve ser efetivamente comprovado, estabelecendo-se a conexão entre o comportamento do agente público e o conteúdo de sua decisão. Assim, a captura só pode ser constatada diante do comportamento deturpado do nomeado que tenha tomado posse. Essas medidas tampouco se mostraram efetivas para evitar a corrupção. E tornaram mais custosas e morosas as nomeações de dirigentes, com riscos de potencializar o problema da vacância.

A maior neutralidade da burocracia depende, sobretudo, do aprimoramento da gestão pública e do bom funcionamento das instituições que trabalham nas nomeações. O PLS nº 52.2013 traz interessante regra de disciplina do processo de nomeação de dirigentes de Agências Reguladoras, que passaria a ser precedida de processo público de pré-seleção de lista tríplice por comissão de seleção, com análise de currículo e entrevista, para que o Presidente da República selecione o indicado. Isso pode levar ao aprendizado institucional e viabilizar o controle das nomeações pela via procedimental, mais efetivo, fundamental para desenvolver uma gestão pública mais transparente, técnica e responsável.

Informação bibliográfica deste texto, conforme a NBR 6023:2018 da Associação Brasileira de Normas Técnicas (ABNT):

PALMA, Juliana Bonacorsi de. O controle impede a captura da gestão pública por nomeações políticas? Investigações de nomeados têm gerado atenção e desconfiança dos controladores. In: ROSILHO, André. (Org.). *Direito Administrativo e Controle de Contas*. Belo Horizonte: Fórum, 2023. p. 97-98. ISBN 978-65-5518-491-4.

COMO ARTICULAR OS CONTROLES SOBRE A ADMINISTRAÇÃO PÚBLICA?

RECENTE DECISÃO DO TCU SUSPENDENDO RESOLUÇÃO DA ANTAQ CHAMA ATENÇÃO AO TEMA

YASSER GABRIEL

07.03.2018

O TCU avalia que a Agência Nacional de Transportes Aquaviários – ANTAQ extrapolou seu poder normativo ao criar, por meio da Resolução nº 1.2015, nova restrição ao afretamento de embarcação estrangeira para cabotagem (Representação 003.667.2018-9). Por entender que a Constituição teria reservado a disciplina do tema à lei (art. 178, parágrafo único), o Tribunal decidiu suspender liminarmente os efeitos do normativo.

As preocupações que pautam a decisão do TCU podem ser legítimas e compreensíveis, pois: i) em uma leitura de legalidade estrita, uma possível conclusão é de que a Constituição teria criado reserva de lei; ii) há nota técnica do Conselho Administrativo de Defesa Econômica – CADE sustentando que a resolução causa prejuízo à competição no setor, o que inclusive pode ser contrário à lei setorial; e iii) o Ministério Público Federal investiga suposto favorecimento indevido a setores do mercado decorrente da norma questionada.

Mas alguns dias antes dessa decisão o Judiciário havia se manifestado sobre o mesmo caso, só que em outro sentido. O Tribunal Regional Federal da 1ª Região – TRF1, em tutela antecipada, afirmou que a resolução era legal, pois era respaldada nas competências da ANTAQ.

Ressaltou que agências reguladoras devem ter discricionariedade técnica em temas de suas competências (Agravo Interno 1005467-79.2017.4.01.0000).

Discussões importantes surgem a partir do caso. Interessa aqui o da segurança jurídica no controle da administração, a partir da autonomia decisória do TCU, inclusive frente ao Judiciário. No Brasil, o Judiciário tem a palavra final sobre questões jurídicas envolvendo a Administração Pública. Não há justiça administrativa apartada. Pode, então, o TCU suspender a resolução da ANTAQ quando o TRF1 reconheceu sua validade? Ainda: tinha o TCU competência para sustar o ato normativo da agência? Afinal, esse ato nada tem a ver com controle de contas.

Ambas as decisões, do TRF1 e do TCU, têm preocupações relevantes. E fato: TCU não era parte no processo judicial referido, sendo questionável que a decisão judicial o vinculasse. Mas, do ponto de vista da gestão pública, originou-se um impasse, restando dúvidas sobre se a ANTAQ deve ou não suspender os efeitos da resolução. Criou-se situação de insegurança jurídica para a ANTAQ e os particulares por ela regulados. O episódio chama atenção a uma discussão atual e necessária: como articular os diversos controles sobre a Administração Pública, sobretudo em relação à delimitação de suas competências, de modo a preservar a segurança jurídica e a boa gestão? O caso da ANTAQ não foi o primeiro a mostrar o problema (veja-se, por exemplo, a dúvida sobre competência para celebração dos acordos de leniência), mas serve para lembrar que precisamos falar sobre ele.

Informação bibliográfica deste texto, conforme a NBR 6023:2018 da Associação Brasileira de Normas Técnicas (ABNT):

GABRIEL, Yasser. Como articular os controles sobre a Administração Pública? Recente decisão do TCU suspendendo resolução da ANTAQ chama atenção ao tema. In: ROSILHO, André. (Org.). *Direito Administrativo e Controle de Contas*. Belo Horizonte: Fórum, 2023. p. 99-100. ISBN 978-65-5518-491-4.

QUANTO O TCU CONTROLA AS ATIVIDADES-FIM DAS AGÊNCIAS REGULADORAS DE INFRAESTRUTURA?

PESQUISA DO OBSERVATÓRIO DO CONTROLE DA ADMINISTRAÇÃO PÚBLICA (USP) APRESENTA DADOS QUE AJUDAM NESSE DEBATE

JULIANA BONACORSI DE PALMA

20.02.2019

Em sua jurisprudência, o TCU sedimentou os seguintes padrões de controle das Agências Reguladoras: atividades-meio são controladas à semelhança dos demais órgãos e entes administrativos; já atividades-fim – a regulação – podem ser objeto de *determinação*, quando ilegais, ou de *recomendação* quando válidas e em conformidade com o interesse público, mas com espaço para "aprimoramentos". Na visão do Tribunal, esse é um bom método de controle, pois preserva a discricionariedade técnica das Agências Reguladoras. As atividades-fim das Agências Reguladoras estariam resguardadas, sem que controlador substituísse regulador.

Em abstrato, esse método do TCU carece de precisão. Por exemplo: como diferenciar atividades-meio de atividades-fim? O vício de legalidade pode se configurar por lesão a princípios? Em concreto, o controle das atividades-fim com base na fiscalização operacional subverte a vontade do Parlamento, cujas leis atribuem competência regulatória às Agências Reguladoras. Esse é um problema largamente constatado e com boas ideias de enfrentamento em circulação.

Essas são questões relevantes e recente pesquisa divulgada pelo Observatório do Controle da Administração Pública (USP) apresenta dados que ajudam nesse debate. Os 657 acórdãos estudados – referentes a Agências Reguladoras federais de infraestrutura no período de 2014 a 2017 – indicam a intensidade do controle das Agências Reguladoras pelo TCU.

Os achados da pesquisa são importantes: a autonomia e a independência das Agências Reguladoras são condicionadas por determinações e recomendações do TCU na medida em que afetam suas atividades-fim e são prontamente obedecidas por essas entidades, sem maiores contestações. Os comandos do controlador para as Agências, por exemplo, impõem métodos de atuação regulatória, definem o modo de diálogo com a sociedade e afetam a estrutura organizacional dessas entidades.

O controle das atividades-fim das Agências Reguladoras de infraestrutura pelo TCU é intenso. O problema de fundo dessa constatação está na prevalência da *interpretação controladora* (TCU) sobre a *interpretação reguladora* (Agências). A pesquisa aponta que apenas a ANEEL tem oposto resistência às recomendações do TCU, motivando tecnicamente o porquê de não as acatar.

Outras instituições, como a ANTT, sofrem mais incisivamente o controle, possivelmente porque não gozam de boa reputação institucional perante o TCU. Um novo método de controle operacional precisa ser inventado, com regras claramente definidas em processo permeável e, preferencialmente, experimental, considerando as regras de competência e as características institucionais dos controlados. Nesse sentido, a pesquisa traz propostas de encaminhamento. Vale conferir.

[1]Disponível em: **http:..gpcap.com.br.pdfgpcap.pdf**.

Informação bibliográfica deste texto, conforme a NBR 6023:2018 da Associação Brasileira de Normas Técnicas (ABNT):

PALMA, Juliana Bonacorsi de. Quanto o TCU controla as atividades-fim das agências reguladoras de infraestrutura? Pesquisa do Observatório do Controle da Administração Pública (USP) apresenta dados que ajudam nesse debate. *In*: ROSILHO, André. (Org.). *Direito Administrativo e Controle de Contas*. Belo Horizonte: Fórum, 2023. p. 101-102. ISBN 978-65-5518-491-4.

O 'CONFORTO ESPIRITUAL' DO TCU
POR QUE OS GESTORES PÚBLICOS PROCURAM O TRIBUNAL?

ANDRÉ DE CASTRO O. P. BRAGA

17.04.2019

Certas autoridades públicas podem formular consultas ao TCU a fim de esclarecer dúvidas sobre a aplicação de dispositivo legal ou regulamentar. As respostas do tribunal têm caráter normativo e vinculam a atuação futura de seus jurisdicionados.

No fim de 2018, em julgamento sobre a Lei de Responsabilidade Fiscal, o ministro Bruno Dantas afirmou que, em algumas situações, o governo federal apresenta consultas ao TCU com o intuito de obter um mero "conforto espiritual" (sessão plenária de 12.12.2018).

Com a expressão, o ministro sugeriu que parte das consultas feitas pelo governo seria desnecessária, pois trataria de temas incontroversos, para os quais a legislação ofereceria solução explícita.

O raciocínio merece reflexão.

O que se atribuiu ao plano espiritual talvez tenha outra faceta, mais mundana, ligada ao fenômeno que se convencionou chamar de "apagão das canetas": com receio de ser punido, o gestor trilha caminhos decisórios menos naturais, como o que passa pelo TCU, ou simplesmente não decide. "Quem já dançou sempre tem medo dos homens, baby". Hely Lopes? Não. Arnaldo Baptista, dos Mutantes.

Mas o receio da sanção parece não ser a única explicação. Consultas aparentemente sem sentido também podem ser um efeito colateral da expansão das atividades do TCU nos últimos 25 anos.

A evolução do controle exercido em desestatizações é um exemplo. Tímida na década de 1990, a fiscalização do TCU sobre editais de concessão ganhou corpo. Passou a ser feita previamente aos leilões e, hoje, pode resultar em alterações incisivas da modelagem proposta pelas agências reguladoras.

Decisões recentes indicam que esse movimento de expansão do controle continua ocorrendo.

Em outubro de 2018, em processo envolvendo a Telebras, o TCU analisou pela primeira vez em profundidade um contrato celebrado com base em nova hipótese de contratação direta prevista na Lei nº 13.303, que afasta a necessidade de licitação *"nos casos em que a escolha do parceiro esteja associada a suas características particulares, vinculada a oportunidades de negócio definidas e específicas"* (art. 28, §3º, II).

No exame da parceria firmada pela Telebras, o TCU optou por realizar ampla revisão de suas cláusulas contratuais e premissas econômico-financeiras, especulando inclusive sobre qual deveria ser o *"lucro normal"* do parceiro privado e recomendando a renegociação de várias cláusulas (Acórdão nº 2.488/2018 – Plenário).

A complexidade inerente a esses contratos (concessões e parcerias estratégicas de estatais) e a postura do TCU de avaliar suas minúcias tornam alta a probabilidade de o tribunal encontrar, no mínimo, algum ponto a ser aprimorado ou alguma insuficiência na justificativa técnica da contratação.

Nesse ambiente, obter manifestação prévia do TCU – por meio de consulta formal ou de alinhamento informal – é o caminho mais racional para se garantir segurança jurídica às partes envolvidas.

Ao buscar livrar a Administração Pública de todo e qualquer pecado, o TCU convida os fiéis gestores à sua porta.

Informação bibliográfica deste texto, conforme a NBR 6023:2018 da Associação Brasileira de Normas Técnicas (ABNT):

BRAGA, André de Castro O. P. O 'conforto espiritual' do TCU: por que os gestores públicos procuram o tribunal? *In*: ROSILHO, André. (Org.). *Direito Administrativo e Controle de Contas*. Belo Horizonte: Fórum, 2023. p. 103-104. ISBN 978-65-5518-491-4.

O TCU E A DEFERÊNCIA AO REGULADOR

QUANDO AS APARÊNCIAS ENGANAM: CONCORDAR COM O RESULTADO NÃO É SER DEFERENTE

GUSTAVO LEONARDO MAIA PEREIRA

24.04.2019

Em dezembro de 2018, o TCU analisou, em atendimento a uma *Solicitação do Congresso Nacional*, a Resolução ANAC nº 400, que autorizou empresas aéreas a cobrar por bagagens despachadas (Acórdão nº 2.955/2018, rel. Min. Bruno Dantas).

A Câmara dos Deputados pediu que o TCU identificasse *"se a evolução dos preços das passagens, após a entrada em vigor da norma"* teria ocorrido *"em benefício do consumidor"*, ou se, ao contrário, teria implicado *"aumento dos preços"*.

Ao analisar a norma da ANAC, o TCU afirmou que a redução dos preços não era o objetivo principal da mudança e se posicionou em favor da desregulamentação da franquia de bagagem, considerando-a importante medida de flexibilização regulatória no setor aéreo.

Seria um caso típico de deferência do controlador ao regulador? Penso que não.

Eduardo Jordão e Renato Toledo[1] chamam atenção para a distinção entre *deferência pelo resultado* e *deferência pela amplitude do controle*. A primeira nada mais é do que a manutenção da decisão administrativa. A segunda corresponde a uma atitude autocontida do

---

[1] JORDÃO, Eduardo; CABRAL JR., Renato Toledo. A teoria da deferência e a prática judicial: um estudo empírico sobre o controle do TJRJ à ANERSA. *Revista Estudos Institucionais*, v. 4, n. 2, p. 537-571, 2018.

controlador quanto à extensão do controle. A deferência pelo resultado pode perfeitamente significar uma postura intrusiva do controlador, caso esse realize o controle da substância do ato. De outro lado, há verdadeira orientação deferencial quando o controle delimita seu alcance aos aspectos formais e procedimentais dos atos controlados.

Uma atitude deferente quanto à amplitude do controle significa menor intromissão no conteúdo e maior rigor na análise formal. Isso poderia resultar em decisões regulatórias mais transparentes e melhor informadas, com menos riscos de disputas e sobreposições.

O Tribunal de Contas, no caso da regra sobre bagagens, fez considerações sobre os estudos que antecederam a edição da resolução e sobre a participação de órgãos e entidades interessados no tema. Mas a consistência do processo regulatório não foi o foco central da análise. O TCU fez uma revisão minuciosa do conteúdo da norma, externando uma visão positiva e otimista acerca da desregulamentação no setor aéreo, para concluir que a regra *"tende a ser favorável ao consumidor, assim como as demais medidas de flexibilização regulatória setorial"*.

No caso, apesar de a aparente deferência pelo resultado, não houve deferência quanto à amplitude, pois o TCU fez controle substancial da regulação, e não se limitou à fiscalização do procedimento.

O resultado *favorável* à ANAC, portanto, não se deu porque o tribunal foi deferente (no sentido de ser autocontido quanto aos limites do controle) à agência, mas sim porque o órgão de controle concordou com as razões que a levaram a editar a norma.

A deferência pelo resultado pode acabar disfarçando a "indeferência" pela amplitude do controle. É o que se viu no caso da bagagem. A norma regulatória permaneceu intacta, mas foi objeto de um controle extenso, que analisou não só o processo regulatório, mas, sobretudo, o conteúdo da regulação.

Referências

JORDÃO, Eduardo; CABRAL JR., Renato Toledo. A teoria da deferência e a prática judicial: um estudo empírico sobre o controle do TJRJ à ANERSA. *Revista Estudos Institucionais*, v. 4, n. 2, p. 537-571, 2018.

Informação bibliográfica deste texto, conforme a NBR 6023:2018 da Associação Brasileira de Normas Técnicas (ABNT):

PEREIRA, Gustavo Leonardo Maia. O TCU e a deferência ao regulador: quando as aparências enganam: concordar com o resultado não é ser deferente. *In*: ROSILHO, André. (Org.). *Direito Administrativo e Controle de Contas*. Belo Horizonte: Fórum, 2023. p. 105-106. ISBN 978-65-5518-491-4.

QUEM DÁ AS CARTAS NA REGULAÇÃO?

OS RISCOS E BENEFÍCIOS DO PODER DE AGENDA DO TCU

DANIEL BOGÉA

15.05.2019

Em 2018, o Observatório do TCU detectou tendência de aumento do controle prévio pelo Tribunal de Contas. O órgão tem reforçado suas ações preventivas, antecipando eventuais problemas no trato com verbas públicas. Distancia-se paulatinamente do modelo de controle *a posteriori* concebido como regra pela Constituição de 1988.

A racionalidade dessa postura parece clara: quanto antes houver intervenção, menor o dano gerado à sociedade por agentes públicos de má-fé e maior a possibilidade de correções de rota por parte de gestores bem-intencionados.

Contudo, não se deve presumir que os potenciais benefícios desse tipo de ação sejam, sempre, superiores a seus custos.

No campo das desestatizações e do controle sobre a regulação, esse movimento é simbolizado pela recente Instrução Normativa 81 (20.6.18). A norma reformou o modelo de controle de desestatizações pelo TCU, estabelecendo novas obrigações que reforçam as possibilidades de controle prévio, como o dever de submissão de prorrogações contratuais ao Tribunal com antecedência de 150 dias da data prevista para assinatura.

Dois aspectos saltam aos olhos.

Ao editar regra nova que impactou agentes regulados, o TCU fez as vezes de regulador.

No entanto, deixou de adotar mecanismos de governança que ele próprio recomenda a agências. No Acórdão nº 240/2015 – Plenário, por exemplo, defendeu o aprimoramento do processo normativo de agências, criticando a ausência de ferramentas de mensuração de custos e benefícios e de participação externa na tomada de decisão.

No caso da edição da IN nº 81, os reflexos da falta de participação foram sentidos de imediato. Diante da incerteza gerada sobre a aplicabilidade da norma a procedimentos de prorrogação já em curso, o Tribunal teve que recuar e instituir regra de transição para modular temporalmente os efeitos da regra (IN nº 82, de 4.7.18).

Mais graves, contudo, podem ser os efeitos de longo prazo do controle cada vez mais precoce sobre a atividade regulatória.

Ao fiscalizar cada passo do jogo, o Tribunal se afasta da célebre imagem de controlador de segunda ordem. Agindo como aquele que dá as cartas, pode resolver problemas pontuais, mas tende a engessar a regulação estatal.

Mesmo quando sua intervenção é justificada por baixos padrões de governança do ente fiscalizado, no longo prazo, essa transferência de poder ao controlador tende a transformar reguladores em meros espectadores. Como consequência, o poder-dever de construir uma agenda condizente com as reais necessidades do setor regulado fica ainda mais distante da realidade de nossas fragilizadas agências.

As novas regras da IN nº 81 entraram em pleno vigor neste ano de 2019. Seus custos e benefícios, todavia, continuam incertos.

Informação bibliográfica deste texto, conforme a NBR 6023:2018 da Associação Brasileira de Normas Técnicas (ABNT):

BOGÉA, Daniel. Quem dá as cartas na regulação? Os riscos e benefícios do poder de agenda do TCU. In: ROSILHO, André. (Org.). *Direito Administrativo e Controle de Contas*. Belo Horizonte: Fórum, 2023. p. 107-108. ISBN 978-65-5518-491-4.

ADMINISTRAÇÃO DIALÓGICA OU AMEDRONTADA?

DIÁLOGO REAL NÃO PARECE COMBINAR COM RISCO DE SANÇÃO

EDUARDO JORDÃO

22.05.2019

Administradores públicos de todo o Brasil têm investido no diálogo com instituições de controle, com o objetivo de reduzir contestações à sua atuação.

Essa "aproximação" tem sido saudada sem reservas pela doutrina:

(i) a *causa* seria um novo perfil da administração, mais dialógico e menos impositivo, e, (ii) a *consequência* seria a redução da litigância e a adoção de decisões *melhores*, porque decorrentes da contribuição de diferentes instituições.

Uma visão mais cética recomendaria algumas ressalvas.

Em relação às *causas*, a aproximação pode ser indicativa não de uma administração dialógica, mas amedrontada ou encurralada pelos controladores. Ouvi-los pode ser impositivo, como forma de preservação.

Quanto às consequências, é irreal supor que serão necessariamente positivas.

Primeiro, porque a intervenção de diferentes instituições nem sempre se faz para o melhor. Ao invés de ideal conjunção de expertises para um objetivo comum, é possível que elas se prejudiquem ou interfiram, com considerações genéricas, em análises técnicas. Em suma: uma segunda opinião nem sempre contribui, pode também atrapalhar.

Segundo, porque a aproximação pode facilitar a transferência de competências administrativas do gestor público para o controlador. Esse risco será particularmente acentuado quando o controlador detiver poder de sanção, como é o caso do TCU.

Nesses casos, a opinião do controlador soará como imposição para o gestor, que não hesitará em segui-la.

Essas ameaças (veladas ou implícitas) terminam por consagrar um desenho institucional de *controladores-administradores*. Essa configuração não foi idealizada por ninguém e faz pouco caso da opção do legislador ou constituinte no estabelecimento das competências primárias. Além disso, ela só pode ser entendida como conveniente se se partir de um preconceito a respeito da competência ou da probidade do administrador.

Se se quer um controlador atuando *ao lado* do administrador, o ideal é que se lhe retire o poder de sanção. Então teríamos de fato duas instituições dialogando como iguais, sem que uma delas ostente um tacape na mão, como a relembrar à outra da conveniência de aceder à sua opinião.

Essa configuração institucional já existe em alguns âmbitos. Na sua função de "advogado da concorrência", a SEAE pode comunicar ao gestor público o seu entendimento sobre a ilicitude concorrencial de decisão administrativa já tomada ou ainda em fase de cogitação. Mas não tem poderes de sancionar ou impor seu entendimento caso o gestor dele discorde.

Esse real diálogo institucional, despido de qualquer ameaça, tem se revelado bastante útil.

Frequentemente as sugestões da SEAE resultam no abandono voluntário, pelo gestor, de medidas restritivas da concorrência.

No caso de instituições que detêm poder de sanção, contudo, o ideal seria que se abstivessem de interferir no processo de tomada de decisão e de formação de escolhas pelo gestor público.

Nessa hipótese, o eventual diálogo deveria se dar *pós-tomada de decisão administrativa*, e para implicar eventuais reduções de punições indevidas e excessivas.

Será neste contexto que uma postura dialógica (e não impositiva) do controlador (e não do administrador) será muito bem-vinda.

Informação bibliográfica deste texto, conforme a NBR 6023:2018 da Associação Brasileira de Normas Técnicas (ABNT):

JORDÃO, Eduardo. Administração dialógica ou amedrontada? Diálogo real não parece combinar com risco de sanção. In: ROSILHO, André. (Org.). *Direito Administrativo e Controle de Contas*. Belo Horizonte: Fórum, 2023. p. 109-110. ISBN 978-65-5518-491-4.

TCU E AS INVESTIGAÇÕES INDEPENDENTES EM ESTATAIS
NÃO VAI TER SIGILO

ANDRÉ DE CASTRO O. P. BRAGA

25.12.2019

"A Eletrobras deseja sonegar do Brasil essas informações e quer utilizar o TCU como cúmplice desse seu desejo". A afirmação é do Ministro do TCU Bruno Dantas, em julgamento recente. As informações em questão são os relatórios de investigação independente conduzida por escritório de advocacia norte-americano, contratado pela estatal para apurar ilícitos nas obras de Angra 3.

Para entender essa história é preciso voltar a 2017. Naquele ano, o TCU determinou que a Eletrobras lhe enviasse todos os relatórios produzidos pelo escritório durante a investigação (Acórdão nº 1.348/2017-P). Segundo Dantas, relator do caso, as informações lá presentes (entrevistas com empregados, mensagens eletrônicas etc.) poderiam ser úteis na identificação e responsabilização, pelo TCU, dos agentes públicos envolvidos nas irregularidades.

A Eletrobras encaminhou os relatórios, solicitando que o TCU os classificasse como sigilosos, acessíveis somente por servidores do tribunal e representantes da estatal. Torná-los públicos àquela altura poderia prejudicá-la em processo movido por acionistas minoritários nos EUA. O TCU concordou.

Com o fim do processo nos EUA, Dantas decidiu levantar o sigilo. A Eletrobras recorreu, alegando, entre outras coisas, que os documentos possuíam informações pessoais de empregados e dados sensíveis sobre empresas privadas. Em outubro deste ano, o Plenário entendeu que as razões fornecidas pela Eletrobras eram insuficientes (Acórdão nº 2.458/2019-P). O julgado é importante. Revela que o TCU pode revisar a classificação de sigilo de qualquer documento produzido ou custodiado pela Administração Pública. Nas palavras de Dantas, caberia ao TCU "zelar pela cláusula constitucional da publicidade". É entendimento que parece colidir com o §2º do art. 85 da Lei nº 13.303, segundo o qual o grau de confidencialidade de documentos encaminhados ao TCU deve ser atribuído pela estatal fiscalizada.

O julgado também nos faz refletir sobre a real utilidade de investigações independentes em estatais.

Nos EUA, de onde importamos essa prática, a regra é o sigilo do resultado das investigações. Se quiser atenuar penalidade, a empresa deve compartilhar com a autoridade pública as informações coletadas. Em certas situações, a empresa possui, sim, o dever de reportar ilícito (casos de lavagem de dinheiro, por exemplo), mas não existe obrigação de encaminhar, a órgão com poder sancionador, todas as conclusões e documentos de uma investigação independente. Muito menos a obrigação de torná-los disponíveis ao público em geral.

Obviamente, no Brasil, em estatais, o contexto é diferente. Os recursos são públicos, o que atrai a incidência do princípio da publicidade e da Lei de Acesso à Informação. E existe regra constitucional que obriga os órgãos de controle interno de estatais a dar ciência ao TCU de qualquer ilegalidade. Tudo isso é verdade. Mas é possível que a abordagem do TCU descrita aqui desincentive o uso da investigação independente pelas estatais, transformando-a em algo semelhante a uma sindicância tradicional. Ou numa espécie de terceirização do controle exercido pelo TCU.

Informação bibliográfica deste texto, conforme a NBR 6023:2018 da Associação Brasileira de Normas Técnicas (ABNT):

BRAGA, André de Castro O. P. TCU e as investigações independentes em estatais: não vai ter sigilo. *In*: ROSILHO, André. (Org.). *Direito Administrativo e Controle de Contas*. Belo Horizonte: Fórum, 2023. p. 111-112. ISBN 978-65-5518-491-4.

ESTRATÉGIA DO TCU PARA REGULAR A SAÚDE?

FALTA DE MOTIVAÇÃO FOI PRETEXTO PARA TCU REVISAR DECISÃO DA ANVISA

GUSTAVO LEONARDO MAIA PEREIRA

29.07.2020

Pouco antes da pandemia, que pôs no centro do debate nacional divergências entre órgãos sanitários e outras autoridades públicas, o TCU colocou em xeque avaliação de risco sanitário realizada pela Anvisa quanto à importação de medicamento produzido por laboratório chinês sem registro na agência.

No Acórdão nº 435/2020, a Corte de Contas apreciou representação contra o Ministério da Saúde, que decidiu adquirir imunoglobulina humana por valor superior ao Preço Máximo de Venda ao Governo (PMVG), regulado pela Câmara de Regulação do Mercado de Medicamentos. Isso porque o órgão não teria encontrado no mercado empresas com registro na Anvisa dispostas a praticar o preço-teto estipulado.

Antes de levar adiante a aquisição por valor superior, o ministério pleiteou à Anvisa a liberação, em caráter excepcional, da importação do medicamento produzido por farmacêutica chinesa não registrada junto à agência, que praticaria preço inferior ao preço-teto.

A Anvisa não concedeu a autorização. A decisão unânime da diretoria colegiada da agência utilizou basicamente dois fundamentos: a partir de uma análise de *market share*, entendeu que não estaria configurado risco de desabastecimento do medicamento em âmbito nacional, requisito exigido pela regulação para a autorização excepcional de importação; e não havia segurança acerca da qualidade e eficácia do produto a ser adquirido da farmacêutica não registrada e nunca inspecionada pela Anvisa.[1]

Ao analisar o caso, o TCU não se limitou a avaliar a observância do PMVG na aquisição do medicamento pelo ministério e a eventual possibilidade de flexibilização da exigência. O Tribunal debruçou-se sobre o ato da Anvisa que impedira a importação excepcional e determinou a anulação da decisão por considerá-la não motivada,[2] e a realização de inspeção *in loco* na empresa.

Regular é lidar com riscos, a partir de relações de custo-benefício, de evidências científicas – ou da falta delas –, e da experiência do setor regulado. A Anvisa, bem ou mal, exerceu sua competência para, com base nos valores e interesses sob sua tutela, avaliar o risco sanitário de importação do medicamento.

Não há fundamento legal que dê ao TCU poder para rever essa avaliação. Por mais expertise que o Tribunal tenha desenvolvido em suas áreas técnicas e por mais qualificadas que possam ser suas análises, a escolha regulatória não estava sujeita ao crivo do TCU. A esse cabia analisar a regularidade da aquisição do medicamento pelo Ministério da Saúde, tomando como dado da realidade a proibição de importação imposta pela Anvisa.

À Corte de Contas compete controlar a legalidade das ações de gestão financeira do governo, e não a regularidade ou legitimidade de todos os atos estatais. O TCU não é o guardião universal do interesse público. Tribunal de Contas não é Conselho de Estado.

Informação bibliográfica deste texto, conforme a NBR 6023:2018 da Associação Brasileira de Normas Técnicas (ABNT):

PEREIRA, Gustavo Leonardo Maia. Estratégia do TCU para regular a saúde? Falta de motivação foi pretexto para TCU revisar decisão da Anvisa. *In*: ROSILHO, André. (Org.). *Direito Administrativo e Controle de Contas*. Belo Horizonte: Fórum, 2023. p. 113-114. ISBN 978-65-5518-491-4.

---

[1] Dentre outros fatores, a agência destacou o risco de contaminação do medicamento, que possui matéria-prima de origem biológica, por vírus como o HIV e a hepatite C (a análise da Anvisa ocorreu poucos meses antes de estourar a pandemia de coronavírus).

[2] Ao questionar a motivação, na realidade muitas vezes o TCU não concorda com os motivos do gestor-regulador e acaba por barrar a escolha administrativa sob o argumento de que haveria ali uma ilegalidade – falta de motivação. Cf. https:www.bibliotecadigital.fgv.br.dspace.handle.10438.27366.

TCU RESPEITA A DISCRICIONARIEDADE ADMINISTRATIVA?

DISCURSO E PRÁTICA PARECEM ESTAR EM DESCOMPASSO

CONRADO TRISTÃO

23.09.2020

Estaria o Tribunal de Contas da União (TCU) se substituindo ao gestor e adentrando espaços reservados à discricionariedade administrativa? Em recente pronunciamento, no julgamento de caso envolvendo controle de agência reguladora (TC 014.618.2015-0), o ministro Benjamin Zymler buscou dialogar com a questão.

Alegou que, "em regra, o tribunal respeita a discricionariedade da atuação regulatória das agências, e só entra em cena com seu ferramental repressivo e punitivo em situações excepcionais". Apontou que a Constituição conferiu ao TCU competência para realizar auditorias operacionais, o que permitiria ao tribunal "estabelecer relações dialéticas com as agências reguladoras". E que apenas "quando a ilegalidade é percebida, (...) o tribunal exerce todas as suas competências repressivas".

A fala do ministro parece indicar tendência de delimitação da atuação do TCU fora do espaço de discricionariedade próprio da administração, o que é correto. Mas será que ela retrata a realidade? Há pelo menos três motivos, já expostos nesta coluna, para recebê-la com cautela.

Primeiro, o TCU, ao controlar atos das agências reguladoras, com frequência faz verdadeira revisão do conteúdo da regulação, apreciando o seu mérito. Segundo, a interação do administrador com um controlador dotado de amplo poder de sanção corre o risco de ser menos "dialética" e mais impositiva quanto à forma de atuação administrativa. E terceiro, existe dentro do tribunal postura mais interventiva que concebe a fiscalização operacional como instrumento apto a modelar a própria ação administrativa, por meio de determinações e até da aplicação de sanções.

O distanciamento entre discurso e prática no TCU parece ter como componente a crença de que a criação de um espaço de discricionariedade administrativa circunscrita à atuação do controlador representaria fórmula excêntrica (talvez propícia a abusos). Contudo, esse é o modelo vigente no Brasil, e que também é adotado mundo afora.

Na Itália, por exemplo, a lei de reforma da *Corte dei conti* (*legge* nº 20.94) prevê, logo em seu artigo primeiro, a "insindicabilidade das escolhas discricionárias", esclarecendo que a corte não pode adentrar o campo do mérito administrativo.

Embora haja controvérsia quanto aos exatos limites da insindicabilidade, a regra foi incorporada e tem sido aplicada pela própria *Corte dei Conti*. Nos termos de decisão recente da corte, "o juiz [de contas] não pode se substituir à administração na avaliação de quais são as melhores decisões de gestão e os melhores instrumentos a serem utilizados para a satisfação do interesse público". Segundo a própria corte, "ao fazê-lo, ofenderia ao princípio da separação dos poderes do Estado" (*sentenza nº* 346.18, Lazio).

A fala do ministro Zymler parece apontar em direção ao respeito da discricionariedade administrativa pelo TCU. Mas há indícios de que as ingerências do controle não são tão excepcionais assim. Para que essa tendência se efetive, é relevante que a prática se aproxime do discurso.

Informação bibliográfica deste texto, conforme a NBR 6023:2018 da Associação Brasileira de Normas Técnicas (ABNT):

TRISTÃO, Conrado. TCU respeita a discricionariedade administrativa? Discurso e prática parecem estar em descompasso. *In*: ROSILHO, André. (Org.). *Direito Administrativo e Controle de Contas*. Belo Horizonte: Fórum, 2023. p. 115-116. ISBN 978-65-5518-491-4.

QUANDO O TCU RESPEITA A DISCRICIONARIEDADE ADMINISTRATIVA?

A AUSÊNCIA DE CRITÉRIO CLARO GERA INSEGURANÇA JURÍDICA

GABRIELA DUQUE

27.01.2021

Seguindo a ambiciosa agenda de controle prévio dos processos de desestatização do Governo Federal, o Plenário do Tribunal de Contas da União (TCU) julgou, no final de 2020, o *Relatório de Desestatização* que tratou da subconcessão do trecho da Ferrovia de Integração Oeste-Leste – EF 334 (FIOL), compreendido entre os municípios de Ilhéus/BA e Caetité/BA (Acórdão nº 3005/2020 – Plenário).

A unidade técnica responsável fez 14 recomendações de alteração nos estudos e documentos que embasam a licitação, dentre elas: (a) a modificação da forma de pagamento da outorga pela exploração dos serviços públicos, de um modelo misto (com parcela fixa do valor paga no momento da assinatura do contrato e parcelas variáveis anuais durante o prazo da concessão) para um modelo de valor fixo puro; e (b) a ampliação do escopo contratual para incluir a operação de dois trechos adicionais de ferrovia e a obrigação de construir novos segmentos da FIOL.

Embora o corpo técnico do TCU tenha embasado as recomendações no risco de prejuízos à Administração Pública, ambas foram rejeitadas pelo Plenário da Corte. Em seu voto, o ministro relator registrou, quanto à alteração do modelo de pagamento da outorga, que "se há mais de uma forma para se tratar a questão e inexiste uma obrigação legal ou normativa que impõe uma única alternativa, deve-se respeitar a discricionariedade do poder concedente". Com relação à alteração do objeto da subconcessão, disse: "apesar de a unidade técnica apontar a existência de riscos à escolha do trecho, entendo que é necessário respeitar a decisão discricionária do poder concedente". A decisão é notável exemplo de respeito à discricionariedade administrativa por parte do TCU. Mas nem sempre essa é a postura do Tribunal.

Esta coluna já demonstrou que o TCU, por vezes, adentra no espaço de decisão próprio da Administração Pública, sob a justificativa de estar diante de situações excepcionais. Em decisão proferida menos de um mês após a destacada acima (Acórdão nº 3251/2020), o mesmo Plenário do TCU disse que "a jurisprudência do Tribunal é no sentido de que, diante da observância de ilegalidades na atuação das agências reguladoras, cabe ao TCU determinar a adoção de medidas corretivas, seja em atos vinculados ou em atos discricionários proferidos pelas referidas agências".

A julgar pelo quadro acima, ainda não é possível prever em que situações o TCU exercerá autocontenção e resistirá à tentação de se colocar na posição de revisor geral de decisões da administração pública.

Não se extrai da jurisprudência do Tribunal critério claro.

É importante que o TCU tenha como norte o respeito à discricionariedade administrativa. Esse é o caminho para aumentar a segurança jurídica no mundo público e viabilizar a difícil tarefa de modelar projetos de infraestrutura em um país tão repleto de incertezas.

Informação bibliográfica deste texto, conforme a NBR 6023:2018 da Associação Brasileira de Normas Técnicas (ABNT):

DUQUE, Gabriela. Quando o TCU respeita a discricionariedade administrativa? A ausência de critério claro gera insegurança jurídica. In: ROSILHO, André. (Org.). *Direito Administrativo e Controle de Contas*. Belo Horizonte: Fórum, 2023. p. 117-118. ISBN 978-65-5518-491-4.

ORIENTAÇÃO PACÍFICA DO STF E DO STJ VINCULA O TCU?

TCU TEM O ÔNUS DE DIALOGAR COM A JURISPRUDÊNCIA DOS TRIBUNAIS SUPERIORES

RICARDO ALBERTO KANAYAMA

03.03.2021

O Código de Processo Civil de 2015 determina que alguns tipos de decisões dos tribunais superiores deverão obrigatoriamente ser observadas por juízes e tribunais (art. 927). Considerando que a função dos precedentes é promover igualdade, imparcialidade, coerência do direito e segurança jurídica,[1] parece intuitivo que o TCU precise acatar as decisões do STJ e do STF.

Contudo, deve o TCU observar decisões de cortes superiores reiteradas – a chamada "orientação pacífica" – mas não convertidas em súmulas ou provenientes de demandas repetitivas e repercussão geral?

Um exemplo pode ilustrar a relevância da questão. TCU e cortes superiores divergem sobre a possibilidade de o servidor público aposentado no cargo de professor com regime de dedicação exclusiva acumular essa aposentadoria com a de outro cargo público que foi ocupado posteriormente.

O TCU tem orientação no sentido de que "é ilegal a acumulação de aposentadoria de professor em regime de dedicação exclusiva com outra aposentadoria ou reforma, *mesmo que não tenha havido exercício*

---

[1] MARINONI, Luiz Guilherme. *O STJ enquanto corte de precedentes*: recompreensão do sistema processual da Corte Suprema. São Paulo: Thomson Reuters Brasil, 2019. p. 153 e seguintes.

concomitante dos cargos, pois o instituto da acumulação se dirige à titularidade de cargos, empregos e funções públicas, e não apenas à percepção de vantagens pecuniárias" (Ac. nº 11838/2020). Na sua ótica, "não podem ser assegurados na inatividade direitos superiores aos que o beneficiário possuía no exercício do cargo anteriormente ocupado" (Ac. nº 5833/2020).

Mas tanto para o STJ (AgRg no RMS nº 35619/SC) quanto para o STF (AgRg no RE nº 915379/DF), a aposentadoria do servidor desfaz a obrigação de dedicação exclusiva e, portanto, o requisito da compatibilidade de horários para a acumulação de cargos não é mais exigido. Se não houve exercício concomitante do cargo de dedicação exclusiva com o outro cargo, a acumulação de aposentadorias é legal.

As decisões do STJ e do STF citam vários julgados em igual sentido, indicando que esse entendimento é pacífico, mas não transformado em súmula ou fruto de demanda repetitiva ou repercussão geral. A rigor, o entendimento não vincula o TCU, uma vez que o ordenamento jurídico não confere efeitos *erga omnes* à jurisprudência reiterada dos tribunais.

No entanto, observa-se na leitura dos acórdãos relacionados que o TCU tem simplesmente ignorado a jurisprudência das cortes superiores no tema, como se ela não existisse.

O comportamento é problemático, pois viola o dever de fundamentação esperado de qualquer decisão que deixa de seguir jurisprudência que se amoldaria ao caso (art. 489, §1º, VI, CPC.2015). O entendimento reiterado das cortes superiores impõe ao TCU o ônus de demonstrar que as decisões do STJ e do STF não podem ser aplicadas em razão de uma diferença fática ou jurídica.

Não é demais lembrar que as decisões do TCU estão sujeitas à revisão judicial. Recentemente, no tema de acumulação de aposentadorias por professor com dedicação exclusiva, o Min. Edson Fachin concedeu liminar em mandado de segurança contra acórdão do TCU (MS nº 36864.DF). Um forte motivo, portanto, para que o TCU dialogue com a jurisprudência dos tribunais superiores.

Referências

MARINONI, Luiz Guilherme. *O STJ enquanto corte de precedentes*: recompreensão do sistema processual da Corte Suprema. São Paulo: Thomson Reuters Brasil, 2019, p. 153 e seguintes.

Informação bibliográfica deste texto, conforme a NBR 6023:2018 da Associação Brasileira de Normas Técnicas (ABNT):

KANAYAMA, Ricardo Alberto. Orientação pacífica do STF e do STJ vincula o TCU? TCU tem o ônus de dialogar com a jurisprudência dos tribunais superiores. *In*: ROSILHO, André. (Org.). *Direito Administrativo e Controle de Contas*. Belo Horizonte: Fórum, 2023. p. 119-121. ISBN 978-65-5518-491-4.

TCU PODE COLABORAR PARA A EDIÇÃO DE LEIS ORÇAMENTÁRIAS MAIS REALISTAS

AUDITORIAS PODEM AJUDAR O LEGISLATIVO A PRIORIZAR PROGRAMAS GOVERNAMENTAIS QUE DÃO CERTO

ANDRÉ ROSILHO

06.10.2021

Uma das missões mais relevantes do Congresso Nacional é planejar e definir o orçamento público e controlar sua execução. Mas como fazê-lo?

Visando evitar o improviso e estimular uma alocação mais eficiente de recursos orçamentários, a Constituição, após a emenda 109, de 2021, passou a exigir que as leis do plano plurianual, de diretrizes orçamentárias e orçamentárias anuais levassem em conta "os *resultados do monitoramento e da avaliação das políticas públicas* previstos no §16 do art. 37 desta Constituição" (§16 do art. 165).

A EC parece ter partido da premissa de que diagnósticos sobre a execução de programas governamentais ajudariam o Congresso a adotar medidas para otimizá-los – por exemplo, promovendo ajustes na legislação em vigor, amplos ou pontuais – e a priorizar experiências bem-sucedidas ou promissoras na alocação de recursos orçamentários – evitando-se incoerências, ineficiências ou injustiças na distribuição de recursos públicos.

O Legislativo tem diante de si um desafio: apesar de ser o titular do controle externo, não dispõe, ele próprio, de estrutura, pessoal e *expertise* para aferir e avaliar o desempenho de programas governamentais. Como superá-lo e cumprir com o novo mandamento constitucional?

A resposta pode estar no Tribunal de Contas da União. Para questões técnico-administrativas, o Congresso Nacional pode, e deve, contar com seu auxiliar no controle externo, o TCU (art. 71, *caput*, da Constituição). E uma das maneiras de o TCU apoiar o Congresso Nacional é justamente por meio da realização de inspeções e auditorias de natureza operacional, que, conforme o art. 71, IV, da Constituição, podem ser iniciadas pelo próprio TCU ou a pedido da Câmara dos Deputados, do Senado Federal ou de Comissão técnica ou de inquérito.

As experiências nacional e internacional revelam que inspeções e auditorias desse tipo estão preocupadas com a qualidade de despesas do Estado e em produzir, por meio de relatórios de orientação direcionados ao Legislativo, subsídios para o aprimoramento de políticas públicas e práticas administrativas.

Assim, há espaço para que o Congresso busque em seu auxiliar, o TCU, apoio para avaliar, quanto à eficácia e eficiência – isto é, por meio de inspeções e auditorias de natureza operacional – a execução de programas governamentais de alto impacto orçamentário, assim definidos pelo Legislativo, de modo a subsidiar a discussão de projetos de leis orçamentárias ou de planos plurianuais. Para tanto, lei ou outro ato normativo do Congresso poderia definir prioridades a serem observadas pelo TCU em suas apurações, direcionando os esforços do seu auxiliar no controle externo.

Inspeções e auditorias de natureza operacional em programas governamentais de alto impacto orçamentário dirigidas à criação de bases mais consistentes para o aprimoramento da governança pública no Brasil. Faz sentido apostar nessa ideia?

Informação bibliográfica deste texto, conforme a NBR 6023:2018 da Associação Brasileira de Normas Técnicas (ABNT):

ROSILHO, André. TCU pode colaborar para a edição de leis orçamentárias mais realistas: auditorias podem ajudar o Legislativo a priorizar programas governamentais que dão certo. In: ROSILHO, André. (Org.). *Direito Administrativo e Controle de Contas*. Belo Horizonte: Fórum, 2023. p. 123-124. ISBN 978-65-5518-491-4.

TCU FISCALIZARÁ O 'ORÇAMENTO SECRETO'?

TRIBUNAL PODE TER PAPEL CENTRAL NO ACOMPANHAMENTO DAS EMENDAS RP9

RODRIGO LUÍS KANAYAMA

23.03.2022

Quando o Estadão denunciou o "tratoraço", em maio de 2021, não se imaginava que essa seria uma nova espécie permanente de emenda parlamentar ao orçamento. Nomeadas de *orçamento secreto*, as emendas de relator-geral (identificadas nas leis orçamentárias pela sigla RP9) inovaram, mais uma vez, a realidade orçamentária. Foram suspensas pelo Supremo Tribunal Federal (STF) e, agora, despertam a atenção do Tribunal de Contas da União (TCU).

O orçamento público brasileiro transformou-se significativamente desde 2015. Inauguradas as mudanças pela Emenda Constitucional 86.2015, as transformações começaram pela criação das *emendas parlamentares impositivas*. Em matéria financeira, sobrevieram, em seguida, as Emendas Constitucionais 100, 102, 106, 109, 113 e 114. Boa parte delas serviu para estabelecer novo equilíbrio entre os Poderes da República, balançando a tradicional preponderância do Poder Executivo sobre o orçamento público e deslocando o centro decisório ao Legislativo.

As RP9, embora não venham de previsão constitucional (foram criadas na Lei de Diretrizes Orçamentárias e na Lei Orçamentária Anual), integram o rol de medidas que fortaleceram ainda mais o poder dos parlamentares na alocação de recursos. Sua existência favorece a distribuição livre de recursos orçamentários pelo relator do orçamento e pelo Poder Executivo, em detrimento da distribuição equitativa prevista na Constituição.

Rapidamente, o STF foi provocado pelas ADPFs 850, 851 e 854. Sob a relatoria da ministra Rosa Weber, o plenário referendou a liminar concedida que suspendeu a execução das RP9. Mais tarde, após informações sobre prejuízo à execução de políticas públicas, a ministra relatora revogou a liminar para permitir a execução das RP9, desde que cumpridas as novas regras congressuais de controle e transparência (Ato Conjunto das Mesas da Câmara dos Deputados e do Senado Federal 1.2021 e Resolução 2.2021- CN).

Atualmente, as RP-9 estão institucionalizadas. Foram editadas regras para estabelecer a mínima publicidade – embora a imprensa ainda tenha dúvidas quanto a isso.

Ao que tudo indica, o TCU terá protagonismo no controle dessa nova figura orçamentária.[1] No relatório TC nº 014.922.2021-5 (apreciação das contas do presidente referente a 2020), o tribunal – em poucas linhas da folha 444 – afirmou que não foram revelados os critérios de distribuição das emendas, que não se demonstrou a uniformização da sistemática da transferência aos entes subnacionais, e que é fundamental maior publicidade mediante publicação em plataforma centralizada de acesso público.

Competirá, a partir de agora, ao TCU o permanente acompanhamento da execução das RP-9, para preservar o mandamento constitucional de equidade na distribuição de emendas parlamentares, além de garantir que a publicidade seja obedecida. Ademais, caberá ao TCU, no futuro, dar sua contribuição à imprescindível reforma do sistema orçamentário brasileiro.

Informação bibliográfica deste texto, conforme a NBR 6023:2018 da Associação Brasileira de Normas Técnicas (ABNT):

KANAYAMA, Ricardo Alberto. TCU fiscalizará o 'orçamento secreto'? Tribunal pode ter papel central no acompanhamento das emendas RP9. In: ROSILHO, André. (Org.). Direito Administrativo e Controle de Contas. Belo Horizonte: Fórum, 2023. p. 125-126. ISBN 978-65-5518-491-4.

---

[1] O que já poderia estar tomando forma a partir da comunicação do ministro Raimundo Carreiro na sessão plenária do dia 19.05.2021. Naquela oportunidade, ele propôs que, em ações de controle envolvendo transferências voluntárias, transferências especiais ou transferências com finalidade definida, o pronunciamento da área técnica obrigatoriamente contivesse informação a respeito da origem do recurso e, se oriundos de emenda parlamentar, do respectivo identificador da emenda (RP 6, 7, 8 ou 9), bem como do parlamentar/bancada/comissão ou relator-geral responsável pela sua indicação.

PARTE 3
ALCANCE DA "JURISDIÇÃO DE CONTAS"

O QUE O TCU TEM A DIZER SOBRE ACORDOS ADMINISTRATIVOS?

TRIBUNAL DE CONTAS ACEITA ACORDO ADMINISTRATIVO TROCANDO MULTA POR INVESTIMENTO

JULIANA BONACORSI DE PALMA

14.11.2017

Em 26 de julho, em meu artigo *TCU contra acordos em infraestrutura*, tratei da suspensão, pelo TCU, do TAC entre ANATEL e Telefônica. A figura do acordo estava em risco. Depois, o Plenário se manifestou em definitivo e, contrariando sua unidade técnica, aceitou o TAC da Telefônica (Acórdão nº 2.121/2017). O acórdão é paradigmático e confere sinal verde aos acordos substitutivos de sanção no âmbito da Administração Pública.

Mas o que o TCU tem a dizer sobre acordos administrativos?

Há uma primeira ordem de argumentos que se aproveita para acordos administrativos em geral, ainda que o TCU se valha da locução "TAC": o TCU reconhece na Lei da Ação Civil Pública *permissivo genérico* à celebração de acordos administrativos (art. 5º, §6º). Não há necessidade de lei específica ou de decreto. Regulamento editado pela instituição é suficiente. Mas o TCU não se posiciona sobre o mínimo regulamentar.

Ele entende que acordos administrativos têm *"natureza negocial, bilateral, de contorno quase contratual-administrativo"*, mas não vai além. Já o STJ (REsp nº 802.060.2009) e o Ministério Público (Resolução nº 179.2017) referem-se aos acordos administrativos como *negócios jurídicos*, o que viabilizaria a aplicação subsidiária dos preceitos sobre negócio jurídico do Código Civil.

Especificamente quanto aos acordos substitutivos de sanção, o TCU aceitou a substituição de um conjunto de processos de multa por um único TAC com compromissos de ajustamento e de investimento, cuja celebração importa em arquivamento dos processos. Para o TCU, esse arquivamento não é ilegal.

O TCU afastou o argumento de que o TAC importa em renúncia das receitas de multa, que apenas são constituídas após a coisa julgada administrativa. Outro ponto importante diz respeito à extensão do controle: *"(...) a decisão sobre os critérios de escolha dos municípios que receberão os investimentos é matéria que escapa ao controle de legalidade realizado pelo Tribunal"*.

O TCU reconhece que trocar multas que nunca serão recolhidas por investimentos certos é um bom negócio. Todavia, defende sua competência para controlar acordos quanto a bens e recursos públicos considerando a "materialidade, relevância e risco" a serem apurados.

O acórdão acena para um controle amplo sobre a consensualidade administrativa, mas o controle no caso concreto foi mais contido, pela seriedade e qualidade da instrução processual. Acordos administrativos são atividades-fim, cabendo ao TCU apenas controlar a regularidade do processo de tomada da decisão consensual. Isso foi feito no caso do TAC da Telefônica, em que o TCU avaliou o cumprimento das etapas processuais e a suficiência da motivação. O controle contido, focado no processo administrativo, preserva o plano do acordo quanto aos compromissos negociados e aos objetivos que serão alcançados com a realização dos investimentos programados.

Informação bibliográfica deste texto, conforme a NBR 6023:2018 da Associação Brasileira de Normas Técnicas (ABNT):

PALMA, Juliana Bonacorsi de. O que o TCU tem a dizer sobre acordos administrativos? Tribunal de Contas aceita acordo administrativo trocando multa por investimento. In: ROSILHO, André. (Org.). *Direito Administrativo e Controle de Contas*. Belo Horizonte: Fórum, 2023. p. 129-130. ISBN 978-65-5518-491-4.

ÓRGÃOS DE CONTROLE PODEM AFASTAR LEIS INCONSTITUCIONAIS?
SE A DECLARAÇÃO DE INCONSTITUCIONALIDADE É PRIVATIVA DO JUDICIÁRIO, A DEFESA DA ORDEM CONSTITUCIONAL NÃO O É

JULIANA BONACORSI DE PALMA

06.02.2018

Em sua jurisprudência, o STF tem aceitado a não aplicação de lei considerada inconstitucional pelo chefe do Poder Executivo. O principal precedente é a Representação nº 980.1979, em que Decreto determinando às repartições públicas que deixassem de praticar atos para execução de leis com rejeição do veto presidencial foi julgado constitucional. Outro importante precedente é o MS nº 8.372.1961, que ensejou a edição da súmula nº 347 pelo STF ("[o] *Tribunal de Contas, no exercício de suas atribuições, pode apreciar a constitucionalidade das leis e dos atos do poder público*").

Recentemente o STF reconheceu que CNJ, CNMP e TCU podem deixar de aplicar leis que considerarem inconstitucionais. Se a declaração de inconstitucionalidade é privativa do Judiciário, a defesa da ordem constitucional não o é. Assim, chefe do Poder Executivo e "órgãos administrativos autônomos" podem afastar leis inconstitucionais, segundo o STF. Como fundamento, indica-se o poder implícito que lhes seria conferido para exercerem suas atribuições (cf. Pet. nº 4.656.2016 e MS nº 34.987 MC.2017). *O Supremo, contudo, não reconheceu ampla e genérica competência para CNJ, CNMP e TCU apreciarem a constitucionalidade de leis formais.*

Há sérios riscos no exame da constitucionalidade de leis por órgãos não jurisdicionais, como insegurança jurídica, subversão da vontade popular e indevida mitigação da presunção de constitucionalidade das leis, um dos fundamentos para a confiança nas instituições públicas. A fundamentação também é frágil, pois pautada em poderes implícitos e argumentos de analogia com o chefe do Poder Executivo, e não em texto expresso da Constituição. É importante lembrar que a Representação nº 980.1979 elucida um Executivo unitário em regime de exceção e o MS nº 8.372.1961 versava sobre um caso bastante específico, em que o Tribunal de Contas do Ceará considerou lei sem efeito porque o STF julgou inconstitucional lei conexa.

A salvaguarda da harmonia entre os Poderes determina a leitura fiel dos precedentes do STF. Aos órgãos constitucionais de controle mencionados, é imprescindível observar os parâmetros fixados pelo Plenário: (i) a lei a ser analisada deve necessariamente ser fundamento de validade do ato concreto controlado; (ii) os efeitos limitam-se a afastar a aplicação legal no caso, sem gerar efeitos *erga omnes* ou vinculativos; (iii) é taxativo o rol dos órgãos de controle, quais sejam, CNJ, CNMP e TCU; Tribunais de Contas dos Estados, por exemplo, não estão autorizados; (iv) observância da reserva de Plenário; (v) com relação ao Tribunal de Contas, é interditada a análise da constitucionalidade de leis no controle operacional, dado que o Supremo se manifestou apenas sobre as competências previstas na Constituição de 1946; e (vi) a inconstitucionalidade deve ser flagrante e potencializada por precedentes do STF sobre a matéria apreciada.

Informação bibliográfica deste texto, conforme a NBR 6023:2018 da Associação Brasileira de Normas Técnicas (ABNT):

PALMA, Juliana Bonacorsi de. Órgãos de controle podem afastar leis inconstitucionais? Se a declaração de inconstitucionalidade é privativa do Judiciário, a defesa da ordem constitucional não o é. In: ROSILHO, André. (Org.). *Direito Administrativo e Controle de Contas*. Belo Horizonte: Fórum, 2023. p. 131-132. ISBN 978-65-5518-491-4.

TRIBUNAIS DE CONTAS TÊM JURISDIÇÃO SOBRE PARTICULARES CONTRATADOS?

PARA O TCU, SIM. MAS O DIREITO COMPARADO SUGERE SE TRATAR DE INTERPRETAÇÃO INUSITADA

CONRADO TRISTÃO

08.05.2019

Teria o Tribunal de Contas da União (TCU) competência para julgar contas de particulares contratados pela administração pública? Ministros, procuradores de contas e técnicos têm visões distintas sobre o tema.

No cerne da divergência está o art. 71, II, da Constituição, segundo o qual compete ao TCU *"julgar as contas daqueles que derem causa a perda, extravio ou outra irregularidade de que resulte prejuízo ao erário público"*.

A dúvida é saber se o tribunal estaria autorizado a julgar contas de qualquer um que causasse prejuízo ao erário, incluindo particulares contratados, ou apenas de gestores públicos – isto é, daquele que *"utilize, arrecade, guarde, gerencie ou administre dinheiros, bens e valores públicos"* (art. 70, parágrafo único, da Constituição).

Em fevereiro, o plenário do TCU julgou incidente de uniformização de jurisprudência sobre o assunto (acórdão 321/2019). Os ministros entenderam que o art. 71, II, e o art. 70, parágrafo único, em conjunto, permitiriam o julgamento de contas de particulares contratados que causarem dano ao erário.

O interessante é notar que, na Espanha, país cuja estrutura normativa do controle de contas é parecida com a nossa, chegou-se a conclusão oposta à do TCU. A constituição espanhola estabelece que o *Tribunal de Cuentas* é o *"órgão supremo fiscalizador das contas (...) do Estado"* (art. 136). A lei orgânica do tribunal (ley orgánica 2.1982) submete a julgamento de contas sujeitos que *"arrecadem, fiscalizem, administrem, custodiem, gerenciem ou utilizem bens, patrimônios ou dinheiros públicos"* (art. 15, 1). E prevê responsabilidade de indenizar para *"aquele que por ação ou omissão contrária à lei originar a diminuição de patrimônios ou dinheiros públicos"* (art. 38, 1). A fórmula é similar à da Constituição brasileira.

Contudo, o *Tribunal Supremo*, cúpula do Judiciário espanhol, entendeu que, *"apesar dos 'aparentes' termos genéricos com que vem concebida a responsabilidade contábil no art. 38.1 da lei orgânica 2.1982"*, seu alcance não pode ultrapassar *"aqueles que gerenciem ou administrem patrimônios ou dinheiros públicos"* (sentença da 3ª câmara de 07.06.1999).

Essa também é a visão do próprio *Tribunal de Cuentas*. O motivo? *"Demandar responsabilidade contábil de quem não tem a condição de gestor de recursos públicos, ainda que tenha colaborado para a produção do dano, implicaria na invasão pela jurisdição contábil de outras ordens jurisdicionais"* (sentença 13.2008).

O TCU foi concebido com inspiração na experiência europeia de tribunais de contas, na qual o foco do controle é a gestão de recursos públicos. A decisão do TCU viu como natural a possibilidade de julgar contas de particulares contratados.

Mas o caso espanhol, baseado em normas similares às brasileiras, sugere que essa interpretação não é natural e, ademais, traz riscos à gestão pública. Será que, no Brasil, os tribunais (de contas e judiciais) e os intérpretes em geral estão atentos a isso?

Informação bibliográfica deste texto, conforme a NBR 6023:2018 da Associação Brasileira de Normas Técnicas (ABNT):

TRISTÃO, Conrado. Tribunais de contas têm jurisdição sobre particulares contratados? Para o TCU, sim. Mas o direito comparado sugere se tratar de interpretação inusitada. *In*: ROSILHO, André. (Org.). *Direito Administrativo e Controle de Contas*. Belo Horizonte: Fórum, 2023. p. 133-134. ISBN 978-65-5518-491-4.

TCU E A DESCONSIDERAÇÃO DA PERSONALIDADE JURÍDICA DE CONTRATADOS

DIREITO COMPARADO EVIDENCIA USO DISTINTO DO INSTITUTO

CONRADO TRISTÃO

03.07.2019

Pode o Tribunal de Contas da União (TCU) desconsiderar a personalidade jurídica de empresa contratada pela Administração Pública para fins de responsabilização direta de seus administradores e acionistas? Em junho, o plenário do tribunal reiterou que sim (acórdão nº 1421/19).

A desconsideração da personalidade jurídica por tribunal de contas não é uma jabuticaba brasileira, mas chama atenção o modo pelo qual o TCU a aplica.

Na Itália, por exemplo, a desconsideração tem sido usada no âmbito do controle de contas, mas em circunstâncias bastante diversas daquelas da decisão do TCU: para responsabilizar administradores ou acionistas de empresas privadas que *gerem recursos públicos*.

Diferentemente do caso brasileiro, a *Corte dei Conti* italiana não tem aplicado a medida a meros fornecedores de bens ou serviços da administração.

Em casos envolvendo a gestão de recursos públicos por pessoas jurídicas privadas para a realização de objetivos do Estado, a *Corte dei Conti* tem entendido que "o 'véu' societário (...) não constitui obstáculo jurídico ao exercício da ação de responsabilidade contábil com relação aos administradores" (sentenza 34.15, Liguria).

Isso porque "a inserção de fato do administrador de uma pessoa jurídica privada no procedimento de utilização do recurso público determina sua sujeição à jurisdição contábil (...), permitindo o levantamento do 'véu' societário" (sentenza 65.16, Umbria).

A medida está baseada na jurisprudência da *Corte Suprema di Cassazione*, cúpula do Judiciário italiano, segundo a qual "a jurisdição da *Corte dei Conti* impõe-se (...) sempre que entre o autor do dano e a administração ou ente público que sofreu o dano seja reconhecível uma relação (...) caracterizada pela inserção do sujeito no aparato orgânico do ente e em sua atividade" (ordinanza 16240.14, s.u. civile).

Portanto, a jurisdição da *Corte dei Conti* abrangeria os particulares que gerem recursos públicos, isto é, que assumem "o papel de coparticipes da atividade do sujeito público fornecedor dos recursos destinados à realização do interesse público" (ordinanza 21297.17, s.u. civile). Mas como alerta a *Corte Suprema di Cassazione*, "bem diversa é a situação que se estabelece quando o prejuízo cuja reparação é pretendida seja consequência de comportamento do particular no papel de contraparte contratual da administração", situação que "não é apta a justificar a jurisdição da *Corte dei Conti*" (sentenza 10324.16, s.u. civile).

A Constituição brasileira afirma que tem o dever de prestar contas (submetendo-se à jurisdição do TCU) qualquer pessoa física ou jurídica, pública ou privada, que "arrecade, guarde, gerencie ou administre dinheiros, bens e valores públicos" (art. 70, parágrafo único).

A impressão é a de que o Brasil, como a Itália, procurou limitar a jurisdição da corte de contas aos responsáveis pelo manejo de recursos públicos. Ao desconsiderar a personalidade jurídica de empresas fornecedoras da administração (que não gerenciam recursos federais), estaria o TCU exorbitando de suas competências?

Informação bibliográfica deste texto, conforme a NBR 6023:2018 da Associação Brasileira de Normas Técnicas (ABNT):

TRISTÃO, Conrado. TCU e a desconsideração da personalidade jurídica de contratados: direito comparado evidencia uso distinto do instituto. *In*: ROSILHO, André. (Org.). *Direito Administrativo e Controle de Contas*. Belo Horizonte: Fórum, 2023. p. 135-136. ISBN 978-65-5518-491-4.

NAS FRONTEIRAS DO CONTROLE: DEVE O TCU ABARCAR O MUNDO COM AS MÃOS?

FISCALIZAÇÃO DE ENTIDADES PRIVADAS PELO TCU NÃO É ALGO INÉDITO OU POUCO USUAL

DANIEL BOGÉA

04.09.2019

Entre críticos e entusiastas, o diagnóstico é consensual: estamos vivendo um processo de expansão do controle do TCU sobre setores regulados.

Os exemplos não são poucos. A extensa lista de casos já relatados pelo Observatório do TCU da FGV Direito SP + SBDP inclui, entre outros, determinações para aperfeiçoamento de editais de leilões, reorientação da atividade regulatória e fiscalizatória de agência em contratos de produção cultural, suspensão cautelar de competência legal do Poder Público para prorrogação antecipada de arrendamentos portuários, além da edição de instrução normativa que impõe novo modelo de controle prévio de prorrogações em contratos de desestatização.

Um caso emblemático de ampliação do controle externo deu-se ainda em 2016, quando o TCU entendeu ser competente para fiscalizar o Operador Nacional do Sistema Elétrico (ONS) – pessoa jurídica de direito privado designada por lei para coordenar e controlar a operação das instalações de geração e transmissão de energia elétrica no Brasil.

O fundamento central da decisão foi o argumento de que os recursos geridos pelo ONS teriam natureza pública (Acórdãos nº 798/2016-P e nº 1407/2016-P). Nos moldes do que faz em relação às Agências Reguladoras, o Tribunal definiu que seria competente para fazer controle "de segunda ordem" sobre o ente privado.

O assunto voltou à pauta do TCU em recurso de reconsideração discutido na sessão de julgamento de 14.8.2019.

A relatora, ministra Ana Arraes, votou pela manutenção integral do julgado recorrido. Reforçou que o ONS seria alcançado pela jurisdição de contas, apesar de constituir pessoa jurídica de direito privado, por prestar serviço público de natureza exclusiva da União e por gerir bens públicos.

Contudo, os ministros Bruno Dantas e Benjamin Zymler, que haviam participado do julgamento anterior e aderido ao acórdão, sustentaram a necessidade de um recuo. Para ambos, o TCU teria ido longe demais ao optar pelo controle direto do ONS, que, em sua visão, mobilizaria apenas verbas de natureza privada.

A fiscalização de entidades privadas pelo TCU não é algo inédito ou pouco usual. Mas nesse caso, além do debate sobre a origem pública ou privada dos recursos geridos, a particularidade reside no fato de que o ONS já é objeto de fiscalização da agência reguladora setorial. Ao compararmos argumentos inscritos no acórdão recorrido e na proposta de voto divergente do ministro revisor Bruno Dantas, notamos o cerne da controvérsia.

Em 2016, o plenário aderiu ao voto do ministro relator Vital do Rêgo no sentido de que "mesmo que houvesse a superveniência de controle, isso não seria problema, porquanto o controle nunca é demasiado quando se trata de gasto público" (Acórdão nº 1407/2016-P). Em 2019, o ministro Bruno Dantas apresentou "argumento pragmático" no sentido de que o controle direto do TCU paralelo à ANEEL não seria producente, pois "a sobreposição de controles é claramente temerária". O caso ainda não teve desfecho definitivo, estando suspenso por pedido de vista do ministro Walton Alencar.

A definição das fronteiras do controle é tarefa desafiadora, especialmente quando levamos em conta que se opera por decisão do próprio órgão controlador.

Cumpre ao Tribunal máxima cautela ao decidir, em cada situação concreta, se a expansão do controle atende ao interesse público, ou, nas palavras do ministro Benjamin Zymler, se o colegiado deveria limitar sua "ânsia de abarcar o mundo com as próprias mãos".

Informação bibliográfica deste texto, conforme a NBR 6023:2018 da Associação Brasileira de Normas Técnicas (ABNT):

BOGÉA, Daniel. Nas fronteiras do controle: deve o TCU abarcar o mundo com as mãos? Fiscalização de entidades privadas pelo TCU não é algo inédito ou pouco usual. In: ROSILHO, André. (Org.). Direito Administrativo e Controle de Contas. Belo Horizonte: Fórum, 2023. p. 137-138. ISBN 978-65-5518-491-4.

POR QUE O TCU SUSPENDEU A PUBLICIDADE SOBRE O PACOTE ANTICRIME?

O TRIBUNAL FUNCIONOU COMO CENSOR DA PROPAGANDA OFICIAL?

GUSTAVO LEONARDO MAIA PEREIRA

16.10.2019

O TCU suspendeu, por meio de cautelar, a propaganda do Governo Federal sobre o chamado "Pacote Anticrime" (PL nº 882. CD). A medida, deferida monocraticamente pelo ministro Vital do Rêgo e referendada pelo plenário – por 6 votos a 2 –, foi proferida em representação de um dos procuradores do Ministério Público junto ao TCU, à qual foi apensado requerimento de um grupo de parlamentares federais.

O MPTCU defendeu que a campanha atentaria contra os princípios da impessoalidade e da supremacia do interesse público. Os parlamentares argumentaram que a publicidade possuiria motivação dissimulada: constranger deputados a aprovar o projeto tal qual encaminhado pelo Poder Executivo.

"Nunca o TCU impediu uma campanha em seu nascedouro", disse o ministro Walton Alencar, tendo sido a primeira vez que o Tribunal funcionou como uma espécie de "censor" da propaganda oficial.

O ministro Vital do Rêgo invocou em sua decisão dois fundamentos para justificar a medida. Primeiro, considerou que o Governo não poderia utilizar recursos públicos para financiar campanha sobre projeto de lei, ainda sujeito a debate, alterações e até mesmo rejeição no

Parlamento. Entendeu também que a Lei Orçamentária Anual de 2019 não respaldaria a realização, pela Presidência da República, de outro tipo de propaganda que não fosse de "utilidade pública". Na sessão plenária, o ministro afirmou ainda que a campanha visava a "separar de forma maniqueísta quem é do bem e quem é do mal", interferindo na liberdade dos parlamentares para deliberar sobre o projeto.

O que realmente pareceu incomodar o TCU foi o fato de a propaganda recair sobre projeto de lei, algo ainda sujeito a debate e alteração no Congresso. E mais: o fato de, na percepção do Tribunal, a propaganda ter a finalidade de mobilizar a opinião pública não apenas a favor do projeto, mas também contra os parlamentares que vierem a se posicionar contra a proposta. É o que disse o ministro Bruno Dantas, ao acompanhar o relator: "qualquer parlamentar que votar contra o projeto será visto como defensor do crime".

Há alguma regra que impeça a veiculação de propaganda oficial sobre projeto de lei?

A Constituição traz uma única regra sobre propaganda oficial, ao dizer que a publicidade deve ter caráter educativo, informativo ou orientativo, sendo vedado qualquer tipo de promoção pessoal de autoridades ou servidores públicos (art. 37, §1º).

O TCU não vislumbrou qualquer tipo de promoção pessoal, mas entendeu que propaganda sobre projeto de lei, ainda em discussão, não teria caráter educativo, informativo ou orientativo.

Vale rememorar que, em 2017, a ministra Carmen Lúcia, do STF, suspendeu medida liminar judicial que impedia a divulgação de campanha publicitária do Governo Temer sobre a sua proposta de Reforma da Previdência. A ministra entendeu que a propaganda servia para informar e estimular os cidadãos a se organizarem para apoiar ou para contestar a proposta junto a seus representantes no Parlamento, estando, assim, em harmonia com a regra constitucional.

Não havendo norma que proíba a realização da propaganda, o suposto constrangimento que a campanha causaria a parlamentares seria um problema a ser tutelado pelo TCU? Ou seria apenas um movimento do jogo político, jogado entre Executivo e Legislativo, no qual o TCU não deveria – nem poderia – interferir?

Informação bibliográfica deste texto, conforme a NBR 6023:2018 da Associação Brasileira de Normas Técnicas (ABNT):

PEREIRA, Gustavo Leonardo Maia. Por que o TCU suspendeu a publicidade sobre o pacote anticrime? O Tribunal funcionou como censor da propaganda oficial? *In*: ROSILHO, André. (Org.). *Direito Administrativo e Controle de Contas*. Belo Horizonte: Fórum, 2023. p. 139-140. ISBN 978-65-5518-491-4.

TCU: JUSTIÇA ADMINISTRATIVA?

2019 REVELA QUE TRIBUNAL SE VÊ COMO JUIZ DE OFÍCIO DE QUALQUER INTERESSE PÚBLICO

ANDRÉ DE CASTRO O. P. BRAGA
ANDRÉ ROSILHO
CONRADO TRISTÃO
DANIEL BOGÉA
EDUARDO JORDÃO
GUSTAVO LEONARDO MAIA PEREIRA
JULIANA BONACORSI DE PALMA
YASSER GABRIEL

08.01.2020

Desde sua criação, há mais de um século, o Tribunal de Contas da União (TCU) tem o mesmo mandato: atuar como "polícia da gestão financeira pública". Mas o TCU de hoje não é o mesmo de outrora. Olhar panorâmico para seu comportamento e jurisprudência recentes sugere empenho na criação de uma justiça administrativa de ofício – isto é, de *locus* superior de decisão e revisão de qualquer assunto público.

O movimento parece impulsionado por importante mudança na leitura que o próprio TCU faz de suas competências e campo de atuação.

Há certo consenso de que, no passado, o Tribunal costumava ser menos criativo no exercício de suas competências, enxergando como seu apenas o campo das finanças do Estado em sentido estrito.

Atualmente, contudo, o TCU não só parece propenso a desempenhar suas competências com mais liberdade, como a exercer controle em espaço não propriamente adstrito às finanças públicas. Adotando conceito de prejuízo ao erário bastante largo, tem-se a impressão de que o Tribunal supõe necessária sua manifestação sempre que ações de agentes públicos, ou de privados com relação contratual com o Estado, puderem, por qualquer motivo, vir a ter algum impacto sobre as finanças públicas, ainda que de modo eventual e indireto.

O problema dessa premissa é que, no limite, qualquer fato ou ato tem dimensão financeira. Como resultado, o TCU passou a se manifestar sobre praticamente qualquer assunto relacionado ao mundo público, incluindo, por exemplo, temas típicos de gestão, inseridos na função administrativa clássica. Aos poucos, o Tribunal parece deixar de exercer a específica missão de polícia das finanças públicas, assumindo a posição de juiz de última instância de todos os interesses públicos.

Se esse diagnóstico estiver correto, o Tribunal estaria arrogando para si a função de instância superior de uma justiça administrativa de ofício inexistente no Brasil e no mundo, estabelecendo, na prática, uma espécie de concorrência com o Poder Judiciário – a quem, pela Constituição, compete julgar qualquer ameaça ou lesão a direito, incluindo as que dizem respeito ao Estado.

Comportamentos do Tribunal identificados pelo Observatório do TCU da FGV Direito SP + SBDP ao longo de 2019 parecem corroborar esse diagnóstico: alargamento de seus próprios poderes cautelares; controle de gastos do Executivo com publicidade; uso da desconsideração da personalidade jurídica; controle prévio de contratações públicas; ampliação do controle em direção a sujeitos tipicamente não submetidos à jurisdição de contas; controle dos programas de *compliance* das empresas estatais; controle da celebração de acordos de leniência; emissão de determinações à administração, inclusive em auditorias operacionais; e controle sobre a regulação.

A seleção de casos de destaque no TCU em 2019, realizada pelo JOTA, também ajuda a ilustrar esses comportamentos.

Ao agir como se fosse uma justiça administrativa de ofício, o TCU parece ensaiar um *mix* de gestão e jurisdição exploratórias, testando suas possibilidades e limites a partir da reação do Executivo, Legislativo e Judiciário, dos agentes em geral sujeitos à sua jurisdição e da opinião pública.

Esse comportamento expansivo do TCU se beneficia da benevolência dos demais Poderes, que têm tomado decisões e agido de forma a naturalizá-lo. Assim, pouco a pouco o Tribunal ganha dimensão que, na experiência internacional, nenhuma outra instituição superior de controle da Administração Pública tem. Estamos na rota certa? A ver como a trajetória de desenvolvimento da instituição seguirá em 2020.

Informação bibliográfica deste texto, conforme a NBR 6023:2018 da Associação Brasileira de Normas Técnicas (ABNT):

BRAGA, André de Castro O. P.; ROSILHO, André; TRISTÃO, Conrado; BOGÉA, Daniel; JORDÃO, Eduardo; PEREIRA, Gustavo Leonardo Maia; PALMA, Juliana Bonacorsi de; GABRIEL, Yasser. TCU: justiça administrativa? 2019 revela que Tribunal se vê como juiz de ofício de qualquer interesse público. *In*: ROSILHO, André. (Org.). *Direito Administrativo e Controle de Contas*. Belo Horizonte: Fórum, 2023. p. 141-143. ISBN 978-65-5518-491-4.

USO ESTRATÉGICO DO CONTROLE?

LEITURA DAS COMPETÊNCIAS DO TCU DEVE SER FEITA A PARTIR DE NORMAS E NÃO DO RESULTADO ESPERADO

YASSER GABRIEL

29.01.2020

É comum que pessoas sujeitas à jurisdição do TCU reclamem do movimento expansionista do Tribunal em relação às suas próprias competências. Esse movimento é bem presente, por exemplo, nos temas da modelagem de concessões, da atividade normativa de agências reguladoras e na ampliação dos sujeitos submetidos à jurisdição de contas. São casos em que o tribunal, às vezes provocado por órgãos internos, costuma intervir.

Nesse cenário, o acórdão nº 2883/2019 – Plenário é contraintuitivo. Nele, empresa contratada pelo Estado pediu que o TCU agisse para além de seus limites.

No caso, analisou-se representação formulada por empresa de equipamentos de escritórios contra o Tribunal Regional Eleitoral do Espírito Santo – TRE.ES. Sob a alegação de descumprimento contratual, o TRE.ES rescindiu unilateralmente o contrato com a empresa, aplicando-lhe multa e declarando seu impedimento para contratar com a União pelo prazo de dois anos.

O fundamento para a empresa levar esse tema ao TCU foi art. 113, *caput* e §1º, da Lei nº 8.666/93, segundo o qual qualquer licitante pode representar ao tribunal contra irregularidades na aplicação da Lei de Licitações.

O TCU, entretanto, entendeu que não era competente para analisar o caso por envolver tutela de interesse privado, e não de interesse público. A decisão faz referência a acórdão anterior (597/2016), no qual o TCU adotou posicionamento semelhante e ressaltou que, caso atuasse de outra forma, *"pouca ou nenhuma diferença haveria entre os Tribunais de Contas e os Tribunais Judiciários".*

Pediu-se ao TCU que revisasse sanção aplicada por órgão público com competência para tanto. Mas o TCU não é instância revisora de sanções aplicadas por órgão ou entidade pública. Essa não consta como uma de suas atribuições constitucionais ou legais. Ao formular representação ao TCU, a empresa contratada pelo poder público parece ter tido a intenção de obter benefício (revisão de sanção) por meio de uso estratégico do controle.

Verdade que o fundamento usado pelo tribunal para afastar sua atuação pode ser questionado. Afinal, a aplicação de sanção a contratados parece ser, sim, tema de interesse público. E, por outro lado, o mero fato de algo ser considerado de interesse público parece insuficiente para automaticamente deixá-lo sujeito ao controle do TCU.

Contudo, foi correta a decisão de não trazer para esse âmbito discussão cujo local adequado é o Poder Judiciário, especialmente considerando a necessária coordenação que deve existir entre os diversos controles sobre a Administração Pública.

No debate sobre em que consistem, na prática, as atribuições constitucionais do TCU, é preciso atentar para a coerência. Se se questiona a expansão dessas atribuições em algumas situações, não se deve incitá-la em outras. A leitura das competências do TCU não pode seguir lógica de "dois pesos, duas medidas". O parâmetro para o debate são as normas, não os resultados práticos desejados.

Informação bibliográfica deste texto, conforme a NBR 6023:2018 da Associação Brasileira de Normas Técnicas (ABNT):

GABRIEL, Yasser. Uso estratégico do controle? Leitura das competências do TCU deve ser feita a partir de normas e não do resultado esperado. *In*: ROSILHO, André. (Org.). *Direito Administrativo e Controle de Contas*. Belo Horizonte: Fórum, 2023. p. 145-146. ISBN 978-65-5518-491-4.

CONTROLE DE CONSTITUCIONALIDADE POR TRIBUNAIS DE CONTAS?

CASO DO 'BÔNUS DE EFICIÊNCIA' APONTA IMPASSE ENTRE TCU E STF

CONRADO TRISTÃO

11.03.2020

Tribunais de contas podem realizar controle de constitucionalidade incidental, deixando de aplicar leis consideradas inconstitucionais em casos concretos? A dúvida tem origem na Súmula 347 do Supremo Tribunal Federal (STF), segundo a qual *"o Tribunal de Contas, no exercício de suas atribuições, pode apreciar a constitucionalidade das leis e dos atos do poder público"*.

Editada em 1963, sob a Constituição de 1946, a Súmula 347 é invocada ainda hoje pelo Tribunal de Contas da União (TCU) para afastar a incidência de leis entendidas por ele como inconstitucionais.

É o que ocorreu em 2017, quando o TCU entendeu que seria inconstitucional o pagamento do "bônus de eficiência", instituído pela Lei nº 13.464/17, a servidores aposentados e pensionistas da Receita Federal e do Ministério do Trabalho (acórdão nº 2000/2017 – plenário), negando registro a aposentadorias e pensões e determinando à administração a supressão do pagamento do bônus a inativos e pensionistas.

O STF, provocado, determinou ao TCU em decisões monocráticas que deixasse de afastar a incidência do "bônus de eficiência", por ser "inconcebível" o TCU "permanecer a exercer controle difuso de constitucionalidade" (por todos, ver MS 35410 MC.DF, min. rel. Alexandre de Morais, j. em 15.12.2017). Também em decisão monocrática, o STF chegou a determinar ao TCU o registro de aposentadorias e pensões, quando o único óbice fosse a questão do bônus (MS nº 35812 MC.DF, min. rel. Alexandre de Morais, j. em 13.08.2018).

Mesmo acatando as decisões do STF, o TCU, em processos de análise da legalidade de aposentadorias e pensões, continua defendendo a inconstitucionalidade do "bônus de eficiência", bem como sua competência para afastar a incidência do bônus com base na Súmula 347 (por exemplo, acórdão nº 666/2020 – 1ª turma).

A situação parece ser de impasse entre TCU e STF. Para superá-lo, pode ser interessante olharmos como tribunais constitucionais de outros países têm lidado com a questão.

A *Corte Costituzionale* italiana (órgão jurisdicional equivalente ao nosso STF) já analisou a possibilidade de controle de constitucionalidade pela *Corte dei Conti* e chegou a entendimento bastante diverso daquele que o TCU extrai da Súmula 347 do STF.

O tribunal constitucional italiano entendeu que, no exercício do "controle preventivo de legitimidade", por meio do qual o tribunal de contas verifica a legalidade de determinados atos do executivo para fins de registro, a *Corte dei Conti* estaria legitimada a suscitar questão de constitucionalidade por via incidental (*sentenza* 226.1976).

Desse modo, quando a *Corte dei Conti*, no exercício de seu controle prévio, se depara com ato baseado em lei que considera inconstitucional, deve remeter a questão à *Corte Costituzionale*, suspendendo o processo em curso até a resolução da questão pelo tribunal constitucional.

O caso italiano contrasta com o brasileiro não apenas em função do resultado, mas também na clareza da decisão da corte constitucional, que delimitou com segurança o âmbito de atuação do tribunal de contas italiano. Seria esse um caminho para a superação do impasse brasileiro?

Informação bibliográfica deste texto, conforme a NBR 6023:2018 da Associação Brasileira de Normas Técnicas (ABNT):

TRISTÃO, Conrado. Controle de constitucionalidade por tribunais de contas? Caso do 'bônus de eficiência' aponta impasse entre TCU e STF. In: ROSILHO, André. (Org.). *Direito Administrativo e Controle de Contas*. Belo Horizonte: Fórum, 2023. p. 147-148. ISBN 978-65-5518-491-4.

TCU NÃO É CONSELHO DE ESTADO
NÃO CABE AO TCU ANALISAR DESVIO DE FINALIDADE EM FISCALIZAÇÃO TRIBUTÁRIA

ANDRÉ ROSILHO

02.09.2020

Receita Federal do Brasil e estado do Maranhão protagonizam embate sobre problema de fiscalização tributária. O surpreendente é que o Maranhão provocou o Tribunal de Contas da União (TCU). Por que, se o tema nada tem a ver com controle de contas?

Em abril, a rede de saúde do Estado recebeu ventiladores respiratórios vindos da China. Os aparelhos foram adquiridos e doados ao Estado por empresários. Mas, ao chegarem do exterior, não passaram por procedimento de desembaraço aduaneiro.

Para a Receita, a conduta teria sido injustificada, pois desde março vigora procedimento de importação expedito para apoiar o combate à pandemia. Em nota, anunciou a tomada de "providências legais cabíveis (...), promovendo os competentes procedimentos fiscais, além de representação aos órgãos de persecução penal".

Após a declaração da Receita, o Maranhão decidiu procurar o TCU.

Justificou o procedimento informal de importação alegando urgência e falta de autoridade aduaneira nas dependências do aeroporto e informou que os ventiladores, por determinação de resolução do Executivo federal, têm alíquota zero de imposto de importação. Acusou a Receita de quebra do sigilo fiscal e desvio de finalidade. E pediu uma cautelar ao TCU, para sustar sanções e providências de polícia fiscal.

Era de se supor que o relator no TCU extinguisse o processo de plano. Mas ele conheceu da representação, fez considerações críticas à Receita e adiantou opinião de que o Tribunal teria dever de agir em relação aos fatos. A decisão sobre a cautelar foi adiada para depois da oitiva das partes, mas o relator chegou a afirmar que, em princípio, estariam caracterizados a fumaça do bom direito e o perigo da demora.

A conduta da Receita talvez seja discutível. Mas seria o controle de contas o adequado para discutir o tema? O relator presumiu que sim, mas nada explicou a respeito.

A procura do TCU pelo Maranhão indica que o Tribunal ganhou "capital institucional" para lidar com o Executivo e, inclusive, ser procurado como árbitro de novos conflitos entre entes da Federação. Mas será normal essa expansão?

O TCU tem vocação constitucional específica: zelar pelo erário federal. Suas competências interventivas se voltam a ela – julgar contas, registrar atos de pessoal, aplicar sanção por ilegalidade de despesa etc. O conflito com o Maranhão parece estranho a tudo isso: as ações da Receita sequer impactariam a arrecadação da União, haja vista que a alíquota do imposto de importação foi zerada.

O tema nada tem a ver com controle de contas – o que está em jogo é a legalidade da conduta de agentes do Fisco. O debate sobre a ocorrência de desvio de finalidade tem de ser feito no âmbito da administração tributária ou do Poder Judiciário.

O TCU tem competência para produzir relatórios sobre a gestão pública. Isso não quer dizer que possa dar cautelares e ordens à administração em temas alheios ao campo que lhe é próprio. O simples fato de processos envolverem ente estatal não muda essa constatação. O Texto Constitucional não deu ao controle de contas o papel de revisor geral da administração. No Brasil, nem há justiça administrativa, nem o TCU é Conselho de Estado.

Informação bibliográfica deste texto, conforme a NBR 6023:2018 da Associação Brasileira de Normas Técnicas (ABNT):

ROSILHO, André. TCU não é Conselho de Estado: não cabe ao TCU analisar desvio de finalidade em fiscalização tributária. In: ROSILHO, André. (Org.). *Direito Administrativo e Controle de Contas*. Belo Horizonte: Fórum, 2023. p. 149-150. ISBN 978-65-5518-491-4.

O TCU PODE REVER OS VALORES DE ACORDOS CELEBRADOS PELO CADE?

QUESTIONAR AS CONTRIBUIÇÕES PECUNIÁRIAS PODE INVIABILIZAR FUTUROS ACORDOS ADMINISTRATIVOS

JULIANA BONACORSI DE PALMA

30.09.2020

Em 2018, o Plenário do Cade homologou 16 requerimentos de termos de compromissos de cessação (TCCs) propostos por empreiteiras envolvidas na Operação Lava Jato. Todas confessaram e se comprometeram a colaborar permanentemente com o ente, inclusive com a apresentação de documentos e informações úteis às investigações. Também se obrigaram ao pagamento de contribuição pecuniária no total de R$897,9 milhões.

Com a sua metodologia de cálculo, *estaria o Cade "subpunindo" empresas confessamente envolvidas em ilícitos?* É essa a dúvida que recente representação do MPTCU suscita.[1]

Para o MPTCU, a autoridade antitruste subverte o desenho punitivo legal ao definir as contribuições pecuniárias em TCCs com base na multa estimada, resultando em valores aquém da vantagem indevida auferida.

O Cade nega qualquer suspeita de benevolência com números: de 2013 a 2019, aplicou o equivalente a R$5,9 bilhões em multas por

---

[1] Informações obtidas em Despacho no TC 017.012.2020-1, dado trata-se de representação sigilosa.

infração à ordem econômica.² Apenas no ano de 2019, o valor foi de R$792 milhões.³ Também aduz ter seguido suas normas internas e jurisprudência.

Políticas institucionais podem e devem ser aprimoradas. Diálogos institucionais são muito salutares e certamente o TCU pode trazer relevantes contribuições. No entanto, ele não dispõe de competência para rever valores de multas ou de contribuições pecuniárias em TCCs, declarar a irregularidade dos acordos por disputa hermenêutica, determinar metodologias de cálculo ao Cade ou responsabilizar pessoalmente os agentes públicos que participaram das negociações.

É evidente o comprometimento da segurança jurídica que essas interferências trazem, podendo inviabilizar a celebração de novos acordos.

Nenhuma dessas possibilidades decisórias são conferidas pela Constituição ou pelas leis ao TCU.

Pelo contrário, a Lei do Cade (Lei nº 12.529/2011) expressamente confere ao Cade competência de aplicar penalidades e aprovar os TCCs, o que pressupõe plena capacidade para desenhar suas políticas por meio da regulamentação de procedimentos, métricas de dosimetria e estratégias instrumentais para atendimento dos interesses tutelados.

A base de cálculo das contribuições pecuniárias dos TCCs foi definida conforme normas e orientações gerais da época, não cabendo posterior revisão pelo TCU, por nova composição do Cade ou pelo Judiciário (art. 24 da LINDB).

Por si só, o controle do Cade, que goza de expressiva reputação institucional, é digno de nota. Como analisamos antes (*Para o Controle, Reputação é Poder*),⁴ a reputação confere maior capacidade decisória e deferência perante os controladores. Com a representação do MPTCU, assistimos a uma quebra dessa equação em possível disputa de poder sobre a definição do método de repressão de ilícitos.

O TCC hoje funciona como uma *leniência para quem chegou atrasado*, já que essa pode ser firmada apenas com o primeiro requerente, assumindo todo o seu figurino – confissão e colaboração. Ainda que sujeita a críticas, essa foi a opção do Cade, que detém competência legal para essa escolha.

A celebração de acordos não é um termômetro de mensuração do nível de tolerância da corrupção. Não há conivência e nem "subpunição"

---

² Cf. Cade, Relatório Integrado de Gestão 2019, p. 69.
³ *Idem*, p. 69-70.
⁴ Disponível em: https:www.jota.info.opiniao-e-analise.colunas.controle-publico.para-o-controle-reputacao-e-poder-31052017.

que se meça no valor das contribuições pecuniárias consensualmente fixadas.

Informação bibliográfica deste texto, conforme a NBR 6023:2018 da Associação Brasileira de Normas Técnicas (ABNT):

PALMA, Juliana Bonacorsi de. O TCU pode rever os valores de acordos celebrados pelo Cade? Questionar as contribuições pecuniárias pode inviabilizar futuros acordos administrativos. *In*: ROSILHO, André. (Org.). *Direito Administrativo e Controle de Contas*. Belo Horizonte: Fórum, 2023. p. 151-153. ISBN 978-65-5518-491-4.

TCU NO COMBATE ÀS *FAKE NEWS*?

TRIBUNAL NÃO PODE INVIABILIZAR PUBLICIDADE GOVERNAMENTAL EM NOVOS MEIOS DE COMUNICAÇÃO

MARIANA VILELLA

07.10.2020

O uso de publicidade pela Administração Pública em sites, blogs e redes sociais tem gerado controvérsias no Tribunal de Contas da União (TCU). Há denúncias de uso de recursos públicos em páginas de conteúdo antiético, ilegal ou inadequadas ao público alvo.

O Ministério Público junto ao TCU, em processo que apura irregularidades em campanhas sobre a Reforma da Previdência (TC nº 018.941.2020-6), acusa haver anúncios do Governo em sites de jogo do bicho, canais infantis, páginas com notícias falsas e blogs de apoio ao Presidente da República. No caso, a Secretaria Especial de Comunicação Social (Secom) contratou agência de publicidade que fez uso do *AdSense*, serviço oferecido pela *Google* para distribuição de anúncios conforme a quantidade de cliques ou visualizações.

O TCU, em decisão cautelar, determinou a suspensão do direcionamento de recursos para mídias cuja audiência fosse estranha ao tema da campanha ou que abrigasse conteúdo ilegal. Também requisitou ao Governo dados de todas as compras ligadas ao *Google Adsense*.

Não fica claro de quem seria a responsabilidade pelos fatos narrados, e não é dito como deve ser feito o bloqueio dos recursos: se via suspensão do contrato com a agência de publicidade, proibição de uso do serviço da *Google*, ou verificação caso a caso do conteúdo dos sites destinatários.

O tema suscita dúvidas sobre os critérios que o controlador adota para determinar o que pode ou não quando se trata de publicidade governamental em novas mídias. O ministro Bruno Dantas apontou que o formato de publicidade seria incompatível com a contratação pública, ampliando o alcance da discussão para colocar em xeque a possibilidade de se contratar ferramenta baseada em algoritmos.

A preocupação do tribunal é louvável, mas a resposta não pode ser o simples veto a novas tecnologias.

Em outra decisão, sobre irregularidades em anúncios do Banco do Brasil (BB), o TCU estabeleceu precedente perigoso nesse sentido (TC nº 020.015.2020-8). O caso discutia a interferência do Governo Federal em publicidade do BB. A estatal havia suspendido anúncio em site de notícias falsas, o que foi supostamente contestado pela Secom. Embora matéria alheia ao conteúdo da representação, o relator, após discorrer sobre os males das *fake news*, deu ordem ampla e genérica sobre toda publicidade realizada pelo banco.

Com a justificativa de que cabe ao TCU aprimorar regras de governança pública sobre o financiamento de mídias digitais, foi determinada a suspensão de todos os contratos de publicidade do BB com sites, blogs, portais e redes sociais, com exceção daqueles vinculados a empresas concessionárias de serviços de radiodifusão ou a jornais e revistas com mais de dez anos de existência.

A medida surpreende porque parece determinar ao Governo, sem justificativa razoável, que só direcione recursos a mídias tradicionais – televisão, rádio e jornais com mais de dez anos.

Há muito a se aprimorar no uso de novos meios de comunicação pelo Estado e no combate a *fake news*, e o diálogo com órgãos de controle é relevante. Contudo, as decisões do TCU indicam que, na tentativa de induzir melhorias na aplicação de recursos, o tribunal pode levar a um veto a novas mídias e tecnologias, como se essas fossem um mal em si mesmo – e não são.

Informação bibliográfica deste texto, conforme a NBR 6023:2018 da Associação Brasileira de Normas Técnicas (ABNT):

VILELLA, Mariana. TCU no combate às fake news? Tribunal não pode inviabilizar publicidade governamental em novos meios de comunicação. *In*: ROSILHO, André. (Org.). *Direito Administrativo e Controle de Contas*. Belo Horizonte: Fórum, 2023. p. 155-156. ISBN 978-65-5518-491-4.

TCU TEM JURISDIÇÃO SOBRE A OAB?
STF INOVA AO SUGERIR QUE A AUTONOMIA SEJA LEVADA A SÉRIO

CONRADO TRISTÃO

02.12.2020

O ordenamento jurídico confere autonomia a certos entes para que possam atuar sem ingerências do Estado. São casos em que a autonomia é ingrediente importante para que tais entes consigam cumprir suas missões, muitas delas de interesse público.

Apesar de a relevância do tema, sobretudo para o campo do controle público, nem sempre a questão da autonomia é tratada com a seriedade que merece. Mas pode estar em curso movimento de revalorização do tema. É o que parece indicar o longo embate entre o Tribunal de Contas da União (TCU) e a Ordem dos Advogados do Brasil (OAB).

Em maio de 1950, o conselho federal da OAB realizou reunião extraordinária para discutir assunto de grande repercussão dentro da entidade: o ofício enviado pelo TCU ao presidente da OAB comunicando que a instituição deveria começar a remeter suas contas ao tribunal.

A OAB decidiu contestar na justiça o entendimento do TCU, defendendo a "plenitude da independência com que foi criada, (...) no receio de que a menor restrição a esta independência (...) poderia ser um estímulo a novas e mais sensíveis restrições".[1]

---

[1] Ver *Revista de Direito Administrativo*, v. 20, 1950, p. 340 e ss.

Em juízo, a OAB sustentou que sua autonomia seria "essencial não só à dignidade da corporação, como à própria eficiência de sua atividade peculiar".[2] O argumento, no entanto, não convenceu o juízo de primeira instância, e a instituição teve que recorrer ao extinto Tribunal Federal de Recursos (TFR).

O TFR, com base no argumento de que a OAB não administraria recursos públicos, acolheu o pleito da instituição, e afastou a OAB da jurisdição do TCU. Contudo, a decisão não abordou a questão da autonomia da OAB.[3]

Quase 70 anos depois, o embate se coloca novamente, dessa vez no julgamento do RE nº 1.182.189 pelo STF. Até o momento, dois votos foram proferidos, sendo o ministro Marco Aurélio favorável e o ministro Edson Fachin contrário à sujeição da OAB à jurisdição do TCU.

À semelhança da disputa travada no século passado, boa parte da controvérsia hoje se concentra na natureza da OAB e de seus recursos. Mas dessa vez parece haver um componente novo na discussão.

É que o voto do ministro Fachin resgata a noção de autonomia como questão-chave para a resolução do caso. O ministro destaca a "autonomia e independência" da OAB como "essenciais para cumprimento de seus *múnus* públicos", bem como a importância de "desvinculá-la, em definitivo, de qualquer ingerência a ser praticada pelo TCU".

A importância da discussão em torno da autonomia para delimitação da jurisdição do TCU vai além do caso envolvendo a OAB. Toca, por exemplo, o controle exercido pelo tribunal sobre as agências reguladoras, entes dotados de autonomia especial e que, por vezes, são objeto de controle bastante interventivo pelo TCU.

Nesses casos, a autonomia deve ser métrica para medir não apenas a incidência ou não do controle do TCU, mas também a sua intensidade.

---

[2] Ver *Revista de Direito Administrativo*, v. 29, 1952, p. 124.
[3] Sobre o tema, ver Conrado Tristão. Controle do Tribunal de Contas da União pelo Supremo Tribunal Federal, Dissertação de Mestrado defendida na FGV Direito SP, 2020, disponível em: https://bibliotecadigital.fgv.br/dspace/bitstream/handle/10438/29280/Conrado%20Trist%C3%A3o.%20Controle%20do%20Tribunal%20de%20Contas%20da%20Uni%C3%A3o%20pelo%20Supremo%20Tribunal%20Federal.pdf?sequence=1&isAllowed=y.

A se confirmar a tendência de valorização da autonomia como elemento para balizar o controle realizado pelo TCU, o STF parece dar importante passo no sentido de valorizar a razão de ser dos diferentes tipos de entidades que compõem o mundo público.

Informação bibliográfica deste texto, conforme a NBR 6023:2018 da Associação Brasileira de Normas Técnicas (ABNT):

TRISTÃO, Conrado. TCU tem jurisdição sobre a OAB? STF inova ao sugerir que a autonomia seja levada a sério. In: ROSILHO, André. (Org.). *Direito Administrativo e Controle de Contas*. Belo Horizonte: Fórum, 2023. p. 157-159. ISBN 978-65-5518-491-4.

TCU E O MITO DA 'JURISDIÇÃO DE CONTAS'
DECISÕES DO TRIBUNAL SERIAM IMUNES A REVISÃO PELO JUDICIÁRIO?

CONRADO TRISTÃO

17.03.2021

Teria o Tribunal de Contas da União (TCU) "jurisdição" no sentido de *competência privativa para dizer o Direito*? O próprio TCU entende que sim.

Em decisões recentes, o tribunal tem sustentado, por exemplo, que "a competência do TCU (...) de apreciar, para fins de registro, as concessões de aposentadoria, é privativa desta Corte de Contas, sendo que não pode ser revista pelo Judiciário" (acórdão nº 3530/2021 – 1ª c.).

Mas a controvérsia em torno da possibilidade de revisão das decisões do TCU pelo Judiciário não se restringe ao registro de aposentadorias, e nem é de hoje.

O TCU foi criado, em 1890, com inspiração nos tribunais de contas da França, Itália e Bélgica, países com justiça administrativa. Provavelmente por tal influência, o legislador nacional, no passado, utilizou expressões próprias do Judiciário para descrever o tribunal de contas brasileiro.

Dispôs tratar-se de "tribunal", que "julga" contas (Decreto nº 966-A.1890), "julga" a legalidade dos contratos (CF.1937), "julga" a legalidade das aposentadorias (CF.1946), que no julgamento de contas funciona como "Tribunal de Justiça", proferindo decisões com força de "sentença judicial" (Lei nº 830/1949), e com "jurisdição própria e privativa" (Decreto-Lei nº 199/1967).

Apesar de viger no Brasil a unicidade jurisdicional, as expressões utilizadas para descrever as atividades do TCU ensejaram, sobretudo entre membros do próprio tribunal, a tese de que haveria uma "jurisdição" reservada ao TCU, a qual não estaria sujeita a revisão pelo Judiciário. Era o mito da "jurisdição de contas".

O TCU se esforçou para defender essa tese em juízo,[1] e em determinado momento o Supremo Tribunal Federal (STF) chegou a entender, de modo restrito, que o TCU, ao julgar contas, "pratica ato insuscetível de revisão na via judicial, a não ser quanto ao seu aspecto formal ou tisna de ilegalidade manifesta" (MS nº 7280.1960).

Contudo, com o tempo, o legislador esclareceu a natureza das decisões do TCU. Hoje, a Constituição de 1988 restringe o "julgamento" do TCU às contas (art. 71, II), e sua lei orgânica prevê que a decisão definitiva pela irregularidade de contas constitui "título executivo" (art. 19) – não "sentença judicial".

O STF também atualizou sua jurisprudência, reconhecendo que "as decisões do TCU somente produzem coisa julgada na esfera administrativa, não vinculando a atuação do Poder Judiciário, que poderá revisá-las" (RE nº 1.107.346.2018).

Outros tribunais têm acompanhado, entendendo, inclusive, pela possibilidade de revisão do próprio mérito dos julgamentos de contas pelo TCU, por exemplo, ao admitirem "adentrar à discussão acerca da existência, ou não, de superfaturamento em contratação (...) que ensejou débito imputado pelo TCU".[2]

No Brasil, o Poder Judiciário é uno, inexistindo justiça administrativa. Além disso, a Constituição garante que "a lei não excluirá da apreciação do Poder Judiciário lesão ou ameaça a direito" (art. 5º, XXXV). Por consequência, as decisões do TCU estão sujeitas a ampla revisão pela Justiça. Já é tempo para que essa questão seja desmistificada.

---

[1] Ver Conrado Tristão. Controle do Tribunal de Contas da União pelo Supremo Tribunal Federal. Dissertação de Mestrado defendida na FGV Direito SP em 2020. Disponível em: http:..bibliotecadigital.fgv.br.dspace.bitstream.handle.10438.29280.Conrado%20Trist%C3%A3o.%20Controle%20do%20Tribunal%20de%20Contas%20da%20Uni%C3%A3o%20pelo%20Supremo%20Tribunal%20Federal.pdf?sequence=1&isAllowed=y.

[2] Tribunal Regional Federal da 2ª Região. 6ª Turma Especializada. Apelação Cível. Reexame Necessário. *Processo nº 0006219-79.2008.4.02.5101*. Relator Alfredo Jara Moura. Julgado em 15.03.2019.

Referências

TRISTÃO, Conrado. *Controle do Tribunal de Contas da União pelo Supremo Tribunal Federal*. Dissertação de Mestrado defendida na FGV Direito SP em 2020. Disponível em: http:..bibliotecadigital.fgv.br.dspace.bitstream.handle.10438.29280.Conrado%20Trist%C3%A3o.%20Controle%20do%20Tribunal%20de%20Contas%20da%20Uni%C3%A3o%20pelo%20Supremo%20Tribunal%20Federal.pdf?sequence=1&isAllowed=y.

Tribunal Regional Federal da 2ª Região. 6ª Turma Especializada. Apelação Cível. Reexame Necessário. *Processo nº 0006219-79.2008.4.02.5101*. Relator Alfredo Jara Moura. Julgado em 15.03.2019.

Informação bibliográfica deste texto, conforme a NBR 6023:2018 da Associação Brasileira de Normas Técnicas (ABNT):

TRISTÃO, Conrado. TCU e o mito da 'jurisdição de contas': decisões do tribunal seriam imunes a revisão pelo Judiciário? *In*: ROSILHO, André. (Org.). *Direito Administrativo e Controle de Contas*. Belo Horizonte: Fórum, 2023. p. 161-163. ISBN 978-65-5518-491-4.

TCU E O ÔNUS DA JABUTICABA
QUAIS OS BENEFÍCIOS DE UM CONTROLE OPERACIONAL INTERVENTIVO?

CONRADO TRISTÃO

16.06.2021

"Certas coisas são iguais à jabuticaba, só ocorrem no Brasil". Essa é a provocação feita há quase 20 anos pelo economista Pérsio Arida, que continua a habitar o imaginário institucional brasileiro.

Jabuticabas, enquanto características institucionais próprias do Brasil, não são necessariamente um problema, e podem até ser solução. Mas, quando determinada prática parece ir contra aquilo que é lugar comum em âmbito internacional, devemos ter clareza quanto a seus custos e benefícios. É o ônus da jabuticaba.

A Constituição atribui ao Tribunal de Contas da União (TCU) competência para fiscalizar a "economicidade" da administração, bem como para realizar "fiscalização operacional" (arts. 70 e 71). No Brasil e no mundo, tribunais de contas têm utilizado "auditorias operacionais" para avaliar o desempenho da administração, justamente sob os parâmetros da economicidade, eficiência e efetividade.

No entanto, como essa coluna já mostrou, *em países como França, Itália e Bélgica os tribunais de contas usam do controle operacional apenas para fazer sugestões de melhoria à administração. Já o TCU, com base em análises de desempenho, tem atuado de modo mais interventivo.*

O TCU entende, por exemplo, que "pode determinar medidas corretivas a ato praticado na esfera de discricionariedade das agências reguladoras, desde que esse ato viole o ordenamento jurídico, do qual fazem parte os princípios da *economicidade* (...)" (acórdão nº 644/2016 – plenário). Estaríamos diante de uma jabuticaba?

O tribunal também entende que pode aplicar sanções a gestores públicos com base em análises de natureza operacional. Recentemente editou norma prevendo que "julgará irregulares as tomadas de contas (...) quando comprovada prática de ato de gestão (...) *antieconômico*" (IN nº 84.2020, art. 30). Outra jabuticaba?

Se for esse o caso, é relevante termos clareza quanto aos efeitos desse controle operacional mais interventivo praticado pelo TCU.

Em 2020, a Organização para a Cooperação e Desenvolvimento (OCDE) publicou relatório que dialoga com as duas questões apontadas acima. Assinalou que "é incomum o grau com que avaliações, recomendações e determinações *ex ante* do TCU são aplicadas a agências reguladoras", o que integra "questões que comprometem sua independência".

O relatório também aponta que "responsabilizar funcionários públicos pessoalmente em decorrência de ação regulatória não é uma prática comum nos países da OCDE, e pode gerar vários efeitos negativos", como incentivá-los a "tomar decisões regulatórias inadequadas para minimizar o risco de serem processados".

Sabemos que as jabuticabas não crescem apenas no Brasil. Já esse controle operacional interventivo defendido pelo TCU parece não ter paralelo na experiência internacional. E nesse caso, o tribunal tem o ônus de demonstrar seus efeitos. Evidências atuais apontam para os altos custos desse "modelo institucional". Será que temos a mesma clareza sobre quais seriam os seus benefícios?

Informação bibliográfica deste texto, conforme a NBR 6023:2018 da Associação Brasileira de Normas Técnicas (ABNT):

TRISTÃO, Conrado. TCU e o ônus da jabuticaba: quais os benefícios de um controle operacional interventivo? *In*: ROSILHO, André. (Org.). *Direito Administrativo e Controle de Contas*. Belo Horizonte: Fórum, 2023. p. 165-166. ISBN 978-65-5518-491-4.

UMA NOVA COMPETÊNCIA DO TCU?

PROJETO QUE ALTERA A LEI DE IMPROBIDADE ADMINISTRATIVA EXIGE INTERVENÇÃO DOS TRIBUNAIS DE CONTAS NAS SOLUÇÕES CONSENSUAIS

RICARDO ALBERTO KANAYAMA

28.07.2021

O Projeto de Lei nº 10.887/2018, que altera a Lei nº 8.429/1992 (Lei de Improbidade Administrativa), foi intensamente debatido nos meios de comunicação e acadêmico nos últimos dias. Questões relacionadas às tipificações – sobretudo a redação do art. 11 sobre o ato que viola princípios –, à dosimetria de sanções, aos procedimentos cautelares e aos prazos prescricionais, foram temas centrais.

Porém, há outros dispositivos do PL aprovado na Câmara que, embora menos comentados, merecem atenção. É o caso do §3, do art. 17-B, que dispõe que nos acordos de não persecução cível, *"para fins de apuração do valor do dano [ao erário] a ser ressarcido, deverá ser realizada a oitiva do Tribunal de Contas competente, para que se manifeste com indicação de parâmetros, no prazo de 90 (noventa) dias"*.

Assim, eventual solução consensual entre o Ministério Público e o acusado ou investigado, além de depender da oitiva da entidade lesada, da autoridade superior competente e da homologação judicial, passa a depender da manifestação de tribunal de contas (TC).

O dispositivo não estava nem no projeto original, de autoria do Deputado Roberto de Lucena, nem no primeiro substitutivo apresentado pelo Deputado Carlos Zarattini no final de 2020. Ele apareceu pela primeira vez no segundo substitutivo, dias antes da discussão e aprovação na Câmara, em junho deste ano. Embora se trate de uma inovação, não há qualquer justificativa no voto do relator do PL. Tampouco o acréscimo decorreu de emenda de parlamentar.[1]

Ao conferir nova competência aos TCs, o dispositivo merece reflexão. Sobretudo, porque o Tribunal de Contas da União, em especial, sempre se manifestou no sentido de que não cabe a ele fazer qualquer juízo de improbidade, como já expusemos nessa coluna.

Além disso, o novo dispositivo traz pelo menos três incertezas para as soluções consensuais na improbidade administrativa.

A primeira, sobre a vinculação das partes e do Judiciário à interpretação da ocorrência ou não do dano ao erário pelo TC. Nem sempre o ato de improbidade enseja dano – a desclassificação das condutas do art. 10 para o art. 11 é muito comum. Nesse caso, se o TC entender que houve dano, mas as partes que negociaram não, qual leitura prevalece?

A segunda, ligada à anterior, é quão vinculante é o cálculo do TC.

Nas ações de improbidade não são poucas as divergências sobre como calcular o dano. Tendo as partes consentido quanto ao valor, mas tendo o TC outro parâmetro, qual cálculo prevalece?

A terceira incerteza refere-se ao prazo de 90 dias. O prazo não é pequeno, mas pode ser insuficiente considerando as demais atribuições dos TCs, cujos casos podem levar anos para serem julgados, como já reconheceu o TCU. Se o TC não cumprir o prazo, as partes devem aguardar até quando?

---

[1] O dispositivo pode ter se inspirado no Acordo de Cooperação Técnica em matéria de corrupção (e em especial para o acordo de leniência previsto na Lei nº 12.846/2013) firmado entre o Ministério Público Federal, Controladoria Geral da União, Advocacia Geral da União e Tribunal de Contas da União, em 06 de agosto de 2020. No capítulo das ações operacionais, está previsto o prazo de 90 dias para o TCU se manifestar sobre o cálculo do ressarcimento ao erário. O Acordo pode ser lido aqui: https:www.portal.tcu.gov.br.imprensa.noticias. cooperacao-tecnica-define-protocolo-para-compartilhamento-de-informacoes-nos-acordos-de-leniencia.htm. Acesso em: 27 jul. 2021.
Esta informação foi fornecida pelo colega do Observatório do TCU, Gilberto Calasans Gomes, a quem agradeço pela contribuição.

A depender das respostas, as soluções consensuais na improbidade administrativa podem ser dificultadas. A celeridade pode ser comprometida. Espera-se, portanto, que o Senado dê a atenção necessária ao §3º, do art. 17-A, do PL nº 10.887.2018.

Informação bibliográfica deste texto, conforme a NBR 6023:2018 da Associação Brasileira de Normas Técnicas (ABNT):

KANAYAMA, Ricardo Alberto. Uma nova competência do TCU? Projeto que altera a Lei de Improbidade Administrativa exige intervenção dos tribunais de contas nas soluções consensuais. *In*: ROSILHO, André. (Org.). *Direito Administrativo e Controle de Contas*. Belo Horizonte: Fórum, 2023. p. 167-169. ISBN 978-65-5518-491-4.

TCU E O CONTROLE DE POLÍTICAS PÚBLICAS

ATÉ ONDE VAI SUA JURISDIÇÃO? CASO DA EDUCAÇÃO SUGERE QUE TCU EXERCE CONTROLE DE CONTAS NACIONAL

MARIANA VILELLA

03.11.2021

A jurisdição do TCU é ampla e, como regra, segue a trajetória dos recursos públicos federais. Partindo da premissa de que o Brasil é uma federação e de que há Tribunais de Contas estaduais e municipais, uma dúvida que tem permeado as pesquisas do Observatório do TCU é: como o tribunal controla transferências voluntárias de recursos da União a outros entes federativos? O caso da execução de despesas municipais com educação pode ser elucidativo.

Nesse campo, o TCU faz interpretação abrangente do conceito de "transferências voluntárias". O Acórdão nº 2368/2013-P considerou como voluntárias as transferências da União em programas instituídos por leis federais, como o Programa Nacional de Apoio ao Transporte do Escolar (PNATE) ou o Programa Nacional de Alimentação Escolar (PNAE). São repasses que, por sua previsão legal, usualmente seriam considerados de natureza obrigatória, mas que mudaram de classificação no entendimento da Corte de Contas. O objetivo parece ser legitimar o controle direto pelo TCU, já que, na transferência voluntária, o tribunal entende que há mera delegação da execução de recursos federais.

No Acórdão nº 3.061/2019-P, a ministra Ana Arraes ponderou que a simples existência de previsão legal não caracterizaria a transferência como obrigatória. O fator determinante para diferenciar a transferência obrigatória da transferência voluntária seria a imposição de exigências para a realização do repasse. No caso de recursos descentralizados pelo Fundo Nacional de Desenvolvimento da Educação (FNDE), por atender a esse fator, deveriam ser classificados como transferências voluntárias. Com isso, o TCU parece ter procurado centralizar o controle da execução de despesas de educação pelos municípios.

Os acórdãos nº 18066/2021 e nº 18114/2021, ambos da 2ª Câmara do TCU, podem corroborar essa hipótese.

No primeiro caso, uma Tomada de Contas Especial (TCE) foi instaurada pelo FNDE contra um ex-prefeito de Olinda (PE) pela não aprovação da prestação de contas do PNAE, em 2014.

O processo foi motivado por dúvidas quanto à aquisição de produtos para merenda. O relatório destaca a análise empreendida pela Secex.TCE sobre a quantidade de milho de munguzá, fubá e fígado bovino adquiridos para as refeições escolares no município. Ao final, a defesa foi parcialmente acolhida, mencionado no acórdão o princípio da proporcionalidade e a desnecessidade de mover a máquina administrativa para o débito em questão.

O segundo acórdão trata de processo contra um ex-prefeito de Brejo (MA) instaurado para apurar as contas municipais no Programa Nacional de Inclusão de Jovens, de 2014. O TCU considerou que não houve comprovação da correta aplicação de parte da verba repassada, e o ex-prefeito teve suas contas julgadas irregulares, com condenação ao pagamento do débito e multa. Teria havido inconsistências em comprovantes e extratos bancários nas compras de alimentos, material de consumo escolar e capacitação de professores pelo município.

Os exemplos nos levam a perguntar com qual grau de detalhamento o TCU controla despesas em âmbito municipal. De um lado, como se trata de políticas nacionais e com recursos da União, parece fazer sentido a aferição centralizada do cumprimento dos objetivos da política. De outro lado, causa estranhamento o TCU, pelo simples fato de ter jurisdição ampla, se transformar em tribunal de contas nacional, julgando, no varejo, a aplicação de recursos federais por cada ordenador de despesa Brasil afora.

Informação bibliográfica deste texto, conforme a NBR 6023:2018 da Associação Brasileira de Normas Técnicas (ABNT):

VILELLA, Mariana. TCU e o controle de políticas públicas: até onde vai sua jurisdição? Caso da educação sugere que TCU exerce controle de contas nacional. In: ROSILHO, André. (Org.). *Direito Administrativo e Controle de Contas*. Belo Horizonte: Fórum, 2023. p. 171-172. ISBN 978-65-5518-491-4.

TCU E CRISES NO ENEM

QUAL O PAPEL DO TRIBUNAL NO ÂMBITO DA EDUCAÇÃO?

MARIANA VILELLA

15.12.2021

Em maio do ano passado, esta coluna questionou se o TCU poderia interferir na definição do calendário do Exame Nacional do Ensino Médio (Enem). Diante do contexto da pandemia, o Tribunal havia recomendado ao MEC o adiamento da prova nacional de 2020.

Neste fim de ano, o Enem voltou à pauta do TCU. Em decisão tomada no TC nº 043.073.2021-2, o Tribunal resolveu abrir processo de acompanhamento para investigar: (i) direcionamento ideológico na revisão das questões da prova de 2021; e (ii) inobservância das medidas de segurança na elaboração da prova.

O processo foi motivado por representação de parlamentares que alegam interferências do governo federal na gestão do Instituto Nacional de Estudos e Pesquisas Educacionais Anísio Teixeira (Inep), responsável pela elaboração do Enem. A noticiada demissão coletiva de funcionários do Inep, além de declarações do Presidente da República acerca do conteúdo da prova, deram o contexto da mobilização.

A Secretaria de Controle Externo da Educação (SecexEduc) realizou exame de admissibilidade e recomendou a abertura de processo de acompanhamento "mesmo tendo em vista a impossibilidade de se determinar o real impacto financeiro (materialidade) das eventuais irregularidades cometidas". A apuração seria adequada para que o Tribunal aprofundasse a análise acerca do conteúdo das questões e do acesso de servidores à prova. Os ministros acolheram a justificativa da área técnica.

Graves denúncias sobre fragilidade e desorganização dos órgãos federais de educação têm levado parlamentares a buscar o TCU. Contudo, o Tribunal, ao analisar representações e denúncias, tem o ônus argumentativo de justificar sua competência e, mais ainda, sua capacidade institucional para atuar.

A Resolução-TCU nº 259.2014, que trata dos procedimentos para constituição de processos de controle externo, determina que, no exame de admissibilidade das representações e denúncias, se aborde a competência do Tribunal sobre o assunto, e a suficiência de indícios para dar início à fiscalização (art. 103, §1º).

Na decisão, a competência do TCU é pressuposta, diante da importância da prova para as políticas de educação. Os indícios para prosseguimento da representação, por sua vez, são avaliados, simplesmente, "compulsando um conjunto de notícias colhidas da internet".

Com base nessas justificativas, a Corte requisitou do Inep o "detalhamento pormenorizado" da sistemática de construção e revisão das provas, como havia sugerido a SecexEdu.

O caso suscita muitas dúvidas: de posse dessas informações, que tipo de análise fará o TCU, uma corte de contas? Qual tipo de ação tomará a partir de suas conclusões? Eventual discordância quanto ao teor das questões do Enem poderá justificar, por exemplo, uma ordem ao Inep?

É verdade que tribunais de contas têm competência para realizar análises operacionais. Mas nem por isso possuem legitimidade para tratar de todo e qualquer assunto de Estado. Eles parecem ter pouco ou nada a dizer, por exemplo, sobre questões do Enem, métodos da Embrapa para desenvolver mudas e protocolos científicos da Fiocruz para a produção de vacinas. É que o controle de contas, mesmo quando faz análises operacionais, olha o mundo pela ótica do... controle de contas!

O TCU pode ter relevante papel na resolução de crises. Mas sua ação sempre estará condicionada por sua missão e perfil constitucionais. Boas intenções (ou a repercussão política e midiática de casos) não o legitimam a agir.

Informação bibliográfica deste texto, conforme a NBR 6023:2018 da Associação Brasileira de Normas Técnicas (ABNT):

VILELLA, Mariana. TCU e crises no Enem: qual o papel do Tribunal no âmbito da Educação? *In*: ROSILHO, André. (Org.). *Direito Administrativo e Controle de Contas*. Belo Horizonte: Fórum, 2023. p. 173-174. ISBN 978-65-5518-491-4.

MORO E A INDISPONIBILIDADE DE BENS NO TCU

RIGOR NA APLICAÇÃO DE REGRAS PODE EVITAR A POLITIZAÇÃO DO CONTROLE

ANDRÉ ROSILHO

16.02.2022

O Tribunal de Contas da União (TCU) conduz processo para apurar eventuais prejuízos ao erário oriundos de operações supostamente ilegais de membros da Lava Jato e do ex-juiz Sergio Moro – que, depois de deixar a magistratura, foi contratado por consultoria que faz a administração judicial de empresa atingida pela operação. O tema foi objeto de coluna anterior. Depois de solicitar o arquivamento do processo, o Ministério Público de Contas, "diante de novas informações", solicitou ao tribunal que decretasse, "cautelarmente, a indisponibilidade de bens do responsável Sr. Sergio Moro".

A adoção de "medida robusta" pelo TCU seria necessária em face de suposta "inconsistência dos documentos comprobatórios", "(in) existência de declaração de saída definitiva do país", "(in)existência de visto americano de trabalho", "averiguação da tributação pelo lucro real pela empresa" e "utilização de pejotização (...) a fim de reduzir a tributação incidente sobre o trabalho assalariado".

O pedido pende de decisão. Ao analisá-lo, o relator terá de avaliar questão preliminar fundamental: seria o TCU competente para agir?

A indisponibilidade de bens no controle de contas é medida constritiva disciplinada pelo art. 44, §2º da Lei Orgânica do TCU. O dispositivo prevê que a cautelar de indisponibilidade de bens só pode ser aplicada pelo TCU "nas mesmas circunstâncias do *caput* deste artigo", ou seja, quando também estiver autorizado a aplicar a cautelar de afastamento temporário de responsável. Aqui, o "responsável" é o sujeito que exerce "funções", sob vigilância de "autoridade superior competente" (§1º do art. 44). Quis-se evitar que o "responsável" – aquele que exerce função e gere recursos públicos – pudesse, no curso de investigações, se desfazer de bens pessoais que, em eventual condenação, fossem importantes para fins de ressarcimento do erário.[1]

No caso, para proceder à análise de mérito, de duas, uma: ou o TCU terá de considerar como "responsável" o particular, contratado por empresa privada sem relação direta com o poder público, com supostos problemas fiscais – algo inusitado à luz do art. 44, §2º, abrindo espaço para que qualquer cidadão seja obrigado a prestar contas ao tribunal; ou o TCU terá de considerar como "responsável" o juiz de direito que, segundo uma tese, tomou decisões que teriam afetado a saúde financeira de empresas privadas, reflexamente ocasionando um "dano" ao erário – algo inusitado não só à luz do art. 44, §2º, que se referiu apenas a gestores públicos, mas, sobretudo, porque cabe ao próprio Judiciário apurar eventuais falhas ou desvios no exercício da função jurisdicional.

Eventual decisão do TCU dissonante do texto expresso da lei, contudo, não seria de todo surpreendente.

No período pós-Lava Jato, o art. 44, §2º foi invocado pelo TCU para também justificar a declaração de indisponibilidade de bens de contratados pelo Estado – pessoas físicas ou jurídicas privadas que, por meio de vínculo contratual, fornecem bens ou serviços ao poder público – e mesmo de funcionários de empresas contratadas.

Decisões que se afastam do direito criam precedentes perigosos e trazem riscos às instituições de Estado. Para evitar que controles fiquem à mercê de dinâmicas próprias do mundo da política, é fundamental levar as normas que dispõem sobre competências a sério.

---

[1] Cf. ROSILHO, André. Limites dos poderes cautelares do Tribunal de Contas da União e a indisponibilidade de bens de particulares contratados. *In*: SUNDFELD, Carlos Ari; ROSILHO, André. *Tribunal de Contas da União no Direito e na Realidade*. São Paulo: Almedina, 2020. p. 88.

Referências

ROSILHO, André. Limites dos poderes cautelares do Tribunal de Contas da União e a indisponibilidade de bens de particulares contratados. *In*: SUNDFELD, Carlos Ari; ROSILHO, André. *Tribunal de Contas da União no Direito e na Realidade*. São Paulo: Almedina, 2020. p. 88.

Informação bibliográfica deste texto, conforme a NBR 6023:2018 da Associação Brasileira de Normas Técnicas (ABNT):

ROSILHO, André. Moro e a indisponibilidade de bens no TCU: rigor na aplicação de regras pode evitar a politização do controle. *In*: ROSILHO, André. (Org.). *Direito Administrativo e Controle de Contas*. Belo Horizonte: Fórum, 2023. p. 175-177. ISBN 978-65-5518-491-4.

O RISCO DO IMPROVISO

TCU E NOMEAÇÃO DE DIRIGENTES DE AGÊNCIAS REGULADORAS: EM DECISÃO RECENTE, CORTE AFIRMOU SUA COMPETÊNCIA PARA REALIZAR CONTROLE PRÉVIO DE NOMEAÇÕES PARA AGÊNCIAS

ANDRÉ DE CASTRO O. P. BRAGA

30.03.2022

Na semana passada, em decisão cautelar, o ministro do TCU Walton Rodrigues determinou a suspensão do ato de indicação de Carlos Baigorri para o cargo de presidente da Anatel. Inédita na história do tribunal, a decisão buscava, na prática, impedir a realização da sabatina de Baigorri no Senado.

De acordo com Rodrigues, a indicação, feita pelo presidente Jair Bolsonaro, teria violado o art. 24 da Lei Geral de Telecomunicações, que estabelece o limite de cinco anos para o mandato de membros do Conselho Diretor da Anatel. O tema é controverso porque Baigorri já atua como conselheiro desde outubro de 2020. Se ficar na presidência pelos próximos cinco anos, Baigorri atuará como dirigente da agência por seis anos e meio, extrapolando o limite legal.

Ao defender a indicação, a AGU alegou que o limite estaria vinculado ao cargo e não à pessoa. Como os cargos de presidente e conselheiro são distintos, não haveria impedimento para que Baigorri atuasse na nova função por cinco anos. Seu período como conselheiro poderia ser descartado do cálculo.

Após "repensar durante a noite", Rodrigues modificou os termos de sua determinação. Em novo despacho, entendeu que a indicação seria válida, desde que o mandato de Baigorri como presidente terminasse em novembro de 2024, quando terá completado cinco anos no Conselho Diretor. O plenário do TCU ratificou essa segunda decisão.

Há no mínimo três maneiras de avaliar a atuação do TCU no caso.

A primeira passa pelo mérito da decisão. Aqui, o TCU parece ter interpretado corretamente a lei. O limite de cinco anos para o mandato dos dirigentes busca prevenir a captura do agente regulador por grupos políticos e econômicos. Por essa lógica, o limite deve ser aplicado à pessoa, potencial capturado, e não ao cargo. Posicionamento diferente, tal como o defendido pela AGU, poderia levar a indicações oportunistas e à permanência dos mesmos dirigentes por tempo indeterminado nas agências.

Por uma segunda perspectiva, caberia avaliar se o TCU detém competência para sustar os efeitos da indicação feita pelo presidente da República, ato que não guarda qualquer relação com a gestão financeira do governo. Embora haja bons argumentos para se defender a incompetência do TCU no caso, a realidade se impõe.

Nos últimos 30 anos, a legislação confusa e a jurisprudência errática do STF levaram à criação de um amplo espaço de discricionariedade para o TCU, que dele se vale para tomar decisões e emitir comandos sobre os mais variados temas. Nas palavras do ministro Walton Rodrigues, usadas na sessão plenária que debateu a indicação de Baigorri, as ações do TCU podem alcançar "qualquer ilegalidade perpetrada no âmbito da Administração Pública federal". Hoje, esse é o entendimento predominante no tribunal.

Por fim, surge a pergunta: o arranjo institucional que emerge do caso é bom? Isto é: a possibilidade de o TCU realizar um controle prévio de legalidade das nomeações de dirigentes de agências reguladoras, eventualmente suspendendo indicações do presidente da República e sabatinas no Senado, contribuirá para melhorar a qualidade da regulação brasileira e da governança das agências? Gerará segurança jurídica ou impasses? O assunto deve ser objeto de reforma legislativa? São questões a serem avaliadas no julgamento do mérito do processo ou em estudos futuros do TCU, sem improviso.

Informação bibliográfica deste texto, conforme a NBR 6023:2018 da Associação Brasileira de Normas Técnicas (ABNT):

BRAGA, André de Castro O. P. O risco do improviso: TCU e nomeação de dirigentes de agências reguladoras: Em decisão recente, Corte afirmou sua competência para realizar controle prévio de nomeações para agências. *In*: ROSILHO, André. (Org.). *Direito Administrativo e Controle de Contas*. Belo Horizonte: Fórum, 2023. p. 179-180. ISBN 978-65-5518-491-4.

TRANSFERÊNCIAS FEDERAIS NA EDUCAÇÃO

NEM SEMPRE SOLUÇÃO É AMPLIAR CONTROLE: PARA MELHORAR A ALOCAÇÃO DE RECURSOS, É PRECISO OUVIR OS GESTORES PÚBLICOS

MARIANA VILELLA

06.04.2022

Diante das suspeitas de irregularidades no Fundo Nacional de Desenvolvimento da Educação (FNDE), o Tribunal de Contas da União (TCU) comunicou novas ações de fiscalização das transferências de recursos a entes subnacionais, em especial as voluntárias e de assistência técnica e financeira. Uma inspeção no MEC foi determinada de forma cautelar. O anúncio soou como "pente fino" do TCU nas transferências federais, reação comum a escândalos desse tipo.

Esta coluna já questionou se o controle dos repasses federais para a educação básica não estaria minucioso demais e adentrando no espaço de tribunais de contas estaduais. Acórdãos revelaram que o TCU já vem tentando examinar, no detalhe, a aplicação de recursos por secretarias de educação Brasil afora.

Afinal, há controle demais ou de menos? Talvez o problema não seja de intensidade, mas de foco.

O uso político das transferências de recursos federais para municípios está ligado ao funcionamento de nossa democracia (ou, pelo menos, nossas eleições). Não é novidade, ou surpresa, que parlamentares busquem direcionar recursos para seus redutos eleitorais. A prática, em si, não é ilegal, mas pode favorecer critérios pouco republicanos.

A educação, pelo grande volume de recursos, é histórico alvo desse fenômeno. Diferentes instrumentos já foram criados para ampliar a transparência e a institucionalidade nos repasses educacionais, a exemplo do Programa Dinheiro Direto na Escola (PDDE), criado em 1995, e do Plano de Ações Articuladas (PAR), de 2007. O que esses e outros modelos têm em comum é uma aposta na descentralização técnica de recursos, baseada em metas e resultados auditáveis. O próprio Sistema Nacional de Educação (SNE), em tramitação no Congresso Nacional, também responde a esse desafio estrutural. Historicamente, o Brasil vem aprimorando o arcabouço normativo do financiamento da educação, mas ainda há muito por fazer.

É preciso, por exemplo, aprimorar as transferências automáticas, cujos critérios são aferíveis pelo censo escolar. Quando combinadas com indicadores socioeconômicos, essas transferências, que não dependem de pedido ou adesão dos municípios, podem favorecer a equidade e o controle de resultados.

No caso das transferências voluntárias, que requerem adesão a programas federais ou negociação direta para liberação de recursos, é possível melhorar a transparência dos critérios por meio de maior articulação com os municípios, para que eles não sejam meros destinatários de verbas, mas participem das instâncias deliberativas no FNDE. Instituições como a União Nacional dos Dirigentes Municipais de Educação (Undime), o Conselho Nacional de Secretários de Educação (Consed) e a Confederação Nacional de Municípios (CNM) têm muito a dizer sobre como aprimorar a descentralização dos recursos.

É preciso trazer mais gestores públicos para esse debate, que hoje parece dominado por órgãos de controle. E é possível aproveitar a discussão nacional sobre as transferências federais para pensarmos em propostas mais eficientes do que a promessa de ampliar, ainda mais, o controle de contas.

Informação bibliográfica deste texto, conforme a NBR 6023:2018 da Associação Brasileira de Normas Técnicas (ABNT):

VILELLA, Mariana. Transferências federais na educação: nem sempre solução é ampliar controle: para melhorar a alocação de recursos, é preciso ouvir os gestores públicos. In: ROSILHO, André. (Org.). *Direito Administrativo e Controle de Contas*. Belo Horizonte: Fórum, 2023. p. 181-182. ISBN 978-65-5518-491-4.

PARTE 4

CONTROLE DAS CONTRATAÇÕES PÚBLICAS

TRIBUNAL DE CONTAS NA LEI DAS ESTATAIS

CONSTITUIÇÃO NÃO TRANSFORMOU OS TRIBUNAIS DE CONTAS EM REVISORES GERAIS DA ADMINISTRAÇÃO PÚBLICA

ANDRÉ ROSILHO

15.06.2017

O estatuto jurídico da empresa pública, sociedade de economia mista e de suas subsidiárias a que alude o art. 173, §1º, da Constituição, finalmente foi instituído por meio da Lei nº 13.303, de 30 de junho de 2016 (Lei das Estatais). O diploma é aplicável à União, aos Estados e aos Municípios.

O modo de controle das empresas estatais foi uma das principais preocupações do legislador. A esse tema estão conectadas normas sobre transparência (p.ex., art. 8º), governança (p.ex., art. 14 a 26), licitações e contratos (art. 28 a 81) e fiscalização pelo estado e pela sociedade (art. 85 a 90). Algumas delas versam especificamente sobre o controle das empresas estatais por tribunais de contas.

O art. 87 da Lei das Estatais foi nitidamente inspirado no art. 113 da famosa Lei nº 8.666/93 (Lei de Licitações). Tal qual o dispositivo da Lei de Licitações, diz que o controle de despesas decorrentes de contratos e de outros instrumentos será feito por controles internos e pelos tribunais de contas, ficando o órgão interessado (no caso, as empresas estatais) responsável "pela demonstração da legalidade e da regularidade da despesa e da execução, nos termos da Constituição".

Leitor apressado poderá supor que a semelhança entre o *caput* dos dispositivos se estende a seus parágrafos. Ledo engano.

O §2º da Lei de Licitações autoriza os tribunais de contas a solicitarem para exame "edital de licitação já publicado" e, exclusivamente em relação a eles, a determinarem "medidas corretivas pertinentes". Já o §3º do art. 87 parece ser muito mais amplo. O dispositivo diz que os tribunais de contas poderão solicitar para exame, a *"qualquer tempo, documentos de natureza contábil, financeira, orçamentária, patrimonial e operacional"* das empresas estatais, que se obrigarão a adotar as "medidas corretivas pertinentes" que lhes forem determinadas.

A impressão inicial é a de que, de acordo com a Lei das Estatais, os tribunais de contas poderiam ordenar correções não só em editais de licitação já publicados, mas em qualquer outro documento elaborado pela empresa – inclusive naqueles atinentes às atividades propriamente empresariais (operacionais). E mais: o controle pelos tribunais de contas, por essa leitura inicial, poderia incidir não só sobre decisões já tomadas pelas empresas estatais, mas também sobre o *processo de tomada de decisão* (antes, portanto, da formação de entendimentos completos e de conclusões consistentes por parte da companhia).

Levado ao pé da letra, o dispositivo transformaria os tribunais de contas em potenciais revisores gerais de toda e qualquer decisão das empresas estatais, inclusive daquelas ligadas à sua atividade-fim. Poderiam avocar para si praticamente qualquer deliberação empresarial. Mas leitura da lei que conduzisse a essa conclusão seria flagrantemente inconstitucional.

É fato que a Constituição alargou as competências dos tribunais de contas, inclusive viabilizando a realização de auditorias operacionais (art. 71, IV). Mas só conferiu a esses órgãos de controle competência para agirem impositivamente (produzindo atos de comando e aplicando sanções) quando da realização de controle de *legalidade em matéria financeira* (art. 71, II, III, VIII, IX e X). Não os transformou em revisores gerais da Administração Pública. Ao revés, atribuiu-lhes expressamente a característica de controladores *externos* (art. 71, *caput*), ordenando que sua atuação fosse em regra *a posteriori*.

A própria Lei das Estatais afirma que "o controle das despesas decorrentes dos contratos e demais instrumentos" tem de ser feito "nos termos da Constituição" (art. 87, *caput*). Seria um equívoco ler no diploma autorização para a realização de controle para além das fronteiras delineadas pelo Texto Constitucional.

Informação bibliográfica deste texto, conforme a NBR 6023:2018 da Associação Brasileira de Normas Técnicas (ABNT):

ROSILHO, André. Tribunal de contas na Lei das Estatais: constituição não transformou os tribunais de contas em revisores gerais da Administração Pública. *In*: ROSILHO, André. (Org.). *Direito Administrativo e Controle de Contas*. Belo Horizonte: Fórum, 2023. p. 185-187. ISBN 978-65-5518-491-4.

ENTIDADES DO TERCEIRO SETOR PODEM DISPUTAR LICITAÇÕES?

O TCU TRATA OSs e OSCIPs DE MODO DIFERENTE?

YASSER GABRIEL

22.08.2017

Organizações Sociais (OSs) podem participar de licitação da Lei nº 8.666/93. Foi o que o TCU decidiu no acórdão 1406/2017, respondendo a consulta do Ministro da Educação. Há apenas uma condicionante: o objeto do contrato licitado deve coincidir com alguma das atribuições da OS. O TCU justifica seu entendimento na possibilidade de essas entidades serem contratadas diretamente para prestação de serviços relacionados às suas atividades (art. 24, XXIV, Lei nº 8.666/93). Faz sentido.

Paradoxalmente, no acórdão nº 746/2014, o tribunal havia decidido que o caso das Organizações da Sociedade Civil de Interesse Público (OSCIPs) é diferente. Elas não poderiam participar de licitação, nem celebrar contratos da Lei nº 8.666/93. As razões jurídicas para isso seriam: i) incompatibilidade entre os possíveis objetivos institucionais das OSCIPs e as obras, compras e serviços da Lei nº 8.666/93; ii) inexistência de norma que autorize esse tipo de vínculo contratual entre OSCIPs e administração. São argumentos frágeis.

É amplo o leque de atividades que podem ser realizadas por OSCIPs. E, se é verdade que não existe norma expressa autorizando-as a celebrar contratos da Lei nº 8.666/93, o que de fato importa é outra coisa: não existe lei que as proíba. Além disso, OSs e OSCIPS têm regimes jurídicos parecidos: são associações civis sem finalidade lucrativa; prestam serviços de interesse público com caráter não exclusivo; recebem qualificação da Administração Pública competente, com a qual podem celebrar instrumento de parceria; podem receber isenções fiscais e recursos públicos. Daí ser estranha a diferença entre entendimentos do TCU.

Pode-se cogitar, então, que sejam outros os motivos do tribunal para tratar de modo diferente OSs e OSCIPs. Uma possibilidade, que se vislumbra a partir do texto do acórdão nº 746/2014, é que, na visão do TCU, as OSCIPs estejam concretamente gerando mais problemas. Há notícia de fraudes e desvirtuamento das finalidades precípuas dessas entidades, com casos de má aplicação dos recursos por elas geridos e de atuação puramente comercial. Claro, é apenas uma suposição. Talvez sejam outros os motivos do TCU para essa diferença de tratamento.

O caso é interessante para se refletir sobre o tipo de atuação desejável dos órgãos de controle. Por um lado, a variação casuística na interpretação das normas talvez possa gerar efeitos positivos, especialmente para combater situações concretas de corrupção. Por outro, esse tipo de comportamento parece incompatível com a segurança jurídica. Vale a pena?

Informação bibliográfica deste texto, conforme a NBR 6023:2018 da Associação Brasileira de Normas Técnicas (ABNT):

GABRIEL, Yasser. Entidades do Terceiro Setor podem disputar licitações? O TCU trata OSs e OSCIPs de modo diferente? In: ROSILHO, André. (Org.). *Direito Administrativo e Controle de Contas*. Belo Horizonte: Fórum, 2023. p. 189-190. ISBN 978-65-5518-491-4.

COMPLIANCE EM CONTRATAÇÕES PÚBLICAS

QUAL CAMINHO O TCU ESCOLHERÁ? TRIBUNAL TEM ÓTIMA OPORTUNIDADE PARA APOIAR INICIATIVA INOVADORA

ANDRÉ DE CASTRO O. P. BRAGA

12.06.2019

Desde 2015, a Petrobras realiza *due diligence* de integridade em seus processos de contratação, atribuindo a potenciais fornecedores um grau de risco, que pode variar entre baixo, médio e alto. Empresas que possuem canais de denúncia, por exemplo, obtêm notas melhores. Aquelas comandadas por administradores que já foram condenados por corrupção tendem a ser mal avaliadas. Conforme regulamento interno da estatal, empresas com grau de risco alto não podem, em regra, participar de licitações.

Em julgados recentes, o TCU demonstrou estar inclinado a considerar irregular essa sistemática. Em decisão cautelar, o ministro Benjamin Zymler enxergou uma "possível ilegalidade" na inabilitação de licitantes a partir da avaliação do risco de integridade, pois essa prática restringiria a competição e não teria amparo legal (Acórdão nº 426/2019 – Plenário).

Em outra decisão, o ministro colocou em dúvida a transparência e a objetividade dos critérios utilizados pela Petrobras, além de apontar para o possível "aumento dos custos de transação" da estatal (Acórdão nº 898/2019-Plenário).

Embora o tema continue em debate no TCU,[1] algo está claro: há diversos caminhos hermenêuticos possíveis.

Um deles leva ao entendimento de que a iniciativa da Petrobras é ilegal porque estatais não poderiam adotar critérios de habilitação diferentes daqueles previstos expressamente em lei. É o caminho mais fácil, que já vem sendo trilhado por algumas decisões judiciais.

Outro caminho passa pelo reconhecimento de que a Lei nº 13.303 conferiu às empresas estatais certa discricionariedade na edição de regras próprias sobre licitações e contratos (art. 40) e prevenção de corrupção (art. 18, I e II; e art. 32, V). Reconhecida essa discricionariedade, o TCU somente poderá considerar irregular a política da Petrobras se demonstrar, mediante evidências concretas, que ela é ineficiente.

É um caminho mais difícil, que demanda monitoramento de longo prazo, capaz de responder às seguintes perguntas: a *due diligence* de integridade tem contribuído de fato para a diminuição do número de ilícitos praticados no âmbito de contratos da Petrobras? Estatais que não consideram o risco de integridade em suas licitações pagam mais barato que a Petrobras pelos mesmos bens e serviços? O grau de risco de integridade está correlacionado com a probabilidade de inexecução contratual, isto é, empresas com baixo risco de integridade são melhores fornecedores?

No contexto aqui descrito, em que não há uma ilegalidade flagrante, o TCU tem o dever, como fiscal da eficiência da Administração Pública, de escolher o caminho difícil. É por meio dele que o tribunal contribuirá para o aperfeiçoamento da inovação trazida pela Petrobras.

Informação bibliográfica deste texto, conforme a NBR 6023:2018 da Associação Brasileira de Normas Técnicas (ABNT):

BRAGA, André de Castro O. P. *Compliance* em contratações públicas: qual caminho o TCU escolherá? Tribunal tem ótima oportunidade para apoiar iniciativa inovadora. *In*: ROSILHO, André. (Org.). *Direito Administrativo e Controle de Contas*. Belo Horizonte: Fórum, 2023. p. 191-192. ISBN 978-65-5518-491-4.

---

[1] A legalidade dos procedimentos utilizados pela Petrobras para aferição do Grau de Risco de Integridade é atualmente objeto do TC nº 037.015.2020-6, ainda em curso.

TCU E O SOBREPREÇO EM CONTRATOS PÚBLICOS

AFIRMAR QUE PREÇO NÃO É O 'JUSTO' É ARGUMENTO INSUFICIENTE PARA CONDENAR

ANDRÉ ROSILHO

24.07.2019

Ao Tribunal de Contas da União (TCU) compete realizar controle de legalidade dos valores pagos pela Administração Pública em decorrência dos contratos que celebra. Eventual conclusão pela existência de débito – isto é, pela ilegalidade de despesa – pode ensejar a aplicação de sanções aos responsáveis e sua condenação ao pagamento de dívida.

Mas como avaliar se valores despendidos pelo poder público por meio de contratos são corretos? Como aferir a existência de sobrepreço? O acórdão nº 1267/2019 – Plenário, rel. Min. Aroldo Cedraz, ajuda a entender o método que o TCU utiliza com frequência para analisar a juridicidade de preços nas contratações públicas.

O caso envolveu a apreciação de recursos de reconsideração contra acórdão do TCU que constatara sobrepreço em contrato de obra.

Antes de decidir se seria o caso de manter ou revisar as condenações anteriores, o relator fixou a premissa de que a análise de sobrepreço teria que "partir de uma referência". Nas suas palavras, a adoção de referencial de preço permitiria, "ao se comparar orçamentos, verificar a existência de preços inexequíveis, subpreços e, também, sobrepreços". Seriam "de mercado" apenas os valores que correspondessem aos de referência.

Para avaliar se os valores do orçamento da administração e da proposta vencedora corresponderiam aos "de mercado" – ou se teriam sido super ou subdimensionados – o Tribunal se valeu do Sistema de Custos Referenciais de Obras (Sicro 1).

O TCU reconheceu que, à época da contratação (1996), não havia a "obrigação legal de se considerarem os custos do sistema Sicro como limite máximo nas contratações de obras rodoviárias – o que veio a se firmar a partir da edição da Lei de Diretrizes Orçamentárias de 2009". Contudo, isso não diminuiria "sua legitimidade como ferramenta adequada para verificação dos preços de mercado".

Para o TCU, a admissão de "custo maior" no âmbito da Administração Pública – ou seja, superior ao "de mercado", aferido pelo Sicro – imporia ao gestor "apresentar justificativas técnicas razoáveis em face dos princípios da economicidade e da eficiência, o que não foi feito no presente caso". Assim, "tendo em vista os valores pagos não coincidirem com o valor de mercado da época", concluiu que a administração teria sido indevidamente onerada.

A *ratio decidendi* é problemática, pois, mesmo nos casos em que o Sicro não era referência obrigatória, será presumido o sobrepreço se a administração não convencer o TCU de que havia motivos para superar os valores do Sicro.

O TCU é órgão de controle peculiar. Tem iniciativa, realiza investigações, segue ritos processuais próprios e julga. Cabe-lhe o ônus de demonstrar o porquê considera como excessivos os valores da administração e da proposta vencedora. Não há fundamento técnico para, sem base em lei, adotar a presunção de que é excessivo o que discrepe de uma tabela que venha a adotar a seu critério.

A mera afirmação, pelo TCU, de que o poder público não foi capaz de justificar a razão pela qual seus preços superaram os de tabela de referência a que não estava obrigado a observar é argumento insuficiente para condenar por sobrepreço. Afinal, só se pode constituir débito mediante a constatação de despesa ilícita.

Informação bibliográfica deste texto, conforme a NBR 6023:2018 da Associação Brasileira de Normas Técnicas (ABNT):

ROSILHO, André. TCU e o sobrepreço em contratos públicos: afirmar que preço não é o 'justo' é argumento insuficiente para condenar. In: ROSILHO, André. (Org.). *Direito Administrativo e Controle de Contas*. Belo Horizonte: Fórum, 2023. p. 193-194. ISBN 978-65-5518-491-4.

TCU E A 'CULTURA DO REGISTRO PRÉVIO'
DIREITO COMPARADO MOSTRA QUE PROBLEMAS NÃO SÃO EXCLUSIVOS DO BRASIL

CONRADO TRISTÃO

23.10.2019

O Tribunal de Contas da União (TCU), no passado, controlava as contratações públicas por meio do registro prévio de contratos. A partir da Constituição de 1967, essa lógica mudou, e a regra passou a ser o controle *a posteriori* das contratações. No entanto, parece persistir no tribunal uma "cultura do registro prévio".

Em outubro de 2018, o TCU julgou representação contra pregão eletrônico conduzido pelo Banco do Brasil para contratação de serviços de manutenção da sua central de atendimento. Diante de indícios de restrição à competitividade, o tribunal determinou que o banco anulasse o pregão e, "caso opte pela reedição do Pregão Eletrônico (...), encaminhe ao Tribunal cópia do respectivo edital, previamente à sua publicação" (acórdão nº 2301/18 – plenário).

O banco comunicou o TCU, em março de 2019, que reeditaria o pregão, submetendo ao tribunal o novo termo de referência. Mas "tendo em vista a inércia do Banco do Brasil em realizar o novo certame", o TCU buscou entender porque até julho a licitação ainda não tinha ocorrido. Foi informado pelos representantes da estatal que "a nova contratação ainda não havia sido realizada em função de estarem aguardando um posicionamento do TCU" (acórdão nº 2288/19 – plenário).

O caso ilustra as dificuldades da "cultura do registro prévio", que se manifesta, por exemplo, na fiscalização pelo TCU de editais de licitação ainda não publicados.

Há o risco tanto de engessamento da administração quanto, no limite, de substituição do gestor pelo controlador. E isso não é exclusividade do Brasil.

A lei de organização da *Cour des Comptes* belga (*loi* 29 *octobre* 1846) conferia ao órgão amplos poderes de controle prévio dos gastos públicos, prevendo que "nenhuma ordem de pagamento poderia ser executada pelo tesouro sem a aposição de visto prévio pela corte" (art. 14). No entanto, a incidência do visto foi gradativamente reduzida, até que em 2003 tal modalidade de controle foi extinta (*loi* 22 *mai* 2003).

Essa reforma foi fruto do entendimento, na Câmara dos Representantes belga, de que "embora o visto prévio tenha sem dúvidas um efeito dissuasivo, permanece difícil quantificar o seu impacto". Além disso, "o visto prévio pode ter consequências contraproducentes", levando tanto ao "enfraquecimento dos gestores, que não conseguem organizar seriamente seus próprios sistemas de controle interno", como à "fragmentação do controle e da gestão" (DOC nº 50 1870.004, p. 53).

O curioso é que a *Cour des Comptes* também se manifestou favoravelmente à reforma, alegando que o visto prévio colocaria o tribunal de contas em "situação delicada, uma vez que ele poderia avaliar *a posteriori* um conjunto de despesas em que se envolveu *a priori*" (*idem*, p. 71).

Assim como a Bélgica, o ordenamento brasileiro atentou para os riscos do controle prévio. A Constituição de 1988 manteve como regra o controle das contratações *a posteriori*. E a lei de licitações (Lei nº 8.666/93) previu que os tribunais de contas poderão "solicitar para exame" apenas o "edital de licitação já publicado" (art. 113, §2º).

No entanto, a "cultura do registro prévio" permanece. Seria o caso de revê-la?

Informação bibliográfica deste texto, conforme a NBR 6023:2018 da Associação Brasileira de Normas Técnicas (ABNT):

TRISTÃO, Conrado. TCU e a 'cultura do registro prévio': direito comparado mostra que problemas não são exclusivos do Brasil. *In*: ROSILHO, André. (Org.). *Direito Administrativo e Controle de Contas*. Belo Horizonte: Fórum, 2023. p. 195-196. ISBN 978-65-5518-491-4.

QUANDO TCU E REGULADOR DIVERGEM

CASO DOS BENS REVERSÍVEIS: A QUEM COMPETE DEFINIR O CONCEITO DE BENS REVERSÍVEIS NO SETOR DE TELECOM?

DANIEL BOGÉA

30.10.2019

11 de setembro de 2019 foi um dia marcante para o setor de telecomunicações. O Senado aprovou de forma definitiva o PLC nº 79.2016, que alterou a Lei Geral – LGT. Poucas horas antes, o TCU julgava recurso da Anatel em auditoria sobre sua atuação na regulamentação, controle, acompanhamento e fiscalização de bens reversíveis vinculados ao serviço telefônico fixo comutado – STFC (Acórdão nº 2.142/2019-P).

Os assuntos estão interligados. Com o propósito de atrair mais investimentos, uma das principais inovações da Lei nº 13.879/2019 diz respeito à possibilidade de migração de contratos do STFC do regime de concessão para o de autorização. A exploração em regime privado (autorização) desataria nós burocráticos e facilitaria o desenvolvimento setorial. Mas, como contrapartida, a extinção antecipada das concessões demandaria a realização de novos investimentos no valor correspondente aos bens reversíveis.

Além de apontar falha da agência na fiscalização do inventário das concessões, o cerne do voto do relator, ministro Walton Alencar, está justamente na definição de quais seriam (e de quanto valeriam) os tais bens reversíveis.

Há duas visões em jogo.

O TCU adota uma *concepção patrimonialista de concessão*, que considera como bens reversíveis a integralidade do acervo de bens da concessão, desde seu início. O regulador, por sua vez, defende uma *concepção funcionalista de concessão*, afirmando serem reversíveis apenas os bens imprescindíveis para a continuidade e atualidade dos serviços concedidos. Ambos sustentam suas posições com base na LGT e em dispositivos contratuais.

A divergência de interpretação jurídica tem repercussões práticas brutais. A estimativa do TCU supera R$120 bilhões em bens reversíveis desde 1998, os quais teriam de ser preservados pela Anatel. Pelos cálculos da agência, esse valor seria cerca de R$100 bilhões menor (sobre o tema, ver artigo publicado no JOTA). O TCU também aponta reservas com relação à estimativa de R$20 bilhões a serem indenizáveis à concessionária no caso de interrupção prematura dos contratos, indicando que poderá interferir em eventual aplicação da recém-nascida ferramenta legal de migração do regime de concessão para autorização. O cenário é de impasse.

Parece razoável que o TCU exija da agência fiscalização efetiva dos bens de cada concessionária. Mas é problemático pretender impor à Anatel sua visão sobre o conceito de bens reversíveis no setor de telecom. A prevalência do controlador se daria em detrimento da posição da autoridade com competência técnica específica na matéria (a Anatel), que, inclusive, já havia consolidado expectativas do setor ao redor do novo marco legal.

A solução de deferência ao regulador parece fazer sentido quando se está diante de interpretações razoáveis sobre um mesmo material jurídico. Mas é pouco provável que o órgão de controle seja, a um só tempo, desconfiado e deferente.

O processo prosseguirá no TCU, mas é possível que o Judiciário venha a ser chamado a arbitrar o conflito. Haveria espaço, em âmbito judicial, para uma análise comparativa de capacidades institucionais, ou teríamos uma terceira análise regulatória sobre a correta concepção de bens reversíveis?

Informação bibliográfica deste texto, conforme a NBR 6023:2018 da Associação Brasileira de Normas Técnicas (ABNT):

BOGÉA, Daniel. Quando TCU e regulador divergem: caso dos bens reversíveis: A quem compete definir o conceito de bens reversíveis no setor de telecom? *In*: ROSILHO, André. (Org.). *Direito Administrativo e Controle de Contas*. Belo Horizonte: Fórum, 2023. p. 197-198. ISBN 978-65-5518-491-4.

PRORROGAÇÃO ANTECIPADA DA MALHA PAULISTA NO TCU

O PRINCÍPIO DA LICITAÇÃO: ENTRE DOGMA E REALIDADE

DANIEL BOGÉA

VITÓRIA DAMASCENO

18.12.2019

O TCU apreciou, em 27 de novembro de 2019, a prorrogação antecipada do contrato de concessão da Malha Paulista (Acórdão nº 2876/2019-P). Trata-se de trecho ferroviário de 1.989 km que vai da divisa de São Paulo com o Mato Grosso do Sul a Santos.SP, constituindo o principal canal logístico para escoamento da produção do Centro-Oeste.

Partiu do próprio Governo a proposta de prorrogação, com perspectiva de antecipação de investimentos para mitigar conflitos urbanos e aumentar a capacidade de carga transportada. O Ministro relator Augusto Nardes declarou que se tratava do julgamento mais importante do ano no TCU e a repercussão econômica da decisão foi comemorada pelo Ministro da Infraestrutura, que exaltou os bilhões gerados em investimentos.

O ponto que merece maior destaque, contudo, é jurídico. Diz respeito às alternativas de prorrogar antecipadamente o contrato ou de aguardar seu término para realizar licitação.

Diante dessa escolha, o gestor deve considerar a realidade de cada contrato, ponderando aspectos como a atratividade da licitação para o mercado, as condições reais da Administração para promovê-la com celeridade e as vantagens que poderiam ser obtidas pela antecipação de investimentos na hipótese de prorrogação.

Rotineiramente, contudo, gestores e controladores se afastam da realidade para eleger o *princípio da licitação* como uma espécie de trunfo imbatível, idealizando um cenário de competitividade perfeita, sem constrangimentos de tempo ou empecilhos burocráticos. Preferem dogmas a fatos. No Acórdão nº 1446/2018-P, por exemplo, o TCU considerou, em abstrato, que hipótese de prorrogação antecipada prevista no marco legal do setor portuário afrontaria o dever de licitar e o princípio da impessoalidade.

Essa atitude reflete tratamento equivocado de contratos de parceria, assumindo que um dos lados sempre precisará sair perdendo para o outro prevalecer. O cerne de um negócio público-privado é proporcionar sinergias que protejam a sociedade e produzam oportunidades de negócio ao particular. O dever do gestor é garantir, de forma negocial e a partir da melhor ciência disponível, solução que gere maior benefício líquido ao interese público. O papel do controlador, por sua vez, é atestar a boa-fé e a qualidade desse trabalho técnico.

No caso da Malha Paulista, a ANTT aferiu a vantajosidade da prorrogação a partir de Análise de Impacto Regulatório, que serviu de ponto de partida para a avaliação do TCU. O controlador condicionou a prorrogação a uma série de restrições relacionadas a aspectos específicos daquele contrato, demonstrando que o controle pode e deve ser feito a partir de parâmetros realistas. De outro lado, o longo período de análise do TCU evidencia custos consideráveis no desenho institucional que confere ao controlador o papel de exame prévio (cf. coluna anterior).

Princípios não podem assumir a condição de dogmas insuperáveis pela realidade dos fatos. Nesse caso, o TCU assimilou bem a lição. Resta saber se terá *tempo e fôlego* para agir dentro dessas mesmas premissas no futuro.

Informação bibliográfica deste texto, conforme a NBR 6023:2018 da Associação Brasileira de Normas Técnicas (ABNT):

BOGÉA, Daniel; DAMASCENO, Vitória. Prorrogação antecipada da malha paulista no TCU: o princípio da licitação: entre dogma e realidade. *In*: ROSILHO, André. (Org.). *Direito Administrativo e Controle de Contas*. Belo Horizonte: Fórum, 2023. p. 199-200. ISBN 978-65-5518-491-4.

TERCEIRO SETOR PODE PARTICIPAR DE LICITAÇÕES?

TCU ENTENDEU QUE SIM, MAS IMPÔS RESTRIÇÕES

MARIANA VILELLA

05.02.2020

Dúvida frequente no âmbito da atuação das Organizações da Sociedade Civil (OSC) é quanto à possibilidade de participação em licitações públicas. O Tribunal de Contas da União (TCU), no acórdão nº 2847/2019 – Plenário, enfrentou mais uma vez essa questão.

No acórdão, de relatoria do Min. Raimundo Carrero, uma empresa de terceirização de mão de obra representou ao TCU no âmbito de pregão realizado pela 1ª Circunscrição Judiciária Militar. O objeto do pregão era a contratação de serviços de apoio administrativo para fornecimento de pessoal terceirizado nas funções de agente administrativo, recepcionista, telefonista e copeira. A vencedora foi a Associação Brasileira de Defesa do Consumidor e Trabalhador – Abredecont, instituição sem fins lucrativos.

Na representação era alegada irregularidade na habilitação da associação vencedora por descumprimento do art. 53 do Código Civil, que define associação como união de pessoas que se organizam para fins não econômicos.

A Abredecont se defendeu dizendo inexistir vedação legal à participação de associações em licitações públicas e afirmando que a lei proíbe a distribuição de lucros, não a realização de atividade econômica. Também afirmou que seus objetivos estatutários estão em consonância com o objeto do pregão.

O TCU decidiu pela procedência parcial da representação, sustentando que a participação de associações civis sem fins lucrativos em licitações não é vedada, mas que é necessário que o objeto da contratação tenha relação com os objetivos estatutários específicos da entidade.

No caso concreto, entendeu que, embora o estatuto da associação trouxesse previsão de fornecimento de mão de obra à Administração Pública como parte dos objetivos da instituição, essa seria uma previsão genérica e sem ligação com os demais objetivos de assistência social.

Para o TCU, portanto, mesmo no caso de contratação de entidades sem fins lucrativos, a terceirização de mão de obra é possível, desde que não seja um fim em si mesmo.

Ela deve estar vinculada à execução de um objeto maior, esse sim presente nos objetivos estatutários. No caso analisado, como o próprio objeto do pregão era a contratação de mão de obra terceirizada, não haveria outra finalidade que justificasse a participação da associação.

A decisão do TCU chama atenção para um problema mais amplo, que são os critérios de habilitação dos licitantes. Por serem critérios meramente formais, não há espaço para um julgamento concreto pelo gestor público acerca do perfil das instituições participantes, restando ao TCU a tarefa de examinar a pertinência da previsão estatutária com a atuação da associação e o objeto do pregão.

No caso concreto, o próprio gestor responsável pelo pregão poderia ter julgado a participação de uma instituição sem fins lucrativos na competição, não pela sua constituição jurídica e formal, mas pela ausência de adequação temática.

Informação bibliográfica deste texto, conforme a NBR 6023:2018 da Associação Brasileira de Normas Técnicas (ABNT):

VILELLA, Mariana. Terceiro setor pode participar de licitações? TCU entendeu que sim, mas impôs restrições. *In*: ROSILHO, André. (Org.). *Direito Administrativo e Controle de Contas*. Belo Horizonte: Fórum, 2023. p. 201-202. ISBN 978-65-5518-491-4.

PRIVATIZAÇÕES E O TRIBUNAL DE CONTAS DA UNIÃO

QUANDO AS AUTORIDADES DE CONTROLE APLICAM REGRAS EM VEZ DE PRINCÍPIOS VAGOS, A SEGURANÇA JURÍDICA PREVALECE

ANDRÉ ROSILHO

12.02.2020

O Serpro (Serviço Federal de Processamento de Dados) e a Dataprev (Empresa de Tecnologia e Informações da Previdência), empresas públicas vinculadas ao Ministério da Economia, recentemente foram incluídas no programa de desestatização federal. Ambas prestam serviços de informática à União por meio de contratos firmados com dispensa de licitação (art. 24, VIII e XVI, da Lei de Licitações).

Mas o que ocorrerá se essas empresas forem realmente privatizadas? Os contratos em andamento terão que ser extintos, com a subsequente relicitação dos serviços?

Essas perguntas foram objeto de consulta formulada por comissão da Câmara dos Deputados ao Tribunal de Contas da União (TCU) e respondidas por meio do Acórdão nº 2930/2019-P.

Quando responde a consultas, o Tribunal fixa entendimento geral acerca de "dúvida suscitada na aplicação de dispositivos legais e regulamentares concernentes a matéria de sua competência, na forma estabelecida no Regimento Interno" (art. 1º, XVII, da Lei Orgânica do TCU). Portanto, julga teses, não fatos específicos.

A Secretaria de Controle Externo de Aquisições Logísticas (Selog) concluiu que a administração não teria o dever de dar por encerrados contratos em andamento pelo simples fato de a empresa contratada ser privatizada. A decisão a respeito ficaria "a juízo da Administração", na forma do art. 78, XI, da Lei de Licitações. Para a Selog, contudo, seria vedada a prorrogação, ainda que os contratos tenham previsão expressa nesse sentido.

O relator, em voto seguido pelos demais ministros, acolheu parcialmente a proposta da área técnica. A divergência ficou circunscrita à prorrogação dos contratos. Na visão dos ministros, prorrogação seria uma faculdade da administração, "desde que prevista no instrumento convocatório e demonstrados o interesse público e a vantajosidade da medida".

O caso lembra debate já realizado pelo Supremo Tribunal Federal (STF).

Em meio à reorganização do sistema financeiro nacional na década de 1990, o STF foi indagado sobre a viabilidade jurídica de depósitos de disponibilidades de caixa de Estados, Distrito Federal e Municípios continuarem sendo feitos em bancos já privatizados (ADI-MC nº 2.600, ADI-MC nº 2.661 e Ação Cautelar 1). E respondeu que não, mesmo que houvesse autorização legal, pois isso violaria o princípio da moralidade administrativa. Nessas decisões, transpareceu a desconfiança política do STF para com a atribuição, a empresas do setor privado, de serviços muito estruturais à gestão pública (a hipótese era de guarda de recursos financeiros públicos).

STF e TCU, ao analisarem casos com questões jurídicas de fundo similares, chegaram a conclusões opostas. O STF, escorado no vaguíssimo princípio da moralidade, de conteúdo fluido e indefinido, tomou decisão surpreendente, e claramente política, quanto aos serviços financeiros. Em sua decisão recente quanto aos serviços de informática, o TCU proferiu decisão usando as regras legais e contratuais. Ao fazê-lo, evitou contaminar debate jurídico com ingredientes políticos e assim contribuiu para aumentar a segurança jurídica no mundo público.

Informação bibliográfica deste texto, conforme a NBR 6023:2018 da Associação Brasileira de Normas Técnicas (ABNT):

ROSILHO, André. Privatizações e o Tribunal de Contas da União: quando as autoridades de controle aplicam regras em vez de princípios vagos, a segurança jurídica prevalece. *In*: ROSILHO, André. (Org.). *Direito Administrativo e Controle de Contas*. Belo Horizonte: Fórum, 2023. p. 203-204. ISBN 978-65-5518-491-4.

TCU E O CASO DAS *GOLDEN SHARES*

RESPOSTA À CONSULTA TROUXE SEGURANÇA JURÍDICA ÀS DESESTATIZAÇÕES?

DANIEL BOGÉA

19.02.2020

O instrumento da consulta, previsto pelo artigo 1º, XVII, da Lei Orgânica do TCU, serve para que a Corte de Contas decida, em abstrato, qual seria a melhor interpretação sobre normas legais e infralegais. Cuida-se de peculiar competência de *caráter normativo* do órgão de controle, que tem por objetivo gerar maior segurança jurídica na aplicação de leis e regulamentos.

Dado seu caráter excepcional, o Regimento Interno do TCU reservou a um grupo seleto de autoridades públicas a prerrogativa de formular consultas (cf. art. 264). O Tribunal só pode exercer poder normativo em abstrato *se e quando* houver manifesto interesse de ente legitimado – isto é, quando houver incerteza jurídica acerca da interpretação mais consistente com o interesse público. Aqui, o pressuposto é o de que a atuação da Corte assume um *papel colaborativo* com a administração.

Se a agenda de desestatizações constitui o maior desafio do TCU em 2020 (cf. coluna anterior deste Observatório), consultas poderiam servir de mecanismo para uma gestão cooperativa entre o Governo e a Corte de Contas. Parece ter sido essa a *ratio* do então Ministro da Fazenda, Henrique Meirelles, quando, ainda em 2017, apresentou consulta ao Tribunal acerca da possibilidade de desfazimento de ações de classe especial, mais conhecidas como *golden shares*, em empresas em processo de desestatização.

O fato de a decisão final sobre a matéria ter sido tomada pelo plenário do TCU apenas em 12 de fevereiro de 2020 (j. Acórdão nº 2842020-P), após dois pedidos de vista dentro da Corte e a sucessão de três nomes na chefia da pasta ministerial que formulou a consulta, é indício de que, na prática, a teoria pode ser outra.

Qual interpretação sobre a questão submetida teria condições de gerar mais segurança jurídica? Duas posições formaram-se dentro do colegiado.

O ministro revisor Vital do Rêgo, de um lado, apresentou a visão de que a possibilidade de desfazimento das *golden shares* estaria condicionada à autorização legal expressa do Congresso Nacional, visto que a legislação não teria atribuído ao Executivo essa competência. De outro lado, o ministro Walton Alencar argumentou que a decisão sobre manutenção ou venda de ações de classe especial estaria dentro do espaço discricionário de decisão do Poder Executivo.

Enquanto o primeiro enfatizou que esse tipo de participação do Estado em empresas não se sustenta apenas em fundamentos de caráter financeiro e que, por isso, a decisão depende de lei, o segundo destacou o caráter transitório das *golden shares*, a necessidade de uma gestão dinâmica e o risco de diminuição do valor de mercado das empresas em decorrência da ingerência estatal.

Ao final, prevaleceu, por sete votos a dois, a primeira tese, de caráter mais formalista.

Se o Ministro da Fazenda, ao submeter consulta, pretendia agir de forma colaborativa com o Tribunal de Contas para gerar maior segurança jurídica à sua atuação, o próprio tempo que levou a tomada de decisão tornou inócua a estratégia.

A consulta não serviu aos propósitos daquele que lançou mão do instrumento, mas reforçou a centralidade do TCU em processos de desestatização. Para além de se manifestar de forma prévia em leilões e fiscalizar *a posteriori* contratações, a Corte de Contas também passa a exercer poder normativo de natureza abstrata sobre como as regras devem ser interpretadas por aqueles responsáveis por planejar, promover e gerir desestatizações.

Informação bibliográfica deste texto, conforme a NBR 6023:2018 da Associação Brasileira de Normas Técnicas (ABNT):

BOGÉA, Daniel. TCU e o caso das golden shares: resposta à consulta trouxe segurança jurídica às desestatizações? In: ROSILHO, André. (Org.). *Direito Administrativo e Controle de Contas*. Belo Horizonte: Fórum, 2023. p. 205-206. ISBN 978-65-5518-491-4.

O TCU COMO FIADOR DE REEQUILÍBRIOS?

FÓRMULAS INOVADORAS DE CONTROLE PRÉVIO REFORÇAM TENDÊNCIAS ANTERIORES À PANDEMIA

DANIEL BOGÉA

08.07.2020

A crise decorrente da pandemia parece longe do fim. Se entes regulados seguem impactados, os efeitos são distribuídos de forma desigual, tanto em razão da lógica econômica de cada setor quanto em função das particularidades de cada contrato.

O alardeado "novo normal" será produto de movimentos anteriores à crise. Mais do que criar novidades, a pandemia acelera tendências, explicita problemas e radicaliza consequências.

A necessidade de reequilíbrio de contratos de infraestrutura de transportes é um exemplo. Como reconhecido pela própria AGU (Parecer nº 261.2020), não resta dúvidas sobre a configuração de força maior ou caso fortuito a justificar a renegociação de parcerias.

A legislação de regência e os contratos já estabelecem todo instrumental jurídico necessário para lidar com os desequilíbrios.[1] O desafio maior é reequilibrar as avenças rapidamente, promovendo a continuidade de serviços e evitando o risco de quebra generalizada. A questão não é apenas *como* reequilibrar, mas *quando* fazê-lo.

Nessa equação, qual é o papel do TCU?

---

[1] Mesmo assim o legislador iniciou debates sobre um regime jurídico transitório (PLS nº 2139.2020).

Além do já anunciado Programa Coopera, que se propõe a remodelar o controle nesse período de crise com "orientação, parceria e diálogo", mais recentemente foi aventada a criação, no âmbito do TCU, de câmara de mediação para análise de reequilíbrios.

A solução comportaria um corpo de mediadores formado a partir de critérios definidos pelo Tribunal. Cada proposta firmada de maneira consensual na câmara seria então distribuída a um ministro relator da Corte, responsável por levar o tema a plenário em 30 dias.

Para além dos óbices jurídicos ao controle prévio, duas inclinações problemáticas ganhariam novos contornos na hipótese de concretização das câmaras mediadoras/controladoras:

1. A confusão entre controle e regulação poderia ser asseverada, com dificuldades ainda maiores de caracterização do papel de controle de segunda ordem do TCU (*problema de substituição do regulador*);
2. Com o propósito de resolver o problema da paralisia administrativa, a câmara de mediação poderia aumentar a dependência do gestor em relação ao controlador, fazendo com que aquele abdicasse de suas funções sempre que não contasse com a concordância prévia desse (*problema de acomodação do regulador*).

De forma mais elementar, um processo de mediação pressupõe relação de igualdade entre partes. Ocorre que a assimetria de poder decisório entre administração contratante, particular contratado e controlador estabeleceria um viés em favor da solução idealizada pelo órgão de auditoria.

Além disso, assumir o controle nessas bases atrairia ônus institucionais severos ao próprio Tribunal. A um, obrigaria o controlador a realizar análise célere, mesmo diante da provável enxurrada de casos com características próprias. A dois, demandaria validação controladora sem a possibilidade de revisão posterior, sob pena de se gerar insegurança jurídica.

O papel do TCU para a retomada do crescimento do país é, de fato, central. Talvez o melhor caminho seja o aperfeiçoamento institucional aderente ao marco jurídico posto, em lugar de fórmulas que impulsionem o controle prévio sem base constitucional evidente.

Informação bibliográfica deste texto, conforme a NBR 6023:2018 da Associação Brasileira de Normas Técnicas (ABNT):

BOGÉA, Daniel. O TCU como fiador de reequilíbrios? Fórmulas inovadoras de controle prévio reforçam tendências anteriores à pandemia. *In*: ROSILHO, André. (Org.). *Direito Administrativo e Controle de Contas*. Belo Horizonte: Fórum, 2023. p. 207-208. ISBN 978-65-5518-491-4.

TCU E A CONFIABILIDADE DO SISTEMA SICRO

INCONSISTÊNCIAS CRÔNICAS NO SICRO PODEM ESTIMULAR DISTORÇÕES EM CONTRATAÇÕES PÚBLICAS

GABRIELA DUQUE

22.07.2020

Recentemente, o Plenário do Tribunal de Contas da União (TCU) proferiu decisão em processo que monitora o cumprimento de recomendações feitas em auditoria sobre a confiabilidade do Sistema de Custos Referenciais de Obras do DNIT, o conhecido Sicro (Acórdão nº 971/2020 – Plenário).

O Sicro consiste em um sistema de referência de preços a partir do qual diversos órgãos da Administração Pública elaboram seus orçamentos para a contratação de obras rodoviárias e serviços de engenharia consultiva de diferentes setores.

A referência, adotada pelo TCU na análise da economicidade de contratos desde a década de 90, tornou-se parâmetro obrigatório em circunstâncias específicas segundo a Lei de Diretrizes Orçamentárias de 2010, o Decreto Federal nº 7.893, de 2013, a Lei nº 12.462, de 2011, e a Lei nº 13.303, de 2016, e terá sua aplicação generalizada caso a Nova Lei de Licitações (Projeto de Lei nº 1.292/1995) seja sancionada com a redação atual de seu projeto.

O voto do relator do acórdão, ministro Benjamin Zymler, narra nada menos que 16 anos de sucessivas recomendações para a correção de inconsistências no Sicro, com intervalos de anos entre a identificação de falhas pelo TCU e a sua eliminação pelo DNIT. Diversos acórdãos foram proferidos no curso da auditoria. De acordo com um deles, o Acórdão nº 1.692/2007 – Plenário, os preços do Sicro 2 chegaram a apresentar discrepâncias em relação aos índices setoriais divulgados pela Fundação Getúlio Vargas – FGV da ordem de até 70%, além de outras inconsistências. E o desfecho da recente decisão não destoa das anteriores: aponta falhas e a necessidade de aperfeiçoar a referência de preços do DNIT, agora sob a forma do Novo Sicro. O próprio TCU parece ter ressalvas quanto à confiabilidade do sistema.

A constatação da necessidade de correções e realinhamentos do Sicro era previsível. Não é tarefa fácil criar e manter atualizado um sistema que reflita a média nacional de preços em um país extenso e plural como o Brasil.

O problema se agrava quando o tabelamento, de baixa confiabilidade, deixa de ser utilizado apenas como subsídio no orçamento e análise de preços e passa a ser adotado como critério para a identificação de desvios em contratos, impondo a gestores públicos e contratados a difícil tarefa de demonstrar que este ou aquele preço da tabela não representa o valor de mercado de determinado serviço ou bem (muitas vezes em razão de inconsistências como as levantadas pelo TCU em auditorias).

Há anos o TCU luta para impor o Sicro na elaboração de orçamentos e no exame de contratos administrativos.

Contudo, a recente decisão revela que o próprio Tribunal vê problemas no sistema e não tem conseguido assegurar sua confiabilidade. Há risco de o Sicro estar gerando distorções nas contratações públicas, cujos preços tendem a reproduzir a referência a fim de afastar o ônus de comprovar sua inadequação – consequência essa amplificada diante da acolhida pelo legislador da obrigação de observância do sistema.

Informação bibliográfica deste texto, conforme a NBR 6023:2018 da Associação Brasileira de Normas Técnicas (ABNT):

DUQUE, Gabriela. TCU e a confiabilidade do Sistema Sicro: inconsistências crônicas no Sicro podem estimular distorções em contratações públicas. *In*: ROSILHO, André. (Org.). *Direito Administrativo e Controle de Contas*. Belo Horizonte: Fórum, 2023. p. 209-210. ISBN 978-65-5518-491-4.

EXISTE 'SUPERFATURAMENTO' TOLERÁVEL SEGUNDO O TCU?

DECISÕES RECENTES SINALIZAM QUE AINDA NÃO HÁ RESPOSTA FIRME PARA A PERGUNTA

GABRIELA DUQUE

16.09.2020

A existência de diferença tolerável entre os preços de referência adotados pelo TCU e o valor de contratos administrativos sempre foi tema de grandes discussões.

Anos atrás, não eram raras as decisões que tratavam diferenças em patamares próximos a 10% como *"variações naturais de mercado"* (Acórdão nº 394/2013-Plenário), inaptas, assim, para caracterizar superfaturamento. Com o passar do tempo, o TCU reviu sua posição e passou a afirmar inexistirem diferenças de preço toleráveis, considerando-as, ainda que em percentuais mínimos, superfaturamento (por exemplo, Acórdãos nº 1894/2011, nº 1155/2012, nº 3095/2014, nº 2132/2015, nº 3021/2015, todos do Plenário).

Recentemente, novas luzes foram lançadas sobre a questão. Em processo de tomada de contas especial, julgado em 17.6.2020, representante do Ministério Público junto ao TCU e ministro relator, Bruno Dantas, propuseram, em seus respectivos parecer e voto, julgar regulares as contas dos responsáveis (gestores públicos e empresas contratadas) por contrato de obras com "superfaturamento" de baixa representatividade (Acórdão nº 1537/2020 – Plenário).

Segundo o relator, duas seriam as circunstâncias a justificar o desfecho proposto. A primeira, a de o preço do contrato ter sido analisado a partir de amostra, selecionada segundo o método da Curva

ABC, correspondente a 60% do executado, subsistindo, assim, itens não examinados, cujos preços poderiam, em tese, alterar a conclusão da existência do superfaturamento (e, de acordo com a mesma lógica, majorá-lo). A segunda trata-se da baixa representatividade do "superfaturamento", que corresponderia a 0,68% do valor global do contrato, somando a importância de 3,6 milhões.

Em outra recente decisão (Acórdão nº 1965/2020 – Plenário), o ministro relator Raimundo Carrero considerou de "baixa materialidade" a diferença de 2,36% entre os valores de referência e o valor global do contrato, invocando o princípio da bagatela, o qual, segundo ele, seria adotado pela doutrina "para afastar a necessidade de recomposição dos valores aos cofres públicos".

Os casos têm suas peculiaridades. Mas é inegável que as recentes manifestações apontam para uma direção contrária ou, no mínimo, diferente da consolidada ao longo dos últimos anos pelo TCU, de total repulsa a qualquer diferença entre os preços de referência e o valor da contratação.

Afinal, quais são os parâmetros para a caracterização de superfaturamento em contratos administrativos? Para o TCU, pequenas diferenças entre valores de referência e preço global de contratos são variações naturais de mercado ou superfaturamento intolerável?

É importante que o Tribunal defina sua jurisprudência sobre o tema para que agentes públicos e privados envolvidos nas contratações públicas possam conformar suas condutas às orientações gerais do controlador. Fazê-lo é fundamental para que o TCU possa cumprir com sua missão pedagógica e para o incremento da segurança jurídica no âmbito do controle, em linha com os arts. 24 e 30 da Lei de Introdução às Normas do Direito Brasileiro.

Informação bibliográfica deste texto, conforme a NBR 6023:2018 da Associação Brasileira de Normas Técnicas (ABNT):

DUQUE, Gabriela. Existe 'superfaturamento' tolerável segundo o TCU? Decisões recentes sinalizam que ainda não há resposta firme para a pergunta. *In*: ROSILHO, André. (Org.). *Direito Administrativo e Controle de Contas*. Belo Horizonte: Fórum, 2023. p. 211-212. ISBN 978-65-5518-491-4.

TCU: SOBERANO DA REGULAÇÃO, MAS SEM OS ÔNUS DO REGULADOR
PARA AGIR COMO REGULADOR, TRIBUNAL DEVERIA MUDAR SUA GOVERNANÇA

GUSTAVO LEONARDO MAIA PEREIRA

28.10.2020

Na sessão plenária do último dia 30 de setembro, o TCU deferiu medida cautelar para impedir a ANTT de celebrar termo aditivo que viabilizaria a relicitação da concessão da BR 040 (trecho Brasília-Juiz de Fora).[1]

Sob relatoria da ministra Ana Arraes, o plenário chancelou manifestação da unidade técnica do Tribunal que não concordou com a metodologia de quantificação de bens reversíveis e de outros cálculos adotados pela agência reguladora. A medida é impactante: trava a primeira relicitação do setor rodoviário e passa uma mensagem clara de que nenhuma outra irá adiante sem o aval prévio do TCU.

A relicitação foi disciplinada pela Lei nº 13.448/2017 e foi concebida como uma alternativa inovadora de devolução coordenada e negociada de concessões em que o parceiro privado já não tem mais condições de executar a sua parte na avença. A legislação estipula uma série de requisitos a serem observados pelo poder concedente, e, embora preveja, de forma inédita, a obrigatoriedade de encaminhamento prévio de estudos ao TCU, não dá ao órgão de controle poder de agenda ou de veto.

---
[1] Acórdão nº 2.611/2020 – Plenário.

A medida não destoa da prática do Tribunal, que tem apostado no controle prévio – modelo que, como regra, foi rejeitado pela Constituição e pela legislação que estruturou o TCU – e em uma interpretação ampliativa de seu poder cautelar.[2]

É por medidas como essa que o TCU tem sido chamado pela literatura de "soberano da regulação"[3] ou mesmo de "super regulador".[4] Pedro Dutra e Thiago Reis apontam que o TCU arroga para si uma espécie de missão "reveladora" do interesse público, para com isso se legitimar a dar a última palavra nos assuntos regulatórios.

O TCU impõe à Administração Pública a sua concepção sobre o interesse público, construída com base em seus próprios critérios e metodologias, sem diálogo efetivo com os eventuais interessados no assunto e de difícil controlabilidade.

Do regulador exige-se que estruture processos transparentes, avalie custos e benefícios, promova a oitiva dos interessados e da sociedade civil, sempre sob a vigilância do Poder Judiciário. A Lei Geral das Agências, editada em 2019, procurou aperfeiçoar esses mecanismos e tornou mais rigoroso o processo de escolha dos dirigentes das agências.

Todo esse esforço de modernização das agências reguladoras e de melhoria da regulação terá uma eficácia limitada, pelo menos enquanto o TCU atuar como o "soberano da regulação".

Nenhum desses traços de arquitetura jurídico-institucional alcançam o órgão de controle, que tem dado a palavra final na regulação mesmo sem fazer análise de impacto regulatório, sem promover audiências e consultas públicas e sem submeter a escolha de seus membros aos mesmos requisitos exigidos dos reguladores.

Informação bibliográfica deste texto, conforme a NBR 6023:2018 da Associação Brasileira de Normas Técnicas (ABNT):

PEREIRA, Gustavo Leonardo Maia. TCU: soberano da regulação, mas sem os ônus do regulador: para agir como regulador, Tribunal deveria mudar sua governança. In: ROSILHO, André. (Org.). *Direito Administrativo e Controle de Contas*. Belo Horizonte: Fórum, 2023. p. 213-214. ISBN 978-65-5518-491-4.

---

[2] Ver JORDÃO, Eduardo. A intervenção do TCU sobre editais de licitação não publicados: controlador ou administrador? *Revista Brasileira de Direito Público – RBDP*, Belo Horizonte, ano 12, n. 47, p. 209-230, out./dez., 2014.

[3] Cf. DUTRA, Pedro; REIS, Thiago. *O Soberano da Regulação*: O TCU e a Infraestrutura. São Paulo: Editora Singular, 2020.

[4] Cf. DERBLI, Ludmila Santos. *O Tribunal de Contas da União e a indústria do petróleo*: uma super agência reguladora em formação? Dissertação de mestrado. FGV Direito Rio, 2019. Disponível em: http://bibliotecadigital.fgv.br/dspace/handle/10438/29556. Acesso em: 14 nov. 2022.

UMA NOVA LEI DE LICITAÇÕES E CONTRATOS COM CARIMBO DO TCU

HÁ DADOS QUE DEMONSTREM A VANTAJOSIDADE DAS SOLUÇÕES DO CONTROLE PARA AS CONTRATAÇÕES PÚBLICAS?

GABRIELA DUQUE

16.12.2020

Na última quinta-feira (10.12), foi aprovado pelo Senado Federal o Projeto de Lei nº 4.253/2020, a Nova Lei de Licitações e Contratos Administrativos. O texto, que segue para a sanção presidencial, evidencia a influência do Tribunal de Contas da União (TCU) em iniciativa legislativa que tramita há anos.

O projeto de lei incorpora a visão do TCU a diversos de seus dispositivos. Destaque para a regra do art. 127, segundo a qual, "nas contratações de obras e serviços de engenharia, a diferença percentual entre o valor global do contrato e o preço global de referência não poderá ser reduzida em favor do contratado em decorrência de aditamentos que modifiquem a planilha orçamentária".

Essa polêmica regra nasceu na jurisprudência do TCU em 2004,[1] desenhada a partir de método criado para a apuração dos prejuízos sofridos pelo erário em razão da prática do chamado "jogo de planilha". Em 2008, foi positivada através da LDO de 2009 – e repetida, com algumas mudanças, nas LDOs de 2010 a 2013. Em 2013,

---

[1] Acordão nº 1.755.2004 – Plenário. A decisão criou o "método do desconto", que substituiu o "método do balanço", o qual, por sua vez, havia sido proposto no Acórdão nº 583/2003 – Plenário.

foi incorporada ao Decreto Federal nº 7.983, que trata da orçamentação de obras no âmbito da União. Com a promulgação da Nova Lei de Licitações e Contratos Administrativos, ganhará o *status* de norma geral, embora não existam estudos que demonstrem sua vantajosidade para as contratações públicas.

A influência da jurisprudência do TCU também parece estar presente na proibição da compensação entre acréscimos e supressões nos contratos para fins da aplicação do limite de alterações, e na não incidência desse teto em determinadas hipóteses, que haviam sido previstas, respectivamente, nos §§2ª e 13 do art. 101 no PLS nº 559.2013, mas não foram incorporadas ao Substitutivo da Câmara dos Deputados aprovado.

A crise reputacional vivenciada pela Administração Pública brasileira nos últimos anos abriu espaço para órgãos de controle ampliarem sua influência.

No caso do TCU, esse movimento tem sido reforçado por sua própria jurisprudência e por normas internas. Agora, ao que tudo indica, estamos diante de outro movimento: a perenização do posicionamento de órgãos de controle em lei. O fenômeno não é propriamente novo, mas o projeto de lei aprovado pelo Senado o escancara.

O TCU pode fazer importantes contribuições ao aperfeiçoamento das leis que versem sobre o objeto de sua fiscalização. No entanto, é fundamental que as propostas tenham base na experiência, em resultados medidos a partir da realidade. De outro lado, é importante que o Legislativo não se impressione com argumentos de autoridade ou baseados apenas em prestígio institucional. Parece imprescindível que a incorporação de ideias a leis gerais seja acompanhada de dados, de análise prévia de seus efeitos concretos. Empirismo na reforma jurídica é central para evitar desastres nacionais.

Informação bibliográfica deste texto, conforme a NBR 6023:2018 da Associação Brasileira de Normas Técnicas (ABNT):

DUQUE, Gabriela. Uma nova lei de licitações e contratos com carimbo do TCU: há dados que demonstrem a vantajosidade das soluções do controle para as contratações públicas? *In*: ROSILHO, André. (Org.). *Direito Administrativo e Controle de Contas*. Belo Horizonte: Fórum, 2023. p. 215-216. ISBN 978-65-5518-491-4.

LICITAÇÃO DO 5G

CRISE DE IDENTIDADE NA ADMINISTRAÇÃO E NO CONTROLE: INTERAÇÃO ENTRE TCU E ANATEL ILUSTRA GOVERNANÇA PÚBLICA DISFUNCIONAL E INCONSTITUCIONAL

ANDRÉ ROSILHO

08.09.2021

A licitação do 5G será a maior oferta de espectro de radiofrequência da história da Agência Nacional de Telecomunicações (Anatel).

Em 25 de agosto, o Tribunal de Contas da União (TCU) se manifestou sobre o edital do 5G. Pelo acórdão nº 2032/2021 – Plenário, emitiu um conjunto de recomendações ao regulador e condicionou a publicação do edital ao cumprimento de uma série de determinações.

A aprovação prévia de desestatizações pelo TCU não tem base em lei. Foi inventada pelo Tribunal por ato normativo interno (instrução normativa nº 27.1998, substituída pela instrução normativa 81.2018).

No caso do 5G, uma das considerações de técnicos e ministros, dentre outras, foi a relacionada a seu uso para aumentar a conectividade de escolas públicas de educação básica, uma demanda de parlamentares.

A SeinfraCom, ao constatar a "ausência de compromissos no edital do 5G relacionados à conectividade de escolas públicas", propôs que se recomendasse à ANATEL "a conveniência e oportunidade de incluir compromissos no edital do leilão do 5G que estabele[cessem] a obrigação de conectividade das escolas públicas de educação básica, com qualidade e velocidade necessárias para o uso pedagógico das TIC

[Tecnologia da Informação e Comunicação] nas atividades educacionais regulamentadas pela Política de Inovação Educação Conectada".

Mesmo ciente de que "não cabe ao TCU definir as políticas públicas", o ministro relator propôs converter a sugestão em determinação.

Por conta de ressalvas de outros ministros e do "compromisso público assumido pelo Ministro das Comunicações (...) de que dará a este assunto tratamento idêntico ao que daria se constasse do acórdão do TCU como determinação, e não como recomendação", o relator cedeu. Sua decisão foi seguida pela maioria.

Em nota, o Ministro das Comunicações, que não é o regulador, revelou entusiasmo: "nós do Ministério das Comunicações acataremos [essa recomendação] como DETERMINAÇÃO e implantaremos essa política pública!".

O acórdão ilustra o já documentado fenômeno da assunção do papel de corregulador pelo TCU, à margem da Constituição e das leis. No caso, ele funcionou como esfera de pressão política. Usou seu poder de veto para levar o Executivo a tomar medida que, ao ver de certos grupos, seria boa à luz do interesse público.

A defesa da participação do controle na tomada de decisões normalmente recorre a argumento pragmático: o consenso *ex-ante* com o controle seria útil para aprimorar decisões e trazer segurança jurídica.

Mas não faz sentido, em um Estado de Direito, ler as competências de instituições estatais com desprezo ao Direito e de modo utilitarista, a partir de resultados que se espera alcançar com seu exercício.

Afora isso, a se levar o argumento a sério, por que limitar o consenso prévio ao TCU? Outros controles teriam algo a agregar? Certamente sim.

Consensos amplos e prévios podem melhorar a decisão a ser tomada. Mas há custos inerentes à multiplicação de vetos. Aumentam-se os riscos de paralisia decisória, de pressões obscuras, de sabotagens políticas, de apropriação de projetos por grupos de interesses etc. Talvez por isso a legislação tenha optado por priorizar controles *a posteriori*.

Não é possível naturalizar a assunção de administração ativa por órgãos de controle. O Brasil vive inúmeras crises. Mas a principal delas, em linha com Lara Resende, talvez seja a de governança pública. Para superá-la será preciso retomar a Constituição para, assim, ressignificar a relação entre controle e administração.

Informação bibliográfica deste texto, conforme a NBR 6023:2018 da Associação Brasileira de Normas Técnicas (ABNT):

ROSILHO, André. Licitação do 5G: crise de identidade na administração e no controle: Interação entre TCU e ANATEL ilustra governança pública disfuncional e inconstitucional. *In*: ROSILHO, André. (Org.). *Direito Administrativo e Controle de Contas*. Belo Horizonte: Fórum, 2023. p. 217-219. ISBN 978-65-5518-491-4.

A QUEM CABE DIZER O QUE É O INTERESSE PÚBLICO?

CONTROLE PRÉVIO INCONSTITUCIONAL APOIADO EM CONCEITOS INDETERMINADOS ABRE MARGEM PARA ARBÍTRIO

ANDRÉ ROSILHO
YASSER GABRIEL

22.09.2021

Interesse público é conceito celebridade no Direito brasileiro: famoso, todo mundo crê conhecê-lo com alguma intimidade. Mas embora possa orientar e, em alguma extensão, justificar o agir de órgãos e entidades públicas, também pode, em situações análogas, legitimamente levar a soluções práticas muito diferentes entre si.

A indeterminação não é problema, desde que decisões concretas fundadas no interesse público sejam acompanhadas de justificativa razoável e suficiente (art. 20, *caput* e parágrafo único, da Lei de Introdução às Normas do Direito Brasileiro). A análise que o Tribunal de Contas da União fez a respeito da implementação do *automated people mover* (APM) no aeroporto de Guarulhos ajuda a ilustrar o ponto.

Setembro de 2021. O ministro Vital do Rêgo determinou, cautelar e monocraticamente, a suspensão de aditivo contratual celebrado entre a Agência Nacional de Aviação Civil e a GRU Airport, concessionária do aeroporto de Guarulhos.

O aditivo previu a implementação do APM ligando os terminais aeroportuários à Linha 13 da Companhia Paulista de Trens Metropolitanos – hoje, a integração é feita por ônibus disponibilizados pela concessionária. A ideia, semelhante à adotada em aeroportos mundo afora, é facilitar o acesso a aeroportos.

Segundo a decisão, não teria ficado claro o interesse público a justificar a substituição do ônibus. É que não teriam sido apresentados ao TCU documentos que permitissem avaliar adequadamente, em comparação a outras formas de transporte, a vantajosidade do APM.

O argumento havia aparecido em decisão anterior, tomada no mesmo caso, em que se considerou não haver "manifestação conclusiva quanto à existência de interesse público no empreendimento" (acórdão nº 407/2021).

Duas questões. Primeira, não há normas legais ou constitucionais dando ao TCU competência para fazer controle prévio de contratações públicas – preocupação recorrente desta coluna. Segunda, o TCU parece ter partido da premissa de que a solução de interesse público para o caso concreto só poderia ter sido definida por meio de consenso com o controle.

A falta de motivação apropriada de fato é problemática. E o interesse público pode ter, sim, caráter normativo mais forte, ao menos para cobrar fundamentação adequada da autoridade. Mas é preciso atentar para o uso de conceitos indeterminados no controle da administração, sobretudo quando realizado de modo prévio. O risco é de arbítrio, de ingerência indevida do controle na atividade administrativa.

No caso, a insatisfação decorreu da suposta insuficiência das justificativas para a escolha do APM: "A fumaça do bom direito continua sendo a ausência dos estudos comparativos que demonstrem a etapa de pré-viabilidade e o alcance do interesse público para balizar a escolha do sistema APM".

O ministro relator parece não ter ficado intimamente convencido que adoção da tecnologia seria a melhor opção à luz do interesse público. Mas seria papel do TCU, órgão de controle de contas, dizer se a solução proposta pela administração atende, ou não, a esse princípio?

No final, o argumento do *interesse público* soa como uma autobiografia: parece dizer mais sobre quem o invoca do que sobre o público ao qual ele deve servir.

Informação bibliográfica deste texto, conforme a NBR 6023:2018 da Associação Brasileira de Normas Técnicas (ABNT):

ROSILHO, André; GABRIEL, Yasser. A quem cabe dizer o que é o interesse público? Controle prévio inconstitucional apoiado em conceitos indeterminados abre margem para arbítrio. In: ROSILHO, André. (Org.). *Direito Administrativo e Controle de Contas*. Belo Horizonte: Fórum, 2023. p. 221-222. ISBN 978-65-5518-491-4.

TCU E A APLICAÇÃO DA NOVA LEI DE LICITAÇÕES E CONTRATOS

EM DECISÃO, O TCU DECIDIU RELATIVIZAR DISPOSITIVO DA LEI Nº 14.133/2021

VITÓRIA DAMASCENO

29.12.2021

A nova Lei de Licitações e Contratos Administrativos (Lei nº 14.133/2021) entrou em vigor em junho deste ano. Uma das inovações que trouxe foi o Portal Nacional de Contratações Públicas (PNCP), sítio oficial para divulgação centralizada e obrigatória dos atos exigidos pelo diploma legal.

Em agosto, a Secretaria-Geral de Administração do TCU (Segedam) – unidade que gerencia as atividades administrativas do Tribunal – apresentou consulta quanto à possibilidade de se aplicar imediatamente – isto é, antes de o PNCP estar disponível – disposição da Lei nº 14.133/2021 referente à contratação direta de bens e serviços com valores inferiores a R$50 mil (art. 75, II). A proposta visaria conferir agilidade aos processos de compras da Corte de Contas.

A dúvida surgiu tendo em vista os "vários dispositivos na NLLC [Nova Lei de Licitações e Contratos] que fazem menções a necessidades de regulamentos e à divulgação dos contratos e seus aditamentos (...) como condição indispensável para suas eficácias".

A Consultoria-Geral da União, por exemplo, havia emitido parecer no sentido de que a lei não teria eficácia técnica enquanto o PNCP não estivesse em funcionamento. Tal fato não importaria em prejuízo ao interesse público, visto que nos dois primeiros anos de vigência a contratação poderia ser efetuada com base em diplomas anteriores (art. 191 c.c art. 193, II).

Em 13 de outubro de 2021, após manifestações favoráveis da área técnica e da Consultoria Jurídica, a matéria foi apreciada pelo Plenário do TCU, por meio do Acórdão nº 2.458/2021-P, com foco no "aparente conflito" da utilização de uma lei sem que as respectivas ferramentas tecnológicas estivessem concluídas.

Na oportunidade, fazendo uso de interpretação lógico-sistemática, os Ministros concluíram pela possibilidade de afastar a literalidade do art. 94, que exige a divulgação no PNCP como condição para a eficácia do contrato.

Isso porque não seria razoável limitar a eficácia da lei, que deveria entrar em vigor na data de sua publicação, à utilização de um portal previsto em seu próprio texto. Tal eficácia, segundo o Tribunal, "somente poderia ser limitada mediante previsão expressa no corpo da lei".

Ao final, então, o TCU respondeu que seria possível a utilização do art. 75, II, da nova lei, em caráter transitório e excepcional, até que fossem concluídas as medidas necessárias ao efetivo acesso às funcionalidades do PNCP, devendo ser utilizado o Diário Oficial da União como mecanismo complementar para promoção da transparência enquanto isso.

Em que pese a transitoriedade e a excepcionalidade da decisão, bem como a previsão de medida para suprir o atendimento ao princípio da publicidade, fato é que a Corte de Contas relativizou, para o caso, dispositivo da nova lei. Por outro lado, paradoxalmente, o fez visando a estimular a aplicação do diploma.

Com o tempo, o TCU firmou-se como importante intérprete da legislação brasileira de licitações e contratos. Agora, caso a caso, passa a explicitar sua visão acerca da nova lei. A presente decisão soma-se a outras, como a em que o Tribunal concluiu pela inconstitucionalidade formal e material de dispositivos da Lei nº 14.133/21 referentes ao controle de contas.[1]

Os contornos definitivos do diploma, portanto, advirão não só da leitura das normas em abstrato, mas também de sua aplicação concreta por órgãos de controle e pelo Judiciário. A situação suscita

---

[1] O assunto foi objeto de duas colunas anteriores do Observatório do TCU: "O preço do protagonismo: se o TCU é parte da decisão administrativa, faz sentido que tenha prazo para decidir?"; e "Tribunais de contas são imunes às leis de processo?".

reflexão: qual seria a firmeza das disposições introduzidas pela lei em face de decisões do Tribunal?

Informação bibliográfica deste texto, conforme a NBR 6023:2018 da Associação Brasileira de Normas Técnicas (ABNT):

DAMASCENO, Vitória. TCU e a aplicação da nova Lei de Licitações e Contratos: em decisão, o TCU decidiu relativizar dispositivo da Lei nº 14.133/2021. *In*: ROSILHO, André. (Org.). *Direito Administrativo e Controle de Contas*. Belo Horizonte: Fórum, 2023. p. 223-225. ISBN 978-65-5518-491-4.

RETROSPECTIVA E PERSPECTIVAS NA APLICAÇÃO DA LEI DE LICITAÇÕES PELO TCU
JURISPRUDÊNCIA GERA DÚVIDAS SOBRE O VALOR DA LEI NA CORREÇÃO DE ATOS DA ADMINISTRAÇÃO PÚBLICA

GABRIELA DUQUE

05.01.2022

Parcela relevante dos recursos do orçamento da União transita por contratos administrativos. O fato permite afirmar: (a) as leis gerais de licitações e contratos administrativos consistem em importante instrumento no controle externo exercido pelo TCU; e (b) a interpretação dada pela Corte de Contas a seus dispositivos interfere concretamente no comportamento da Administração Pública brasileira. É fundamental, pois, avaliar continuamente a forma como o TCU os aplica.

Em uma análise retrospectiva, parece que o Tribunal nem sempre se ateve às prescrições da Lei nº 8.666/93. Sob a justificativa de interpretação lógico-sistemática ou com base em princípios jurídicos, por vezes exigiu do gestor público o cumprimento de regras no processamento de licitações e condução de contratos não expressas na lei, ao menos claramente.

O tema das alterações contratuais, tratado no art. 65 da Lei nº 8.666/93, certamente foi o que mais recebeu acréscimos pela jurisprudência do TCU. A Corte de Contas definiu a obrigatoriedade de avaliação em separado dos acréscimos e supressões no objeto contratual, para fins de aplicação do limite de 25% (Acórdão nº 794/2010 –Plenário); aplicou o teto também às alterações qualitativas, mesmo que não repercutissem no volume do objeto e valor do contrato (Acórdão nº 1.26/2016 –Plenário); e ainda disse que as modificações não poderiam implicar na redução da diferença percentual entre o valor da proposta original do contratante e o do orçamento base da licitação (Acórdão nº 1.755/2004 – Plenário).

Embora seja louvável a intenção do TCU (evitar a transfiguração do objeto da licitação e danos ao erário público), a criação de exigências adicionais gera indesejáveis dúvidas no gestor público sobre o valor da lei na correção de seus atos.

Em 2021, adveio a Lei nº 14.133/21, a nova Lei de Licitações e Contratos Administrativos. O TCU participou ativamente do processo legislativo. Teve sua jurisprudência absorvida por alguns de seus dispositivos,[1] e recusada na definição do texto de outros. Diante das inferências extraídas da análise retrospectiva, é irresistível a seguinte pergunta: o TCU se satisfará com o resultado do processo democrático-legislativo do qual participou ou sua jurisprudência seguirá acrescendo regras à norma geral de licitações e contratos ao avaliar a conformidade dos atos da Administração?

Recentemente, esta coluna chamou a atenção para o Acórdão nº 2.458/2021 –Plenário, que relativizou o art. 94 da Lei nº 14.133/21 e orientou a Administração Pública a proceder de forma contrária ao prescrito no dispositivo. Espera-se que a decisão não seja um sinal de que o TCU continuará a colocar em dúvida o valor da lei para a higidez dos atos da administração. O Tribunal, segundo determina o art. 30 da Lei de Introdução às Normas do Direito Brasileiro, deve atuar para aumentar a segurança jurídica na aplicação das normas.

Informação bibliográfica deste texto, conforme a NBR 6023:2018 da Associação Brasileira de Normas Técnicas (ABNT):

DUQUE, Gabriela. Retrospectiva e perspectivas na aplicação da Lei de Licitações pelo TCU: jurisprudência gera dúvidas sobre o valor da lei na correção de atos da Administração Pública. In: ROSILHO, André. (Org.). *Direito Administrativo e Controle de Contas*. Belo Horizonte: Fórum, 2023. p. 227-228. ISBN 978-65-5518-491-4.

---

[1] O tema foi tratado do texto "Uma nova lei de licitações e contratos com carimbo do TCU", publicado nesta mesma coluna em 16.12.2020.

DE ONDE VEM O 'PODER' DO TCU PARA BARRAR DESESTATIZAÇÕES?

SE CONTROLE PRÉVIO É BOM, FALTOU COMBINAR COM O DIREITO

DANIEL BOGÉA

ANDRÉ ROSILHO

EDUARDO JORDÃO

02.02.2022

É fato: com base em norma interna, o Tribunal de Contas da União (TCU) tem realizado controle prévio de processos de desestatização. Há pouco, por exemplo, deu sinal verde para a concessão da Companhia Docas do Espírito Santo depois que o governo acatou seus apontamentos (Acórdão nº 2.931/2021).

Há intenso debate sobre a conveniência do controle prévio em contratações públicas. De um lado, há quem sustente que o modelo diminui a capacidade dos gestores de tomar decisões, transformando-os em braço quase mecânico do controle. A tendência de acatar o que o TCU propõe decorre de um mix de instinto de sobrevivência (temor de responsabilização), pragmatismo (para agilizar, melhor aceitar) e esperteza (acatar os apontamentos para partilhar riscos). De outro, há quem sustente que ele é fundamental para prevenir modelagens contratuais equivocadas e aperfeiçoar trabalhos técnicos insuficientes e defeituosos.

Mas o direito brasileiro atribui ao TCU o poder de realizar controle prévio de contratações públicas?

A Constituição optou pelo controle *a posteriori* como regra. A reconstrução dos trabalhos da Assembleia Nacional Constituinte corrobora essa conclusão.[1] Especificamente em relação a contratos, a Constituição de 1988, repetindo a fórmula que passou a ser adotada pela Constituição de 1967, não conferiu ao TCU qualquer poder de veto prévio.

É sedutora a retórica segundo a qual a intervenção prévia seria condição para a efetividade do controle. Por essa lógica, a atuação *ex-ante* seria necessária para proteger o erário de maus gestores e de órgãos com deficiências estruturais de capacidade regulatória. Mas o limite do controle externo não pode ser redesenhado para além das fronteiras da Constituição. A própria concepção do Estado de Direito contém em seu núcleo a proteção de meios para evitar sua subversão pelos fins.

No plano legal, a Lei nº 8.666/93 autoriza o controle de editais de licitação, mas apenas após sua publicação (artigo 113, §2º). A Lei nº 14.133/21, por sua vez, autoriza o tribunal a "suspender cautelarmente o processo licitatório" (artigo 171, §1º). Ao fazê-lo, o diploma não se referiu à fase preparatória, claro, mas ao que vem depois do edital – do contrário, seria incompatível com a Constituição.

Normalmente apontado pelo TCU como base legal para controle prévio de desestatizações, o artigo 18, VIII, da Lei nº 9.491/97, diz tão somente que compete ao gestor do Fundo Nacional de Desestatização "preparar a documentação dos processos de desestatização, para apreciação do Tribunal de Contas da União".

A lei limita-se a afirmar que o Tribunal irá apreciar (e não aprovar previamente) os documentos relativos a processo de desestatização; não lhe confere poder adicional aos que previu a Constituição.[2] O dispositivo, aliás, vigora há 31 anos (desde o artigo 21, XIII, da Lei nº 8.031/90). Se dele se extraísse competência para controle prévio, teria o TCU se eximido de exercê-la até 1995, quando editou a primeira norma interna sobre o tema (IN 10)?

---

[1] Ver ROSILHO, André. *Tribunal de Contas da União* – competências, jurisdição e instrumentos de controle. São Paulo: Quartier Latin, 2019. p. 74 e ss.
[2] Cf. JORDÃO, Eduardo. A intervenção do Tribunal de Contas da União sobre editais de licitação não publicados: controlador ou administrador? *In*: JORDÃO, Eduardo. *Tribunal de Contas da União no Direito e na Realidade*. São Paulo: Almedina, 2020. p. 349.

O TCU pode emitir opinião quando quiser sobre temas de gestão pública. Mas em matéria contratual, sua opinião prévia não é impositiva, não tem força jurídica. No que tange ao controle prévio de contratações, o TCU agigantado não é escolha do Direito.

Informação bibliográfica deste texto, conforme a NBR 6023:2018 da Associação Brasileira de Normas Técnicas (ABNT):

BOGÉA, Daniel; ROSILHO, André; JORDÃO, Eduardo. De onde vem o 'poder' do TCU para barrar desestatizações? Se controle prévio é bom, faltou combinar com o Direito. In: ROSILHO, André. (Org.). *Direito Administrativo e Controle de Contas*. Belo Horizonte: Fórum, 2023. p. 229-231. ISBN 978-65-5518-491-4.

NULIDADE DOS CONTRATOS E DESAFIOS DO TCU

ART. 147 DA NOVA LEI DE LICITAÇÕES PODE ESTIMULAR O TCU A AGIR FORA DE SUAS COMPETÊNCIAS

GABRIELA DUQUE

16.03.2022

A Lei nº 14.133/2021 trouxe significativos avanços na teoria das nulidades dos atos administrativos em geral (incluídos aí atos, procedimentos e contratos), abrandando o exercício da autotutela pela Administração Pública, a fim de compô-lo com a necessidade de atendimento ao interesse público e maior atenção à boa-fé, à segurança jurídica e aos direitos de terceiros.

O art. 147 determina que a decisão sobre a suspensão da execução ou declaração de nulidade de contrato apenas deve ocorrer quando se revelar medida de interesse público, com avaliação de aspectos diversos, dentre eles, os riscos sociais, ambientais e à segurança da população local decorrentes do atraso na fruição dos benefícios do objeto do contrato, a motivação social e ambiental do contrato e o fechamento de postos de trabalho diretos e indiretos em razão da paralisação.

A regra reforça a dimensão política dessa espécie de decisão. A paralisação das obras de construção de uma rodovia postergará o uso do equipamento pela população. O encerramento de contrato de fornecimento de merendas para a rede pública de educação pode significar redução da frequência dos alunos nas aulas. Há repercussões práticas a serem consideradas, cuja avaliação é própria do Executivo.

O parágrafo único do dispositivo diz genericamente ser o Poder Público o destinatário da norma. Caso a interpretação seja pela inclusão do controlador dentre os entes obrigados a observá-la, adotando-se o sentido amplo da expressão Poder Público, o TCU estará obrigado a examinar, dentre outros, questões ambientais e sociais ao exercer a competência que a jurisprudência vem lhe atribuindo de suspender[1] ou determinar[2] que a Administração Pública anule contratos administrativos.

É necessário refletir sobre se o legislador quis ou poderia ter lançado a órgão técnico, cuja competência foi constitucionalmente limitada a matérias de ordem contábil, financeira, orçamentária e patrimonial da Administração Pública, o desafio de avaliar referidos aspectos. A resposta positiva traz o risco de estimular o TCU a agir fora de suas competências e atuar em áreas estranhas à sua expertise técnica.

Ainda não é possível apontar uma tendência na postura do TCU sobre o tema. O texto constitucional não parece admitir que o controlador se torne revisor geral dos contratos administrativos em seus mais variados aspectos.

Informação bibliográfica deste texto, conforme a NBR 6023:2018 da Associação Brasileira de Normas Técnicas (ABNT):

DUQUE, Gabriela. Nulidade dos contratos e desafios do TCU: Art. 147 da nova Lei de Licitações pode estimular o TCU a agir fora de suas competências. *In*: ROSILHO, André. (Org.). *Direito Administrativo e Controle de Contas*. Belo Horizonte: Fórum, 2023. p. 233-234. ISBN 978-65-5518-491-4.

---

[1] O TCU tem se utilizado do art. 276 do RITCU e de decisões do STF para fazer valer larga competência cautelar inclusive quanto aos contratos.
[2] No julgamento do MS 23.550.DF, o STF disse ter o TCU disse ter "competência, conforme art. 71, IX, para determinar à autoridade administrativa que promova a anulação do contrato e, se for o caso, da licitação de que se originou" (STF. MS 23.550.DF, Rel. Min. Marco Aurélio, Tribunal Pleno, julgado em 04 abr. 2001, publicado em DJ de 31 out. 2001).

PARTE 5

PODER CAUTELAR NO CONTROLE DE CONTAS

POR CAUTELA, O TCU PODE TUDO?
PARA STF, TCU INVADIU ESPAÇO DO EXECUTIVO AO SUSTAR PROCESSO DE CONCILIAÇÃO

ANDRÉ ROSILHO

04.10.2017

Alguns dos contratos de concessão de usinas hidrelétricas operadas pela Companhia Energética de Minas Gerais (CEMIG) venceram entre 2013 e 2017. A CEMIG não aceitou prorrogá-los antecipadamente mediante redução tarifária conforme a MP nº 579.2012 (convertida na Lei nº 12.783/2013). Pleiteou que a prorrogação se desse na forma das regras contratuais. O impasse foi judicializado – primeiro no STJ (MS nº 20.432), depois no STF (RMS nº 34.203 e AC nº 3980).

Uma série de fatos demonstrava a preferência da União por licitar as concessões – por exemplo, a edição da Resolução nº12/2017 pelo Conselho Nacional de Política Energética (estabelecendo parâmetros técnicos e econômicos para a licitação de empreendimentos de geração análogos aos da CEMIG); a edição da Portaria nº 133/2017 pelo Ministério de Minas e Energia (exigindo que a ANEEL licitasse as usinas da CEMIG); a remessa ao TCU dos primeiros documentos do certame; a publicação do edital; a realização de *roadshow* com potenciais interessados nos contratos; e a republicação do edital.

Mas após o início da fase externa da licitação, o Executivo acenou com a possibilidade de prorrogar as concessões da CEMIG por acordo. O STF, inclusive, acatou o pedido de adiamento do julgamento das ações à luz da possível instauração de procedimento perante a Câmara de Conciliação e Arbitragem da Administração Federal da AGU.

No entanto, o TCU resolveu interferir. Impôs cautelarmente que a AGU e o Executivo se abstivessem "de adotar quaisquer condutas relacionadas às negociações com a CEMIG" e condicionou a retomada dessas negociações à demonstração do "interesse público tutelado com a medida e seus reflexos para o erário, para o consumidor de energia elétrica e para a sustentabilidade do setor", "sob pena de responsabilização das autoridades competentes" (itens 9.2. e 9.5. do acórdão nº 1.971/2017 – Plenário).

De fato, a União emitiu sinais contraditórios ao conduzir processos de licitação e de negociação em paralelo. Tem razão o TCU: esse tipo de postura é inconveniente, gerando incertezas. Mas não é ilegal. Assim, a ordem do TCU extrapolava suas competências. Isso fez com que o Min. Toffoli, do STF, a suspendesse (MS nº 35192), afirmando ter havido "substituição da esfera de atuação administrativa" e interferência "na discricionariedade das partes judiciais quanto ao interesse em conciliar". A competência cautelar do TCU está bem delimitada pelo ordenamento (compete-lhe sustar *atos* por ilegalidade, dizem a Constituição e sua lei orgânica). Inconveniências não são ilegalidades.

O TCU não constatou ilegalidades em atos e não podia sustar um processo de conciliação. Foi por isso que o STF agora reagiu, mesmo tendo outrora reconhecido ao TCU um poder geral de cautela. Mas a reação ainda foi pontual. Não seria o caso de o STF rever a sua jurisprudência, reconhecendo com assertividade que não existe a ampla competência cautelar que o TCU tem invocado?

Informação bibliográfica deste texto, conforme a NBR 6023:2018 da Associação Brasileira de Normas Técnicas (ABNT):

ROSILHO, André. Por cautela, o TCU pode tudo? Para STF, TCU invadiu espaço do Executivo ao sustar processo de conciliação. *In*: ROSILHO, André. (Org.). *Direito Administrativo e Controle de Contas*. Belo Horizonte: Fórum, 2023. p. 237-238. ISBN 978-65-5518-491-4.

INDISPONIBILIDADE DE BENS DE CONTRATADOS PELO TCU

QUAL É O CRITÉRIO? MANEJO DA MEDIDA PODE SUSCITAR APLICAÇÃO DO ART. 27 DA LINDB

ANDRÉ ROSILHO

05.09.2018

As decisões do TCU, como as do Judiciário, têm de ser pautadas por critérios consistentes. Arbitrariedades são vedadas pelo Direito brasileiro. Logo, a se admitir que o TCU decrete a indisponibilidade de bens de contratados pela administração – a Coluna Controle Público já argumentou que a medida não tem base no ordenamento – é fundamental identificar os elementos que conduzem à edição da medida constritiva de direitos. O acórdão nº 874/2018 (rel. Min. Bruno Dantas) é bom ponto de partida para o debate.

O caso envolvia fiscalização do contrato de obras civis da usina termonuclear de Angra 3. Em face de indícios de sobrepreço e superfaturamento nas obras, gestão fraudulenta do contrato e gestão temerária, o TCU, por maioria, decidiu decretar, cautelarmente, pelo prazo de um ano, a indisponibilidade de bens da empresa. O fato de essa ter celebrado acordo de leniência não impediu a aplicação da medida, pois ela não estaria colaborando satisfatoriamente com as investigações do Tribunal. O mandado de segurança que ela havia impetrado no STF para evitar a declaração de inidoneidade pelo TCU revelaria indisposição para cooperar (MS nº 35.435).

De acordo com o relator, a indisponibilidade de bens de contratados exigiria, em essência, a presença de dois fatores: *periculum in mora* e *fumus boni iuris*.

O *periculum in mora* poderia ser presumido, dispensando a existência de indícios de dilapidação de patrimônio, a partir da "grandiosidade dos montantes estimados" e da "gravidade e da robustez dos indícios de comportamento ilícito dos possíveis responsáveis" – entendimento da Min. Rosa Weber, do STF (MS nº 34.446), citado pelo relator. No caso, não haveria *periculum in mora* reverso – risco de a constrição de bens comprometer a saúde financeira da empresa, prejudicando o ressarcimento de valores –, pois a companhia continuaria apta a contratar com o estado. Quanto ao *fumus boni iuris*, esse decorreria da gravidade das irregularidades e da reprovabilidade das condutas em apuração.

Do acórdão nº 874/2018 se extrai a seguinte *ratio decidendi*:

A suspeita de irregularidades graves relacionadas a contratos que envolvam montantes altos gera a indisponibilidade de bens da empresa contratada, salvo se o TCU a houver declarado inidônea. A existência de acordo de leniência só poderá levar à aplicação de sanções premiais se a companhia atender a todas as exigências do TCU. Eventual ingresso da empresa em juízo para obter proteção contra ações do TCU será interpretado em seu desfavor, como indício de resistência à cooperação.

Trata-se de critério problemático. Se utilizado como regra, haveria decretação de indisponibilidade de bens de empresa contratada em quase todas as investigações (as suspeitas de irregularidades em contratos públicos em geral são graves e envolvem montantes elevados).

Talvez a decisão resulte de resistências da empresa em cooperar "satisfatoriamente". Se esse for o caso, o TCU estaria manejando medida constritiva de direitos para induzi-la a acatar suas determinações. Ocorre que induções como essa são perigosas, pois podem gerar a responsabilização patrimonial do estado. É que, segundo o novo art. 27 da Lei de Introdução às Normas do Direito Brasileiro, o acusado que, em processo sancionador (ou de responsabilidade), nas esferas administrativa ou controladora, vir a sofrer prejuízo anormal ou injusto em virtude de decisões processuais sem justa causa, ou de omissões processuais da autoridade, tem direito subjetivo à compensação.

Informação bibliográfica deste texto, conforme a NBR 6023:2018 da Associação Brasileira de Normas Técnicas (ABNT):

ROSILHO, André. Indisponibilidade de bens de contratados pelo TCU: qual é o critério? Manejo da medida pode suscitar aplicação do art. 27 da LINDB. In: ROSILHO, André. (Org.). *Direito Administrativo e Controle de Contas*. Belo Horizonte: Fórum, 2023. p. 239-240. ISBN 978-65-5518-491-4.

AUTOCONTENÇÃO DO TCU?
PROBLEMAS NA EXECUÇÃO DA INDISPONIBILIDADE DE BENS COLOCAM EM XEQUE A EFICÁCIA DA CAUTELAR

ANDRÉ ROSILHO

25.09.2019

Em fevereiro de 2018, o Tribunal de Contas da União (TCU) decidiu declarar, pelo prazo de um ano (o máximo admitido em lei), a indisponibilidade de bens de pessoas físicas e jurídica contratadas para obra (Acórdão nº 296/2018 – Plenário). Agora, em julho de 2019, coube ao TCU avaliar se haveria fundamento jurídico para a prorrogação da cautelar em relação a uma dessas pessoas físicas (Acórdão nº 1.657/2019 – Plenário).

A unidade técnica do Tribunal, responsável pela instrução do processo, entendeu que sim. Mas o relator, Benjamin Zymler, em posicionamento seguido pelos demais ministros, entendeu que não.

Zymler lembrou que o TCU tem deixado de prorrogar a indisponibilidade de bens. Segundo ele, casos assim estariam sendo avaliados pelo Tribunal por "uma perspectiva pragmática", considerando "(i) os elevados esforços envolvidos na instrução processual e na operacionalização das medidas; (ii) o risco de sua reversão no Poder Judiciário, haja vista decisões [do Supremo Tribunal Federal] ora confirmando, ora suspendendo deliberações do TCU; (iii) a sua baixa efetividade no tocante a pessoas físicas, em face dos substanciais danos em apuração; e (iv) a necessidade de harmonizar a garantia à livre disposição do direito de propriedade, a tutela do patrimônio público e os princípios da eficiência e da razoável duração do processo".

O TCU também estaria levando em conta as "dificuldades enfrentadas pelas unidades técnicas para localizar e avaliar os bens dos responsáveis, bem como tratar os direitos de terceiros de boa-fé". A conclusão do relator foi enfática: as medidas cautelares não só seriam "absolutamente inócuas se mantida a atual sistemática de trabalho por parte da Secretaria deste Tribunal", como representariam "elevado esforço processual" que poderia "comprometer a devida celeridade na instrução de mérito dos demais processos em tramitação".

O interessante é que boa parte dos fundamentos da decisão do TCU se aplica não só à prorrogação da cautelar de indisponibilidade de bens de pessoas físicas contratadas, mas também à sua concessão inicial.

Em ambas as situações a instrução e operacionalização da medida envolveriam "elevados esforços"; sua efetividade seria baixa se considerados "os substanciais danos em apuração"; haveria necessidade de "harmonizar a garantia à livre disposição do direito de propriedade, a tutela do patrimônio público e os princípios da eficiência e da razoável duração do processo"; e estariam presentes as dificuldades técnicas para "localizar e avaliar os bens dos responsáveis, bem como tratar os direitos de terceiros de boa-fé".

O uso intensivo da cautelar de indisponibilidade de bens em face de fornecedores da administração é recente. Em análises anteriores, o Observatório do TCU da FGV Direito SP + Sociedade Brasileira de Direito Público (SBDP) demonstrou que as normas jurídicas não conferiram ao Tribunal a competência para declarar indisponíveis bens de meros fornecedores do estado. Nesse momento, dificuldades práticas na implementação da medida parecem gerar dúvidas quanto à sua eficácia. Após o TCU testar os limites de seus poderes, seria esse o início de um movimento de autocontenção?

Informação bibliográfica deste texto, conforme a NBR 6023:2018 da Associação Brasileira de Normas Técnicas (ABNT):

ROSILHO, André. Autocontenção do TCU? Problemas na execução da indisponibilidade de bens colocam em xeque a eficácia da cautelar. In: ROSILHO, André. (Org.). *Direito Administrativo e Controle de Contas*. Belo Horizonte: Fórum, 2023. p. 241-242. ISBN 978-65-5518-491-4.

QUANTO E QUAL PODER DE CAUTELA PARA O TCU?

IDEIA DE PODER GERAL DE CAUTELA IMPLÍCITO NÃO CONDIZ COM TEXTO CONSTITUCIONAL

EDUARDO JORDÃO

02.01.2020

Desejo para 2020: que o Supremo Tribunal Federal (STF) e o próprio Tribunal de Contas da União (TCU) levem mais a sério a disciplina constitucional do poder de cautela da Corte de Contas.

A compreensão atual, seguindo acórdão originário do STF de 2004, é de existência de um "poder geral de cautela" implícito nos poderes corretivos que a Constituição Federal (CF) prevê ao TCU, como forma de torná-los efetivos.

Mas a ideia de competências constitucionais implícitas só faz sentido se for compatível com o sistema de competências atribuído explicitamente pela Constituição. Ora, a Constituição *não foi silente* sobre a existência de poder cautelar ao TCU. Ela o previu *expressamente*.

O art. 71, X, da CF prevê que o TCU poderá determinar a *sustação* dos efeitos de atos administrativos irregulares. Essa sustação é justamente uma medida cautelar: não anula o ato administrativo nem decide definitivamente sobre sua regularidade. Consiste em providência para evitar que se realizem os efeitos de ato que causaria danos ao erário público até a solução definitiva da questão – medida cautelar, portanto.

Só que a CF não apenas previu qual competência cautelar deteria o TCU, mas também disciplinou o seu exercício. A leitura combinada dos arts, 71, IX e X deixa claro que a sustação dos efeitos de atos irregulares pelo TCU (i) será precedida do esgotamento de prazo que o próprio

TCU assinar para que as autoridades pertinentes adotem as soluções cabíveis e (ii) será seguida da comunicação da decisão de sustação à Câmara e ao Senado.

Essa é a *extensão* do poder cautelar concedido ao TCU e esse é o *procedimento* que deve ser seguido para exercê-lo. Reivindicar poder geral de cautela que permita ao TCU (i) aplicar outras medidas cautelares ou (ii) suspender atos administrativos sem seguir esse procedimento não é identificar implicitamente competências que o próprio constituinte teria pretendido estabelecer – é desmantelar e ignorar a sistemática específica que ele previu para a hipótese.

Argumento muito utilizado para defender tal poder geral de cautela é que a atuação preventiva do TCU evitaria dano ao erário. Mas esse argumento tem que ser colocado em perspectiva.

Em primeiro lugar, nos casos em que o TCU entender haver uma ilegalidade num projeto de infraestrutura, por exemplo, o que se tem não é *necessariamente* um prenúncio de dano, mas apenas um entendimento de uma entidade neste sentido. Mas haverá também entendimento de outra instituição (da Administração Pública) em sentido contrário.

Em segundo lugar, mesmo que o TCU tenha razão, não é possível supor que a negação a este órgão de um poder geral de cautela implique necessariamente a concretização do dano. É que o direito prevê os remédios para que eles não ocorram. Os interessados em evitá-lo devem recorrer ao Poder Judiciário para obter um provimento liminar cautelar neste sentido. É o Poder Judiciário que, na sistemática constitucional, tem poder geral de cautela.

Reconhecer "poder geral implícito de cautela" ao TCU não é criar solução jurídica para uma situação em que o direito não prevê nenhuma: é substituir a solução prevista pelo direito por outra que se julga mais adequada.

Informação bibliográfica deste texto, conforme a NBR 6023:2018 da Associação Brasileira de Normas Técnicas (ABNT):

JORDÃO, Eduardo. Quanto e qual poder de cautela para o TCU? Ideia de poder geral de cautela implícito não condiz com texto constitucional. *In*: ROSILHO, André. (Org.). *Direito Administrativo e Controle de Contas*. Belo Horizonte: Fórum, 2023. p. 243-244. ISBN 978-65-5518-491-4.

TCU ENTRE O DIÁLOGO E O PORRETE: DOIS POLOS DO CONTROLE DA REGULAÇÃO

FATO É QUE A CORTE VALE-SE DE AMPLO LEQUE DE FERRAMENTAS PARA EXERCER O CONTROLE EXTERNO

DANIEL BOGÉA

09.09.2020

O controle exercido pelo Tribunal de Contas da União (TCU) sobre reguladores pode assumir diferentes facetas. Tanto no que diz respeito às justificativas quanto às formas, o TCU pode adotar abordagem mais deferente, vocacionada ao estabelecimento de diálogo construtivo com o regulador, ou postura mais interventiva, emitindo atos de comando para bloquear decisões regulatórias.

Em tempos recentes, o controlador deu mostras dessa multiplicidade de ferramentas.

Em dois processos apreciados durante sessão de julgamento em agosto deste ano, o plenário referendou por unanimidade medidas cautelares para suspender decisões da Agência Nacional de Transportes Terrestres no âmbito de rodovias federais concedidas (Acórdãos nº 2.111 e 2.112).

O primeiro caso cuidava de representação formulada por parlamentares para suspender a alteração da tarifa de pedágio cobrada no complexo rodoviário denominado Polo de Concessão Rodoviária Pelotas.RS (TC nº 025.955.2020-9), enquanto o segundo cuidava de representação formulada por secretaria técnica do próprio TCU, com pedido de suspensão da assinatura de termo aditivo a contrato de

concessão referente às obras do Contorno de Florianópolis.BR-116.376.
PR e BR-101.SC (TC 026.406.2020-9).

Se é possível estabelecer gradação entre os tipos de abordagem do controle, a adoção de medidas cautelares para suspender decisões regulatórias deve ser classificada entre os mais gravosos. Nessas hipóteses, o ônus argumentativo assumido pelo Tribunal é mais severo, porém isso não tem impedido a Corte de manejá-las com frequência. Cautelares fazem parte de seu repertório rotineiro de decisões.

Já em setembro, o Tribunal de Contas valeu-se de ferramenta mais próxima ao polo da deferência. Por meio de plataforma virtual, o TCU realizou painel de referência sobre auditoria que conduz em face da Companhia Docas do Estado do Rio de Janeiro.

Através de painéis de referência, o TCU antecipa caminhos que vem tomando em auditorias, além de receber *inputs* de interessados antes da conclusão de suas instruções técnicas, ampliando a participação social e reduzindo assimetrias informacionais. Cuida-se de instrumento inovador, que merece ser exaltado e replicado, já tendo sido adotado em casos sobre saneamento básico, publicidade governamental, infraestrutura ferroviária, praticagem e terminais portuários.

Ainda que se trate de ferramenta mais vocacionada a auditorias operacionais, que possuem escopo mais amplo para a análise de economicidade, eficiência e efetividade de políticas públicas setoriais, deve-se observar que a prática também pode ser utilizada em casos concretos de ampla repercussão, como já fez o próprio Tribunal no caso da prorrogação da malha ferroviária paulista.

Independentemente da controvérsia jurídica acerca dos limites das competências declinadas pela Constituição ao TCU, fato é que a Corte vale-se de amplo leque de ferramentas para exercer o controle externo. Na prática, é necessário reforçar a cautela adicional que deve embasar ações de cunho mais interventivo, além de incentivar a adoção de ferramentas que propiciem uma postura mais dialógica e instrutiva por parte do controlador.

Informação bibliográfica deste texto, conforme a NBR 6023:2018 da Associação Brasileira de Normas Técnicas (ABNT):

BOGÉA, Daniel. TCU entre o diálogo e o porrete: dois polos do controle da regulação: fato é que a Corte vale-se de amplo leque de ferramentas para exercer o controle externo. In: ROSILHO, André. (Org.). *Direito Administrativo e Controle de Contas*. Belo Horizonte: Fórum, 2023. p. 245-246. ISBN 978-65-5518-491-4.

LIMITES À EFETIVIDADE DE CAUTELARES RESTRITIVAS DE BENS NO TCU
APRIMORAMENTO DAS MEDIDAS DE URGÊNCIA DEVE OCORRER DENTRO DOS LIMITES LEGAIS

VITÓRIA DAMASCENO

14.10.2020

O TCU faz uso de medidas cautelares de constrição patrimonial para resguardar o ressarcimento de danos em apuração. Os limites para imposição e execução de medidas dessa natureza são frequentemente debatidos, inclusive perante o Supremo Tribunal Federal,[1] sendo que recentemente foram colocadas em questão as condições para arresto de bens de responsáveis.

O arresto de bens oriundo de processo de controle externo está previsto no art. 61 da Lei nº 8.443/1992 e, diferentemente das demais medidas cautelares, não é operacionalizado pelo próprio TCU, mas pelo Judiciário mediante provocação da Advocacia-Geral da União pela Corte de Contas. Recentemente, contudo, a AGU levantou possível incompatibilidade do instituto com o CPC.15, o que foi levado ao Plenário da Corte em comunicação do Ministro Benjamin Zymler.[2]

---

[1] Está em aberto o entendimento do STF quanto à possibilidade de se prorrogar cautelar de indisponibilidade de bens além do prazo de um ano (art. 44, §2º, da Lei nº 8.443/1992), como se observa no MS nº 34233 e no MS nº 34545, entre outros. Além disso, foi questionada ao Supremo a competência cautelar do TCU para impor a indisponibilidade de bens a particulares, mas os processos em questão – MS nº 34357, MS nº 34410, MS nº 34421, MS nº 34392 e MS nº 35506 – foram extintos por perda de objeto.

[2] Comunicação do Ministro Benjamin Zymler na Sessão Plenária de 12.08.2020.

A questão foi suscitada no TC nº 021.534.2017-9, processo autuado para viabilizar a indisponibilidade de bens de gestor público condenado em débito por superfaturamento nas obras da Ferrovia Norte-Sul (FNS). Segundo a AGU, o caso não comportaria a cautelar de arresto de bens, pois, não tendo havido o trânsito em julgado no âmbito da Corte de Contas, não seria ajuizada ação judicial principal no intervalo de 30 dias, em desacordo com a Súmula nº 482 do STJ.[3]

Ocorre que, no entendimento do TCU, aguardar o trânsito em julgado "tornaria inútil e sem sentido [o arresto de bens], visto que se trata de medida de natureza cautelar".[4] Para o Tribunal, o arresto de bens previsto em lei só seria eficaz se pudesse ser manejado antes do encerramento do trâmite na jurisdição de contas.

Essa não é a primeira oportunidade em que a eficácia de cautelares de constrição patrimonial foi debatida pelo TCU. Em 2019, também em processo referente à FNS (Acórdão nº 1657/2019-TCU-P), o TCU deixou de prorrogar indisponibilidade de bens em razão de sua baixa efetividade no caso de pessoas físicas, assim como de outras dificuldades na sua aplicação.[5] A decisão foi abordada em coluna anterior do Observatório do TCU, que aventou o início de um movimento de autocontenção do Tribunal.

Naquela oportunidade, determinou-se a constituição de grupo de trabalho a fim de eliminar as dificuldades de identificação de bens de responsáveis e avaliar a efetividade dessa medida. Agora, com o novo posicionamento da AGU, decidiu-se incluir no escopo desse grupo de trabalho a apresentação de possíveis alternativas para dar concretude à medida de arresto de bens, amoldando-a ao CPC.15.[6]

Diante das dificuldades enfrentadas na utilização de medidas cautelares, o TCU está numa encruzilhada: como garantir o ressarcimento ao erário dentro dos limites legais? Como trazer eficácia e efetividade ao controle sem cometer excessos?

Pelo caráter gravoso dessas medidas, trata-se de discussão delicada, que deve ser sopesada com a efetiva necessidade de constrições patrimoniais em cada caso concreto. Nesse cenário, é positiva a iniciativa

---

[3] Súmula nº 482.STJ: "A falta de ajuizamento da ação principal no prazo do art. 806 do CPC acarreta a perda da eficácia da liminar deferida e a extinção do processo cautelar".
[4] Despacho do Ministro Benjamin Zymler no TC nº 021.534.2017-9, em 11.08.2020.
[5] A mesma preocupação havia sido levantada em decisões anteriores, tais como o Acórdão nº 735/2019-TCU-P e o Acórdão nº 1375/2019-TCU-P.
[6] Ordem de Serviço-TCU nº 09, de 02 de setembro de 2020. Disponível no BTCU Ano 53, nº 169, de 04.09.2020.

da Corte de Contas de se aprofundar no tema e buscar soluções viáveis, condizentes com as normas jurídicas em vigor.

Informação bibliográfica deste texto, conforme a NBR 6023:2018 da Associação Brasileira de Normas Técnicas (ABNT):

DAMASCENO, Vitória. Limites à efetividade de cautelares restritivas de bens no TCU: aprimoramento das medidas de urgência deve ocorrer dentro dos limites legais. In: ROSILHO, André. (Org.). *Direito Administrativo e Controle de Contas*. Belo Horizonte: Fórum, 2023. p. 247-249. ISBN 978-65-5518-491-4.

O USO DE CAUTELARES E A ROTA DE AUTOCONTENÇÃO DO TCU

O SINUOSO CAMINHO DA MODERAÇÃO DO CONTROLE

GUSTAVO LEONARDO MAIA PEREIRA

24.03.2021

Nesta mesma coluna, André Braga apontou na recente edição da Resolução TCU nº 315.2020, que dispõe sobre a elaboração das deliberações do Tribunal – as famosas determinações e recomendações –, indício de que o Tribunal de Contas da União (TCU) estaria em rota de autocontenção.

A revogação recente de medidas cautelares de grande impacto no setor rodoviário pode ser sinal de que meu colega esteja certo.

Em agosto de 2020, o plenário do TCU proferiu medida cautelar para impedir a ANTT de celebrar termo aditivo a contrato de concessão referente às obras do contorno rodoviário de Florianópolis; em novembro, a cautelar foi revogada, ficando autorizada a assinatura do aditivo, desde que observadas algumas condicionantes.[1] No final de setembro, foi deferida cautelar para impedir a ANTT de celebrar termo aditivo que viabilizaria a primeira relicitação do setor; um mês depois, também foi revogada.[2] Em 04 de março de 2021, o ministro Raimundo Carreiro deferiu cautelar para suspender 14 mil de linhas de ônibus autorizadas pela ANTT; em 17 de março, o plenário negou

---

[1] Acórdão nº 2.957/2020, rel. Min. Raimundo Carreiro.
[2] Acórdão nº 2.924/2020, rel. Min. Ana Arraes.

referendo à medida, mas determinou à ANTT que apresentasse plano para demonstrar sua capacidade de fiscalização.[3]

O uso de cautelares é um dos principais mecanismos utilizados pelo TCU para participar de decisões típicas de gestão pública. Desconectado da Constituição e de sua Lei Orgânica, o próprio Tribunal, por meio do seu regimento interno (art. 276) e com apoio em decisões esparsas do Supremo Tribunal Federal (STF), atribuiu a si uma espécie de poder geral de cautela.

Enquanto a Constituição estipulou poderes cautelares específicos – por exemplo, autorizando o TCU a sustar, mediante prévia oitiva do órgão responsável, ato administrativo de gestão financeira quando constatada ilegalidade –, o regimento interno previu competência cautelar geral e abrangente, voltada a tutelar o *interesse público*. Em nome desse valor abstrato, fluido, "autorizou" o Tribunal a suspender não só atos, mas também procedimentos, e determinar outras providências, sem ouvir a Administração.

É a tese do poder geral de cautela que em boa medida tem viabilizado a interferência do TCU na regulação,[4] matéria que, em regra, sequer tem conexão com as finanças públicas.

Mesmo dando sinais de autocontenção, a rota do controle é sinuosa. Isso porque o TCU não parece propenso a rever o alcance de seu poder cautelar, de modo a aproximá-lo dos limites constitucionais. A carta do poder geral de cautela permanece na manga. Além disso, mesmo ao dar sinais de recuo, o TCU lança dúvidas sobre a capacidade institucional de reguladores e marca posição fazendo suas exigências, sinalizando, assim, não estar disposto a abrir mão de intervir em temas sensíveis.

Espera-se, de toda forma, que o destino final desse percurso seja um controle mais equilibrado, capaz de colaborar, mas sem paralisar ou substituir a gestão pública.

Informação bibliográfica deste texto, conforme a NBR 6023:2018 da Associação Brasileira de Normas Técnicas (ABNT):

PEREIRA, Gustavo Leonardo Maia. O uso de cautelares e a rota de autocontenção do TCU: o sinuoso caminho da moderação do controle. *In*: ROSILHO, André. (Org.). *Direito Administrativo e Controle de Contas*. Belo Horizonte: Fórum, 2023. p. 251-252. ISBN 978-65-5518-491-4.

---

[3] Processo nº 033.359.2020-2.
[4] Cf. PEREIRA, Gustavo Leonardo Maia. O Tribunal de Contas da União como Regulador de Segunda Ordem: um Estudo de Casos sobre o Controle da Regulação de Infraestrutura. *In*: SUNDFELD, Carlos Ari; ROSILHO, André (Orgs.). *Tribunal de Contas da União no Direito e na Realidade*. São Paulo: Almedina, 2020.

TRIBUNAIS DE CONTAS PODEM SUSTAR CONTRATOS?

NOVA LEI DE LICITAÇÕES REFORÇA LÓGICA CONSTITUCIONAL

CONRADO TRISTÃO

15.09.2021

A Constituição de 1988 atribui aos tribunais de contas a fiscalização de atos e contratos públicos. Diante de potencial ilegalidade, devem conferir prazo à administração para sua correção. Se não forem atendidos, no caso de ato, podem determinar a sustação. Mas para contratos, a ordem de suspensão cabe ao Poder Legislativo (art. 71, IX, X e §§1º e 2º).

A lógica constitucional é que a decisão sobre a interrupção de contratos, devido ao potencial impacto sobre interesses gerais, deve levar em conta outros elementos para além do juízo técnico de regularidade próprio dos tribunais de contas.

É por isso que, no âmbito federal, o Congresso Nacional já estabeleceu em leis de diretrizes orçamentárias que sua decisão sobre sustação de contratos impugnados pelo tribunal de contas considerará aspectos como "impactos econômicos" e "riscos sociais", "decorrentes do atraso na fruição dos benefícios do empreendimento".

Contudo, tribunais de contas, por diferentes caminhos, têm buscado sustar contratos. O Tribunal de Contas da União (TCU), por exemplo, entende ser possível a "determinação de retenções cautelares" à administração para "suspensão dos pagamentos" à contratada – o que, na prática, enseja a própria paralisação do contrato.

Provavelmente atento a essa situação, o legislador, na nova Lei de Licitações (Lei nº 14.133/2021), reforçou a lógica constitucional para sustação de contratos.

Previu que, "constatada irregularidade (...) na execução contratual, (...) a decisão sobre a suspensão da execução (...) do contrato somente será adotada na hipótese em que se revelar medida de interesse público" (art. 147). Para verificação do interesse público, repetiu os aspectos já previstos nas leis de diretrizes orçamentárias e acrescentou outros, como "fechamento de postos de trabalho" e "custo de oportunidade".

E "caso a paralisação (...) não se revele medida de interesse público, o poder público deverá optar pela continuidade do contrato", sem prejuízo de "indenização por perdas e danos" e "apuração de responsabilidades".

"Poder público" implica tanto a esfera controladora como administrativa. Isso significa que os tribunais de contas devem adequar suas recomendações aos aspectos previstos na nova lei. Mais importante: esclarece que a própria administração pode decidir por não buscar a paralisação de contrato com possível irregularidade, quando entender que o resultado seria negativo ao interesse público.

A regra tem sua razão de ser: a administração, em geral, estará em posição mais vantajosa do que os tribunais de contas para verificar se a interrupção do contrato se revela medida de interesse público – por exemplo, diante da "motivação social e ambiental do contrato".

E se o tribunal de contas e a administração chegarem a conclusões diferentes sobre a interrupção do contrato? A Constituição já tem a resposta: em âmbito extrajudicial, caberá ao Legislativo decidir.

A regra constitucional para sustação de contratos tem lógica, e a nova lei de licitações vem para reforçá-la.

Informação bibliográfica deste texto, conforme a NBR 6023:2018 da Associação Brasileira de Normas Técnicas (ABNT):

TRISTÃO, Conrado. Tribunais de contas podem sustar contratos? Nova lei de licitações reforça lógica constitucional. *In*: ROSILHO, André. (Org.). *Direito Administrativo e Controle de Contas*. Belo Horizonte: Fórum, 2023. p. 253-254. ISBN 978-65-5518-491-4.

PARTE 6
RESPONSABILIZAÇÃO E SANÇÕES NO CONTROLE DE CONTAS

MAIS OU MENOS INIDÔNEO?

TCU PARECE ENTENDER QUE A DECLARAÇÃO DE INIDONEIDADE INDEPENDE DE CRITÉRIOS CONSISTENTES DE DOSIMETRIA

YASSER GABRIEL

18.04.2018

O TCU recebeu da lei competência para aplicar declaração de inidoneidade a licitantes, impedindo a participação em licitação na Administração Pública federal por até cinco anos (art. 46, Lei nº 8.443/92).

O ano de 2018 tem sido interessante para demonstrar como o tribunal utiliza a sanção. Foram julgados casos que tratavam de ilegalidades na licitação da Petrobras para contratação de obras de implementação da Refinaria de Abreu e Lima (acórdãos nº 300/2018 e nº 414/2018) e na contratação direta no Departamento Regional do SENAI em Rondônia para serviços de reparação elétrica emergencial (acórdão nº 185/2018). Neles, o TCU fez uso de sua competência sancionadora.

No caso Abreu e Lima, duas empresas foram declaradas inidôneas por três anos. O tribunal concluiu que ambas haviam deliberadamente se eximido de participar de licitações para frustrar o caráter competitivo dos certames, cujos resultados haviam sido previamente acordados e os valores de contratação somavam R$2,85 bilhões.

Já no caso SENAI, quatro empresas foram declaradas inidôneas por cinco anos. Sobre o caso: após pesquisa de preço da qual todas as empresas participaram, o SENAI contratou diretamente uma delas, com base em seu regulamento interno, para realizar serviços elétricos emergenciais no valor de R$189.337,09. O tribunal entendeu que a pesquisa de preços havia sido forjada de modo a direcionar a contratação e todas as empresas deveriam ser sancionadas.

Os casos demonstram que, para o tribunal, há licitantes mais inidôneos que outros. Isso porque nem todos ficarão impedidos para participar de licitações pelo mesmo prazo. A gradação da duração da sanção tem lógica. É que a inidoneidade pode ser aferida de acordo com a gravidade da conduta do licitante, valor da contratação e tamanho do dano ao erário, por exemplo. A sanção, portanto, deve ser adequada ao caso.

E como o TCU realiza essa gradação?

No caso Abreu e Lima, utilizou as dosimetrias feitas por sua unidade técnica e pelo Ministério Público de Contas. Concluiu o tribunal que a conduta das empresas era reprovável em menor grau se comparada à das demais empresas envolvidas no caso. Justificava-se, assim, não aplicar a sanção máxima. Sob essa ótica, o critério parece fazer sentido. Mas a coerência é colocada em xeque se confrontada ao caso SENAI: nele, estava-se diante de contrato com valor muito inferior aos de Abreu e Lima e, sem qualquer tentativa de dosagem da penalidade no acórdão, foi aplicada a sanção máxima.

O TCU parece entender que não precisa seguir critérios consistentes para aplicar a sanção. O fato ameaça a segurança jurídica. Afinal, o tribunal impõe ônus muito pesado a terceiros, que ficarão impossibilitados de contratar com a administração, baseado em amarras muito frouxas para si, que não se preocupa em mostrar coerência entre suas decisões. Parece imprevisível saber quando, aos olhos do TCU, alguém será mais ou menos inidôneo.

Informação bibliográfica deste texto, conforme a NBR 6023:2018 da Associação Brasileira de Normas Técnicas (ABNT):

GABRIEL, Yasser. Mais ou menos inidôneo? TCU parece entender que a declaração de inidoneidade independe de critérios consistentes de dosimetria. *In*: ROSILHO, André. (Org.). *Direito Administrativo e Controle de Contas*. Belo Horizonte: Fórum, 2023. p. 257-258. ISBN 978-65-5518-491-4.

QUEM É O 'ADMINISTRADOR MÉDIO' DO TCU?

LINDB EXIGE QUE CONDUTAS SEJAM AVALIADAS A PARTIR DA REALIDADE

JULIANA BONACORSI DE PALMA

22.08.2018

Aprovada a Lei nº 13.655/18, que modificou a Lei de Introdução às Normas do Direito Brasileiro (LINDB), as atenções agora se voltam à sua aplicação concreta, especialmente por órgãos de controle. O Acórdão nº 1.628/2018 do TCU usou a LINDB como parâmetro para avaliar a responsabilidade de agentes públicos. Um deles (o responsável pela homologação do certame) foi responsabilizado, pois sua conduta teria destoado da do "administrador médio", cuja diligência, cautela e lealdade teriam impedido a ocorrência de certas falhas. Esse tipo ideal jamais teria autorizado a contratação direta de empresas cujos sócios fossem funcionários públicos da contratante; teria preferido acionar a Procuradoria. Tratou-se da primeira tentativa de harmonizar o tipo ideal "administrador médio", recorrente na jurisprudência do TCU, à LINDB reformada. O resultado foi este: para o Tribunal, o que destoar da razoabilidade de sua conduta é erro grosseiro.

Dentre as várias métricas que o TCU se vale para responsabilizar, a do administrador médio é a mais pitoresca. Nada menos de 133 acórdãos se referem a ela. O teste consiste em comparar o comportamento avaliado com o esperado do administrador médio, tomado como razoável ("razoabilidade da conduta"); se a carapuça do administrador médio não servir, responsabiliza-se. As sanções somente seriam manejadas em situações extremas, quando fosse "*nítido o distanciamento do critério de atuação esperado, considerando a também vaga noção de administrador médio"*, ou quando fossem *"descumpridas determinações anteriores"* (Ac. nº 2575/2014; Ac. nº 2160/2014).

Mas quem é o administrador médio do TCU? Para o Tribunal, o administrador médio é, antes de tudo, um sujeito leal, cauteloso e diligente (Ac. nº 1781/2017; Ac. nº 243/2010; Ac. nº 3288/2011). Sua conduta é sempre razoável e irrepreensível, orientada por um senso comum que extrai das normas seu verdadeiro sentido teleológico (Ac. 3493/2010; Ac. 117/2010). Quanto ao grau de conhecimento técnico exigido, o TCU titubeia. Por um lado, precisa ser sabedor de práticas habituais e consolidadas, dominando com maestria os instrumentos jurídicos (Ac. nº 2151/2013; Ac. nº 1659/2017). Por outro, requer do administrador médio o básico fundamental, não lhe exigindo exame de detalhes de minutas de ajustes ou acordos administrativos que lhe sejam submetidos à aprovação, por exemplo (Ac. nº 4424/2018; Ac. nº 3241/2013; Ac. nº 3170/2013; nº 740/2013). Sua atuação é preventiva: ele devolve os valores acrescidos da remuneração por aplicação financeira aos cofres federais com prestação de contas e não se apressa para aplicar esses recursos (Ac. nº 8658.2011; Ac. nº 3170.2013). Não deixa de verificar a regularidade dos pagamentos sob sua responsabilidade (Ac. nº 4636/2012), não descumpre determinação do TCU e não se envolve pessoalmente em irregularidades administrativas (Ac. nº 2139/2010).

Com a Lei nº 13.655/18, essa construção é desafiada. É falso deduzir o erro grosseiro do parâmetro de comportamento do administrador médio pelo simples fato de que essa figura não existe: é uma idealização forjada a partir da premissa de que gestores públicos, ungidos pelo concurso público, seriam seres sublimes. Eis o choque de realidade provocado pela LINDB atual: gestores são seres humanos que enfrentam obstáculos e dificuldades reais e erram. Se o erro é escusável e não há má-fé, merecem proteção (art. 28). Mas isso é aferível apenas caso a caso. Leonardo Coelho Ribeiro tem razão: com a ideia de administrador médio, o TCU parece supor a existência *"de um 'administrador médium', dotado de presciência capaz de antecipar as visões futuras do controlador"* ("Vetos à LINDB, o TCU e o erro grosseiro dão boas-vindas ao 'administrador médium'". Conjur, 8.8.2018).

Informação bibliográfica deste texto, conforme a NBR 6023:2018 da Associação Brasileira de Normas Técnicas (ABNT):

PALMA, Juliana Bonacorsi de. Quem é o 'administrador médio' do TCU? LINDB exige que condutas sejam avaliadas a partir da realidade. *In*: ROSILHO, André. (Org.). *Direito Administrativo e Controle de Contas*. Belo Horizonte: Fórum, 2023. p. 259-260. ISBN 978-65-5518-491-4.

PODE O TCU INABILITAR CONTRATADO A OCUPAR CARGO PÚBLICO?

LEI DIZ QUE ESSA SANÇÃO SÓ SE APLICA A GESTOR DE RECURSOS PÚBLICOS

ANDRÉ ROSILHO

31.10.2018

  O Tribunal de Contas da União (TCU) decidiu que a sanção de inabilitação para cargo ou função de confiança pode ser aplicada a dirigente de empresa contratada que tiver concorrido para causar dano ao erário (Acórdão nº 2.240/2018 – Plenário).
  A decisão foi em tomada de contas especial por indício de superfaturamento em contrato de remanescente de obra, com dispensa de licitação (art. 24, XI, da Lei nº 8.666/93). O contrato anterior fora rescindido em decorrência de retenção cautelar de pagamentos determinada pelo próprio TCU (Acórdão nº 593/2009 – Plenário).
  O TCU entendeu que os dirigentes da empresa descumpriram dever legal, assinando contrato de obra superfaturada. A ciência do sobrepreço poderia ser presumida "da pública e notória atuação cautelar do TCU". Com base na Lei das S.A. (art. 158, II e §2º), considerou os dirigentes "solidariamente responsáveis com a companhia pelos prejuízos causados". A gravidade justificaria a inabilitação máxima, de oito anos.
  O acórdão não desenvolveu argumentos para justificar a incidência da sanção a sujeitos estranhos à máquina administrativa. Limitou-se a dizer que ela seria "possível e até mesmo desejável, como medida preventiva".

Mas a lei não parece ter autorizado o TCU a agir desse modo. É mais uma interpretação expansiva. A *ratio decidendi* da decisão é de juridicidade questionável: *sempre que empresa contratada tiver concorrido para causar dano ao erário, deve o TCU, como medida preventiva, inabilitar seus dirigentes a ocupar cargo ou função pública pelo prazo máximo.*

A Lei Orgânica do TCU (LOTCU) dispõe que quando o Tribunal "considerar grave a infração cometida, o *responsável* ficará inabilitado, por um período que variará de cinco a oito anos, para o exercício de cargo em comissão ou função de confiança no âmbito da Administração Pública" (art. 60).

Tomada em seu sentido comum, a palavra "responsável" é sinônimo de "incumbido", "encarregado", "causador", "culpado". Mas a LOTCU a empregou em sentido técnico, específico.

Para a LOTCU, "responsável" é o encarregado "de dinheiros, bens e valores públicos das unidades dos poderes da União e das entidades da administração indireta (...)" (art. 1º, I); "pelas contas nacionais das empresas supranacionais" (art. 5º, IV); de "entidades (...) de direito privado que recebam contribuições parafiscais" (art. 5º, V); da "aplicação de (...) recursos repassados pela União, mediante convênio, (...) a Estado, ao Distrito Federal ou a Município" (art. 5º, VII).

O dirigente de contratado não é "responsável", pois não gere recursos públicos. Não há fundamento para sujeitá-lo à sanção do art. 60, nem mesmo como "medida preventiva". Ademais, não se sabe o que levou o TCU a aplicar a inabilitação por oito anos. Gravidade da conduta é, em si, razão insuficiente para justificar pena máxima.

Informação bibliográfica deste texto, conforme a NBR 6023:2018 da Associação Brasileira de Normas Técnicas (ABNT):

ROSILHO, André. Pode o TCU inabilitar contratado a ocupar cargo público? Lei diz que essa sanção só se aplica a gestor de recursos públicos. *In*: ROSILHO, André. (Org.). *Direito Administrativo e Controle de Contas*. Belo Horizonte: Fórum, 2023. p. 261-262. ISBN 978-65-5518-491-4.

QUANTO TEMPO PODE DURAR A INIDONEIDADE DECLARADA PELO TCU?

APLICA-SE A LIMITAÇÃO DE CINCO ANOS À PENA TOTAL CUMULADA?

YASSER GABRIEL

14.11.2018

Comprovada fraude em licitação, o TCU pode proibir a empresa fraudadora de disputar contratos da Administração Pública federal por até cinco anos. É o que diz o art. 46 da Lei Orgânica do TCU. De relativa simplicidade, o dispositivo não parece deixar dúvidas quanto ao prazo máximo da sanção. Não é bem assim. Acontece no tribunal grande debate sobre os limites de duração da sanção em casos de cumulação de ilegalidades, e o acórdão nº 1221/2018, de relatoria do ministro Benjamin Zymler, demonstra como tem sido solucionada a questão.

No caso, buscava-se apurar a participação de uma construtora em dez licitações da Petrobras para obras da Refinaria Abreu e Lima, que resultaram em cinco contratos. O TCU concluiu que a empresa, juntamente com outras, havia agido de modo fraudulento, devendo ser declarada inidônea. É aí que surge dúvida sobre quanto tempo a sanção deve perdurar, dado que a conduta punível se repetiu em diferentes certames. Aplica-se a limitação de cinco anos à pena total cumulada?

O TCU, mantendo posicionamento fixado no acórdão nº 348/2016, entendeu que a dosimetria da declaração de inidoneidade, no caso de acúmulo de sanções: i) está limitada a cinco anos, por analogia ao art. 75, §§1º e 2º, do Código Penal; ii) sobrevindo condenação por fato posterior ao início do cumprimento da punição, far-se-á nova unificação de penas, desprezando o período já cumprido; iii) sobrevindo condenação por fato anterior ao início do cumprimento da punição, deve a nova sanção ser lançada no montante total já unificado; iv) sobrevindo condenação após o cumprimento total da pena, deve a nova sanção ser cumprida como punição originária.

O tribunal utilizou o prazo de cinco anos para dupla finalidade. Primeiro, para limitar o valor da pena aplicada no caso, ainda que envolvesse uma série de condutas entendidas como fraudulentas. Depois, para instituir espécie de "teto dinâmico", que impedisse a empresa de acumular penalidades para além de cinco anos, num só tempo, em decorrência de condenações futuras.

Duas questões chamam atenção.

Uma, mais *jurídica*, é a ausência de parâmetros normativos para a declaração de inidoneidade, quando diante de vários delitos. Não havendo procedimento específico para a penalidade administrativa, recorre-se a analogias com o sistema penal como forma de trazer alguma segurança jurídica à atividade sancionatória. Já a outra, de cunho mais *comportamental*, é que muito tem sido dito sobre o TCU extrapolar suas competências na hora de decidir. Mas o caso é diferente: o tribunal buscou fundamentos normativos para conformar o seu modo agir.

Futuros julgados mostrarão se esse será um comportamento padrão do tribunal, ou não. Se sim, não há dúvidas de que significa um incremento da segurança jurídica na atuação da Corte de Contas.

Informação bibliográfica deste texto, conforme a NBR 6023:2018 da Associação Brasileira de Normas Técnicas (ABNT):

GABRIEL, Yasser. Quanto tempo pode durar a inidoneidade declarada pelo TCU? Aplica-se a limitação de cinco anos à pena total cumulada? *In*: ROSILHO, André. (Org.). *Direito Administrativo e Controle de Contas*. Belo Horizonte: Fórum, 2023. p. 263-264. ISBN 978-65-5518-491-4.

O TCU E A RESPONSABILIZAÇÃO PESSOAL DE REGULADORES

PARA PUNIR, NÃO BASTA A SUPOSIÇÃO DE QUE O REGULADOR PODERIA TER SIDO MAIS EFICIENTE

GUSTAVO LEONARDO MAIA PEREIRA

14.08.2019

No Acórdão nº 1.366/2019, o Tribunal de Contas da União (TCU) avaliou a atuação da Agência Nacional de Transportes Terrestres (ANTT) na execução do contrato de concessão de rodovia federal e considerou que a agência falhou em realizar *"tempestiva, eficaz e efetiva fiscalização do contrato"*. Daí, mesmo enfatizando que a praxe do Tribunal em relação à regulação é o controle *objetivo*, aplicou sanção pessoal – multa – em face de servidores e dirigentes do órgão regulador.

Os problemas identificados pela Corte giraram em torno da postergação da execução de obra, que teria causado prejuízo aos usuários, mas não ao erário – o atraso gerou reequilíbrio econômico-financeiro do contrato em desfavor da concessionária.

Ao decidir desse modo, o TCU, de um lado, aproximou-se da ideia de *controle de segunda ordem*, pois avaliou a *eficiência* do regulador, e não o conteúdo da regulação em si. Mas de outro lado, ao punir gestores públicos por ineficiência (sem constatar dano aos cofres públicos), revelou concepção *expansiva* de suas próprias competências. O caso lembra o Acórdão nº 1.704/2018, em que o TCU, mesmo reconhecendo a inexistência de ilegalidade ou prejuízo ao erário, responsabilizou pessoalmente dirigentes da Agência Nacional de Transportes Aquaviários (ANTAQ) por considerar que teriam "regulado mal".

Embora a Lei Orgânica do TCU cogite a aplicação de sanções por ato de gestão antieconômico, isto é, ineficiente (art. 58, III), o diploma, no ponto, parece transbordar a moldura constitucional. Por mais que sejam extensos e variados os objetos, parâmetros e produtos do controle pelo TCU, a Constituição só o autoriza a punir mediante a constatação de ilegalidade em matéria financeira (art. 71, VIII).

Chama atenção o fato de os agentes públicos da ANTT, em pelo menos quatro ações civis públicas que apuravam fatos similares, terem sido isentados de responsabilidade pelo Judiciário. Para justificar a aplicação das penalidades, o TCU invocou o *"princípio da independência das instâncias"*, aduzindo não haver *"litispendência entre processos em curso no TCU e procedimentos investigatórios ou processos em andamento no Poder Judiciário"*.

O relator, contrariando a unidade técnica, isentou de responsabilidade o Diretor-Geral da agência, sob o fundamento de que, ao aprovar as propostas apresentadas pelos técnicos e outros dirigentes, não cometera *erro grosseiro*, nos termos do art. 28 da LINDB. Mas chancelou a punição dos outros servidores, diretamente envolvidos na elaboração e aprovação dos documentos que autorizaram a postergação das obras, rejeitando argumentos de defesa relacionados às deficiências estruturais da ANTT, deixando, assim, de aplicar o art. 22 da LINDB, que determina que, na interpretação das normas sobre gestão pública, sejam levadas em consideração as *dificuldades reais do gestor*.

Apesar de o TCU sustentar que não impõe, como regra, sanções pessoais a reguladores, o Tribunal, destoando dos parâmetros constitucionais, tem aplicado penalidades com base em achados de fiscalização relacionados a aspectos puramente regulatórios (sem conexão direta com a atividade financeira do Estado), a partir de análises de eficiência (e não de legalidade).

Informação bibliográfica deste texto, conforme a NBR 6023:2018 da Associação Brasileira de Normas Técnicas (ABNT):

PEREIRA, Gustavo Leonardo Maia. O TCU e a responsabilização pessoal de reguladores: para punir, não basta a suposição de que o regulador poderia ter sido mais eficiente. In: ROSILHO, André. (Org.). *Direito Administrativo e Controle de Contas*. Belo Horizonte: Fórum, 2023. p. 265-266. ISBN 978-65-5518-491-4.

RESPONSABILIDADE SOLIDÁRIA EM CONSÓRCIO PARA O TCU

PARA TCU, 'DIGA-ME COM QUEM ANDAS, QUE DIREI QUEM TU ÉS' É INSUFICIENTE PARA PUNIR

YASSER GABRIEL

21.08.2019

    A inidoneidade de empresa consorciada não se estende necessariamente às demais empresas do consórcio. Pelo menos não para fins do art. 46 da Lei Orgânica do Tribunal de Contas da União – TCU (Lei nº 8.443/1992), que deu ao órgão de controle competência para declarar inidônea empresa fraudadora de licitação. O entendimento veio no acórdão nº 1.083/2019 – Plenário, de relatoria do Min. Benjamin Zymler.
    A decisão tratou de representação para apurar a participação da Galvão Engenharia S.A – Galvão em supostas fraudes nas licitações para implantação da Refinaria Abreu e Lima. A empresa, juntamente com outras três, compunha consórcio vencedor do contrato para obras de terraplanagem. O tribunal concluiu que as provas respaldavam a aplicação da sanção de inidoneidade para outros membros do consórcio, mas não para a Galvão. Fundamentaram a decisão: (i) o caráter personalíssimo da pena, (art. 5º, XLV, da Constituição), e (ii) acórdão do Tribunal Regional Federal da 4ª Região, também no sentido de afastar a presunção de culpa para todos os membros de um consórcio – o caso envolvia sanção da Lei de Improbidade Administrativa (Lei nº 8.429/1992).
    A decisão merece destaque por três motivos.
    Primeiro: lógica punitiva que considere a individualização da pena, embora soe óbvia, encontra algumas relativizações no ordenamento

jurídico brasileiro em caso de consórcio entre empresas. Exemplo disso é previsão da Lei Anticorrupção segundo a qual, no âmbito do respectivo contrato, as consorciadas serão solidariamente responsáveis pela prática de irregularidade (art. 4º, §2º, Lei nº 12.846/2013). Embora a lei pareça ter tentado estimular a fiscalização entre empresas consorciadas, não parece razoável, nesse caso, a punição de alguém por conduta da qual não participou. E é contra essa ideia que se opõe a decisão do TCU. Para o tribunal, punição apenas com base num *"diga-me com quem andas, que direi quem tu és"* não deve ocorrer. E isso é bom.

Segundo: "independência de instâncias" é argumento recorrente para justificar a variação de critérios para aplicação de sanção por diferentes controladores. E, embora normalmente haja fundamento normativo respaldando tal argumento, ele muitas vezes vem a custo de previsibilidade e segurança jurídica. Ao buscar harmonização entre seu modo de atuação e o do Judiciário, o TCU acaba por diminuir esse efeito, sem, contudo, abrir mão de sua autonomia decisória. Não é absurda a ideia de critérios similares para aplicar sanções com efeitos práticos semelhantes, ainda que por controladores diferentes.

Terceiro: bons exemplos de controle devem ser evidenciados. Eles podem ser replicados pelo próprio controlador e inspirar outros no exercício de suas respectivas competências. É o caso do acórdão analisado. Afinal, controlar nem sempre é sinônimo de punir o controlado.

Informação bibliográfica deste texto, conforme a NBR 6023:2018 da Associação Brasileira de Normas Técnicas (ABNT):

GABRIEL, Yasser. Responsabilidade solidária em consórcio para o TCU: para TCU, 'diga-me com quem andas, que direi quem tu és' é insuficiente para punir. *In*: ROSILHO, André. (Org.). *Direito Administrativo e Controle de Contas*. Belo Horizonte: Fórum, 2023. p. 267-268. ISBN 978-65-5518-491-4.

O NOVO REGIME DE PROTEÇÃO DA IDENTIDADE DO DENUNCIANTE JUNTO AO TCU

EFETIVIDADE DAS DENÚNCIAS DEPENDE DE REGULAMENTAÇÃO

JULIANA BONACORSI DE PALMA

18.09.2019

Em 26 de agosto foi aprovada a Lei nº 13.866, que alterou a Lei Orgânica do TCU (LOTCU) para reestabelecer a proteção à identidade do denunciante que, em 2003, fora suspensa em razão de decisão do STF (MS nº 24.405).

No caso judicializado, o TCU havia instaurado processo a partir de denúncias recebidas para apurar indícios de ilegalidade na gestão de convênio e contratações. O processo foi posteriormente arquivado por ausência de provas. Visando ingressar com ação de ressarcimento por dano à honra e à imagem, o denunciado solicitou a identidade do denunciante, mas a Corte de Contas manteve o sigilo da autoria com base na redação original da LOTCU e do Regimento Interno vigente à época. Contra essa decisão, o denunciado propôs mandado de segurança no STF.

Por maioria, o Supremo decidiu que órgãos públicos devem fornecer o nome de quem denuncia quando o processo for improcedente e dele resultem danos à honra e à imagem. Além de ofender o primado da publicidade, proteger o denunciante pelo sigilo poderia levar ao *"denuncismo irresponsável"* e restringir indevidamente a tutela da honra e da imagem.

Ainda que reste a proteção contra a responsabilização administrativa, cível ou penal ("*waiver of liability*", art. 55, §2º, LOTCU), o canal de denúncias do TCU foi enfraquecido com a decisão do STF.

Em 2005, foi apresentado o Projeto de Lei do Senado nº 61.2005, cujo principal objetivo era "*afastar eventual intimidação do cidadão*" (justificativa do autor do PLS). A estratégia foi aproximar o regime de denúncias no TCU à transparência do art. 5º, XXXIII, da Constituição, já referendada no pelo STF no MS nº 24.405. De acordo com o novo parágrafo introduzido na LOTCU, "*quando imprescindível à segurança da sociedade e do Estado*", o TCU pode manter o sigilo do objeto e da autoria da denúncia; em todos os demais casos, essas informações deverão ser públicas (art. 55, §3º).

Trata-se de grande avanço. Qualquer medida de proteção àquele que relata ilícitos de modo sério e efetivo – o "*reportante*" ou "*whistleblower*" – é positiva. Porém, a nova medida de proteção da identidade inserida na LOTCU não parece suficiente. Isso porque o potencial denunciante não tem previsibilidade sobre o direito de proteção de sua identidade: como o seu relato será compreendido pelo TCU quanto à imprescindibilidade à segurança da sociedade e do Estado? Ademais, o novo preceito subverte a regra do sigilo para fixar a regra da publicidade: a *proteção é exceção*.

Nesse cenário, qual é o papel do TCU? Trabalhar para conferir maior previsibilidade sobre a interpretação do novo art. 55, §3º, de sua Lei Orgânica e, assim, permitir que as pessoas tomem decisões mais informadas sobre os riscos e os benefícios envolvidos na denúncia. Caberia ao Tribunal alterar o seu Regimento Interno ou editar norma específica sobre a dinâmica de apresentação de denúncias e as medidas de proteção devidas.

Ressalte-se que em junho deste ano o Brasil assumiu compromisso público de conferir proteção a reportantes. Consta do "*G20 High-Level Principles for the Effective Protection of Whistleblowers*" que as Nações devem estabelecer e implementar com clareza normas e políticas de proteção dos reportantes; assegurar confidencialidade ao reportante; e assegurar proteção ao reportante de modo robusto. Essas diretrizes, que podem aumentar as chances de termos mais denúncias sérias e efetivas, também dizem respeito ao TCU.

Informação bibliográfica deste texto, conforme a NBR 6023:2018 da Associação Brasileira de Normas Técnicas (ABNT):

PALMA, Juliana Bonacorsi de. O novo regime de proteção da identidade do denunciante junto ao TCU: efetividade das denúncias depende de regulamentação. *In*: ROSILHO, André. (Org.). *Direito Administrativo e Controle de Contas*. Belo Horizonte: Fórum, 2023. p. 269-270. ISBN 978-65-5518-491-4.

IMPASSE NA JURISPRUDÊNCIA DO TCU: EFEITOS DA OMISSÃO NO DEVER DE PRESTAR CONTAS

JULGADOS DIVERGENTES PODEM GERAR INSEGURANÇA JURÍDICA

GILBERTO MENDES C. GOMES
PEDRO A. AZEVEDO LUSTOSA

13.11.2019

O Regimento Interno do Tribunal de Contas da União (TCU) prevê que a omissão na prestação de contas configura ilegalidade a partir do momento em que ocorrer a citação do responsável, ainda que posteriormente não sejam constatadas outras irregularidades (art. 209, §4º). Esse entendimento foi confirmado por julgados do Plenário do TCU, incluindo os Acórdãos nº 964/2018-P e nº 1427/2019-P, que reforçaram o marco temporal da citação para que seja declarada a omissão na prestação de contas.

Julgamento ocorrido em 29 de maio de 2019 jogou nova luz sobre a questão. Na ocasião, o ministro Bruno Dantas levantou a possibilidade de se decidir pela regularidade com ressalvas em casos nos quais a apresentação da prestação de contas se desse após a ocorrência da citação. Segundo Dantas, isso deveria ocorrer quando comprovada a boa e regular aplicação dos recursos públicos por parte do responsável, visto que a condenação em irregularidade das contas poderia ensejar eventual declaração de inelegibilidade de gestores por falha considerada menor e formal.

Essa posição, contudo, não prevaleceu no Acórdão nº 1217/2019-P, pois, segundo os demais Ministros, não seria possível superar a literalidade do Regimento Interno. Ou seja, as contas omissas deveriam ser julgadas como irregulares, independentemente da comprovação de aplicação regular dos recursos públicos, após a citação para Tomada de Contas Especial.

A decisão destoa de outros julgados do Tribunal.

É o caso do Acórdão 3569/2019-2ª Câmara, aprovado por unanimidade na véspera do mencionado Acórdão 1217/2019-P, que apreciou recurso contra decisão que julgou irregulares as contas de responsáveis no âmbito de convênio da Fundação Nacional de Saúde (FUNASA) para execução de sistema de abastecimento de água no Município de Senador La Rocque.MA.

Naquela oportunidade, o ministro Raimundo Carreiro argumentou que, embora estivesse configurada omissão no dever de prestar contas, o montante fiscalizado teria sido aplicado correta e integralmente, indicando a elisão do débito.

Assim, entendeu que a sanção pela omissão seria desproporcional ao caso concreto.

O Acórdão 8791/2017-1ª Câmara também flexibilizou a leitura do Regimento Interno. Apurando irregularidades relacionadas à recomposição de danos advindos de chuvas em São Bento do Trairi. RN, o TCU decidiu pela ausência de omissão no dever de prestar contas quando anteriormente teriam sido apresentadas prestações de contas parciais de convênio.

Verifica-se que, apesar de previsão expressa do Regimento Interno e de decisões do Plenário defendendo sua interpretação literal, há julgados divergentes, proferidos na mesma época, no âmbito das Câmaras.

A falta de uniformidade na jurisprudência do TCU acerca dos efeitos da não prestação de contas gera insegurança jurídica. O art. 30 da Lei de Introdução às Normas do Direito Brasileiro prevê que as "autoridades públicas devem atuar para aumentar a segurança jurídica na aplicação das normas".

Seria o processo de reforma do Regimento Interno uma boa oportunidade para o Tribunal resolver o impasse, consolidando entendimento mais sensível às consequências da condenação em irregularidade de contas?

Informação bibliográfica deste texto, conforme a NBR 6023:2018 da Associação Brasileira de Normas Técnicas (ABNT):

GOMES, Gilberto Mendes C.; LUSTOSA, Pedro A. Azevedo. Impasse na jurisprudência do TCU: efeitos da omissão no dever de prestar contas: julgados divergentes podem gerar insegurança jurídica. In: ROSILHO, André. (Org.). *Direito Administrativo e Controle de Contas*. Belo Horizonte: Fórum, 2023. p. 271-272. ISBN 978-65-5518-491-4.

É ERRO GROSSEIRO DIVERGIR DO TCU?

DIVERGÊNCIA FUNDAMENTADA NÃO ENSEJA RESPONSABILIDADE DO GESTOR

JULIANA BONACORSI DE PALMA

21.11.2019

Poderiam comandos emitidos pelo TCU ser ignorados pura e simplesmente pelo gestor?

O diálogo institucional no controle se manifesta em ao menos três momentos: (i) o Tribunal emite *comandos* (a exemplo das determinações); (ii) o controlado *responde*, apresentando suas justificativas; e (iii) o Tribunal *verifica* a resposta do controlado e se posiciona sobre ela.

A lei prevê multa para aquele que descumprir decisão do Tribunal, mas afasta a sanção em caso de apresentação de "motivo justificado" (art. 58, inc. IV e §1º, da Lei Orgânica do TCU). Ou seja: ao menos no plano normativo parece haver espaço para o gestor discordar de conclusões do Tribunal (desde que o faça justificadamente). Esse cenário poderia se materializar, por exemplo, na hipótese de alguma circunstância fática impedir a implementação de determinação do TCU.

No Acórdão nº 1941/2019-P, o TCU decidiu que o sujeito que, sem a devida motivação, desconsidera suas determinações incide erro grosseiro, nos termos do art. 28 da Lei de Introdução às Normas do Direito Brasileiro (LINDB). Tal fato daria ensejo à responsabilização pessoal do agente.

No caso concreto, empresa que prestava serviço de vigilância ao Departamento Nacional de Obras contra as Secas (Dnocs), e teria seu contrato rescindido, formulou representação ao TCU alegando irregularidades em ata de registro de preço com base na qual seria firmado novo contrato.

O TCU, no Acórdão nº 2.877/2017-P, havia condicionado eventual adesão à ata de registro de preços ao cumprimento de uma série de exigências pelo Dnocs. No entanto, houve a adesão à ata, e a celebração de novo contrato baseado nela, sem que tivessem sido observadas as exigências do Tribunal – e, na avaliação do TCU, sem que tivesse havido a apresentação de "motivo justificado" para tanto. Com base nesses fatos, decidiu multar o Diretor Geral do Dnocs.

De acordo com o Acórdão nº 1941/2019-P, "decisão do gestor que desconsidera, sem a devida motivação, acórdão do TCU, pode ser tipificada como erro grosseiro para fins de responsabilização perante o Tribunal".

Para o TCU, portanto, é erro grosseiro *ignorar*, pura e simplesmente, suas decisões. Mas é errado, contudo, extrair desse julgado, como *ratio decidendi*, que o mero desatendimento de exigências formuladas pelo TCU importaria, necessariamente, em erro grosseiro. Isso porque a "devida motivação", segundo se depreende da jurisprudência do Tribunal, pode justificar visão distinta da dele.

Embora ignorar comandos do TCU possa configurar erro grosseiro, há a possibilidade de o administrador divergir do Tribunal, sem ser responsabilizado por isso.

Informação bibliográfica deste texto, conforme a NBR 6023:2018 da Associação Brasileira de Normas Técnicas (ABNT):

PALMA, Juliana Bonacorsi de. É erro grosseiro divergir do TCU? Divergência fundamentada não enseja responsabilidade do gestor. *In*: ROSILHO, André. (Org.). *Direito Administrativo e Controle de Contas*. Belo Horizonte: Fórum, 2023. p. 273-274. ISBN 978-65-5518-491-4.

TCU E A DEVOLUÇÃO DO LUCRO ILEGÍTIMO
TRIBUNAL NÃO PODE APLICAR SANÇÃO DE PERDA DE BENS E VALORES ACRESCIDOS ILICITAMENTE AO PATRIMÔNIO DE PARTICULAR

YASSER GABRIEL

08.04.2020

Licitação irregular dá origem a contrato superfaturado. Tribunal de Contas da União (TCU), após instrução processual, determina à empresa contratada que devolva os valores inflacionados. Ministério Público de Contas (MPTCU) diz ser necessário ir além: a empresa deve devolver também o "lucro razoável" – remuneração condizente com o objeto contratual.

Na visão do MPTCU, a licitação irregular teria levado a contrato viciado e, por isso, algum lucro, ainda que razoável, seria ilegítimo. Essa é a situação analisada pelo Plenário do TCU no acórdão nº 129/2020.

O pedido do MPTCU baseou-se em dois argumentos: i) a devolução do lucro razoável, assim como do superfaturamento, teria natureza *reparatória*, pois constituiria parte do dano causado ao ente público contratante. Poderia, então, o TCU imputar tal débito ao contratado; ii) o Superior Tribunal de Justiça (STJ), numa leitura do parágrafo único do art. 59 da Lei de Licitações, tem decidido que contratado que agiu com má-fé pode receber apenas o equivalente ao custo do objeto executado. Não faria jus a qualquer margem de lucro.

O TCU, contudo, decidiu arquivar o procedimento sem julgamento de mérito. E o fez por um bom motivo: o tribunal não detém competência para aplicar a *sanção* de perda de bens e valores acrescidos ilicitamente ao patrimônio de particular. Diferentemente da interpretação dada pelo MPTCU, o tribunal entendeu que a devolução do lucro razoável não seria ressarcir o ente contratante por um prejuízo sofrido, mas seria aplicar penalidade ao contratado.

O entendimento do TCU faz sentido. No cenário de uma contratação regular, sem vícios, o ente contratante teria de pagar "lucro razoável" ao contratado. Esse lucro, portanto, não se caracterizaria como prejuízo, mas como remuneração. Daí, eventual devolução dessa específica verba ao ente contratante não teria natureza *reparatória*, mas sim *sancionatória*. É que, como punição pela conduta irregular, o contratado teria de arcar com os custos em que incorreu. A lógica estaria próxima àquela das sanções de perda de bens e valores previstas na Lei de Improbidade Administrativa (art. 12, I e II) e na Lei Anticorrupção (art. 19), ambas sanções aplicadas pelo Poder Judiciário.

Ocorre que a Lei Orgânica do TCU lhe autoriza sanções de dois tipos: multa (art. 58) e declaração de inidoneidade, cujo efeito é a proibição para contratar com a administração (art. 46). Não caberia ao tribunal, portanto, na linha do sustentado pelo MPTCU, apenar alguém com medida não tipificada, além dos limites legais.

A manutenção do lucro pelo particular, nesse caso, é passível de discussão, sobretudo considerando a jurisprudência do STJ. E parecem existir argumentos relevantes para sustentar uma ou outra posição. Cabe ao Judiciário definir o desfecho desse debate.

Informação bibliográfica deste texto, conforme a NBR 6023:2018 da Associação Brasileira de Normas Técnicas (ABNT):

GABRIEL, Yasser. TCU e a devolução do lucro ilegítimo: Tribunal não pode aplicar sanção de perda de bens e valores acrescidos ilicitamente ao patrimônio de particular. In: ROSILHO, André. (Org.). *Direito Administrativo e Controle de Contas*. Belo Horizonte: Fórum, 2023. p. 275-276. ISBN 978-65-5518-491-4.

O QUE É ERRO GROSSEIRO PARA O TCU?

A SEGURANÇA JURÍDICA É OBRA COLETIVA DE LEGISLADORES E CONTROLADORES

EDUARDO JORDÃO
CONRADO TRISTÃO

27.05.2020

No exame da MP nº 966.20, o STF julgou constitucional limitar a responsabilidade do gestor público a "erro grosseiro", para dar-lhe tranquilidade para decidir em contexto de incerteza quanto a fatos e direito.

Mas, para o TCU, o que esse conceito significa?

Análise de dezenas de acórdãos em que o termo foi empregado identificou pelo menos quatro sentidos distintos.

No primeiro, erro grosseiro é traduzido por meio de *outros* conceitos indeterminados, como quando o TCU o aproxima da "culpa grave" (ac. nº 2391/18-P), ou caracteriza como tal "a conduta que foge ao referencial do 'administrador médio'" (ac.1628.18-P); a "atuação com nível de diligência abaixo da média" (ac. nº 2928/19-P) ou "abaixo do normal ou aquém do ordinário" (ac. nº 2872/19-P); ou a "grave inobservância do dever de cuidado" (ac. nº 2759/19-P).

No segundo, o TCU caracteriza como erro grosseiro condutas específicas que lhe chegam a controle: "a prestação de contas dos recursos oriundos do Fundo Nacional de Assistência Social (...) desacompanhada do parecer do Conselho Municipal de Assistência Social" (ac. 4778/19-1ª C.); "o direcionamento de licitação para marca específica sem a devida justificativa" (ac. nº 1264/19-P); "a realização de pagamento antecipado sem justificativa do interesse público na sua adoção" (ac.185/19-P); ou "a autorização de pagamento sem a devida liquidação da despesa" (ac. nº 2699/19-1ª C.).

No terceiro, o TCU entende por erro grosseiro o mero descumprimento de normas jurídicas: "grave ofensa a norma orçamentário-financeira" (ac. nº 2659/19-P); "desconsideração de (...) normas de responsabilidade contábil" (ac. nº 2924/18-P); "inobservância de normas contábeis aplicáveis" (ac.2892.19-P); "graves inobservâncias a disposições afetas aos procedimentos licitatórios" (ac. nº 986/19-P).

No quarto, enfim, o TCU diz ser erro grosseiro "o descumprimento, sem a devida motivação, de determinação expedida pelo TCU" (ac. nº 1941/19-P).

Em nenhum dos quatro sentidos mapeados acima as definições do TCU parecem totalmente satisfatórias.

No primeiro, o uso de *novos* conceitos jurídicos indeterminados não contribui para a densificação normativa da ideia e segue deixando espaço para a subjetividade do controlador.

No segundo, as situações são tão específicas que dificultam a generalização e extrapolação para outros casos, de modo a permitir ao gestor a antecipação da licitude da sua conduta.

No terceiro, equiparar a mera violação a normas a erro grosseiro desconsidera que muitas normas são indeterminadas e permitem interpretações várias, como admitido pelo próprio TCU em Resolução recente sobre simplificação do controle.

No quarto, enfim, a interpretação é pouco aderente à ideia abstrata de erro grosseiro e parece consistir mais em tentativa do TCU de reforçar seu próprio poder de controle.

Problema adicional: nenhuma dessas interpretações aproxima-se da que o próprio STF fez, no seu esforço de detalhamento da regra.

Como se vê, o esforço do legislador de limitar a responsabilidade a casos realmente graves, não obstante louvável e relevante, é apenas o primeiro passo. A batalha por mais segurança jurídica para o gestor público vai depender também, e significativamente, da interpretação que os controladores farão desse conceito indeterminado.

Informação bibliográfica deste texto, conforme a NBR 6023:2018 da Associação Brasileira de Normas Técnicas (ABNT):

JORDÃO, Eduardo; TRISTÃO, Conrado. O que é erro grosseiro para o TCU? A segurança jurídica é obra coletiva de legisladores e controladores. *In:* ROSILHO, André. (Org.). *Direito Administrativo e Controle de Contas*. Belo Horizonte: Fórum, 2023. p. 277-278. ISBN 978-65-5518-491-4.

PARÂMETROS DA LINDB EM MULTAS DO TCU

TRIBUNAL TEM RECORRIDO À LINDB PARA FAZER A DOSIMETRIA NA APLICAÇÃO DE MULTAS

YASSER GABRIEL

10.06.2020

O Tribunal de Contas da União (TCU) pode aplicar multa a seus jurisdicionados. Basicamente, três situações levam à sanção, segundo sua lei orgânica (arts. 57 e 58). Quando o jurisdicionado: 1) causa dano à administração; 2) pratica ato irregular, ainda que sem dano à administração; e 3) não coopera com a fiscalização do tribunal ou descumpre reiteradamente determinação sua. Situações diferentes justificam parâmetros distintos para calcular o valor da multa. Quais balizas o TCU adota para gradação da sanção?

A própria lei orgânica traz um parâmetro inicial. Ela estipula limites de valor: nos casos em que o jurisdicionado causa dano, a multa pode equivaler a até 100% do prejuízo da administração.

Nos demais, o limite deve ser indicado em portaria editada pela presidência do TCU, com base em diretrizes da lei (art. 58, *caput* e §2º) – atualmente, a portaria 44.2019 fixa o valor máximo de R$62.237,56.

Embora alguns possam discordar quanto à adequação dos valores, a limitação pautada em valor nominal dá alguma previsibilidade ao potencial sancionado. Mas também é preciso haver clareza quanto aos quesitos avaliados pelo TCU para calcular a multa no caso concreto, bem como o peso que dá a cada um deles. É necessário previsibilidade quanto à dosimetria da sanção.

Por determinação da lei orgânica (art. 58, §3º), o Regimento Interno do tribunal deveria estabelecer critérios para auxiliar na gradação da multa. Mas o normativo pouco contribui. Ele apenas estipula, para cada situação sobre a qual incide multa, intervalos percentuais a serem aplicados sobre o limite de valor – ao estilo *"na situação X, a multa variará entre 5% a 100% do limite"* (art. 268).

Nesse cenário, o TCU tem recorrido à LINDB para obter parâmetros na dosimetria da multa, que diz que

"Na aplicação de sanções, serão consideradas a natureza e a gravidade da infração cometida, os danos que dela provierem para a administração pública, as circunstâncias agravantes ou atenuantes e os antecedentes do agente" (art. 22, §2º).

O esforço pode ser visto no acórdão nº 1176/2020 – Plenário, de relatoria da min. Ana Arraes. Para multar sete agentes públicos envolvidos em contratação tida por irregular, a relatora empregou método que levava em consideração: i) *cargo ocupado* – p. ex., se era de hierarquia superior ou subordinado; ii) *conduta irregular* – p. ex., se elaborou o termo de referência da contratação ou se realizou a pesquisa de preços de maneira entendida como equivocada; iii) *agravantes e atenuantes* – p. ex., se o agente já teve contas rejeitadas ou se ainda não havia sido apenado em outros processos do TCU.

Seria interessante que, futuramente, o tribunal elaborasse norma específica prevendo critérios de dosimetria para suas sanções. Enquanto não o faz, é importante que já utilize os parâmetros da LINDB.

Tais critérios, por serem gerais, deverão ser inclusive considerados na eventual norma específica. Mesmo na aplicação de sanções de natureza administrativa, os parâmetros para dosimetria da pena considerados pela autoridade sancionadora devem ficar claros. É preciso dar segurança jurídica aos afetados.

Informação bibliográfica deste texto, conforme a NBR 6023:2018 da Associação Brasileira de Normas Técnicas (ABNT):

GABRIEL, Yasser. Parâmetros da LINDB em multas do TCU: Tribunal tem recorrido à LINDB para fazer a dosimetria na aplicação de multas. *In*: ROSILHO, André. (Org.). *Direito Administrativo e Controle de Contas*. Belo Horizonte: Fórum, 2023. p. 279-280. ISBN 978-65-5518-491-4.

ERRO GROSSEIRO E TCU: ALGO MUDOU?
EVIDÊNCIAS SUGEREM QUE IMPACTO DA ALTERAÇÃO DA LINDB FOI MODESTO

ANDRÉ DE CASTRO O. P. BRAGA

15.07.2020

Em 2018, o Congresso Nacional fez o seguinte diagnóstico: em muitas situações, agentes públicos honestos estavam sendo punidos injustamente. Para contornar esse problema e evitar o risco de paralisia decisória na máquina estatal, era preciso modificar os critérios utilizados pelos órgãos de controle na responsabilização de agentes públicos.

Veio, como se sabe, em abril daquele ano, a Lei nº 13.655, que alterou a Lei de Introdução às Normas do Direito Brasileiro. E com ela veio o conhecido art. 28, segundo o qual agentes públicos apenas responderão pessoalmente por suas decisões em caso de dolo ou erro grosseiro.

Quais os efeitos dessa nova regra sobre a atuação do TCU?

Números sugerem que, no quadro geral, a postura do órgão de controle não sofreu mudança relevante.

No primeiro trimestre de 2018, ainda sem a reforma da LINDB, o TCU condenou agentes públicos em 67% dos processos julgados de tomada ou prestação de contas. É um número semelhante aos encontrados no primeiro trimestre de 2019 (69%) e 2020 (67%), no cenário pós-mudança.

Se o art. 28 tivesse causado um impacto significativo, teria ocorrido uma queda percentual das condenações.

Outros dados merecem atenção. Entre 2015 e 2017, quando não existia a nova regra, o TCU condenou, em média, 1,02 pessoa por processo julgado de tomada ou prestação de contas. Em 2019, houve um aumento (1,25). Aqui, novamente, o esperado seria uma diminuição. As impressões acima são, claro, precárias. É possível imaginar outras hipóteses a partir dos dados. Uma delas seria considerar que, após a edição da Lei nº 13.655, o TCU teria se tornado mais eficiente na identificação e julgamento de erros grosseiros.

Embora ainda seja cedo para conclusões categóricas, uma análise mais atenta da jurisprudência do TCU parece corroborar a ideia de que o art. 28 da LINDB não afetou a probabilidade de um agente público ser condenado ou absolvido pelo tribunal.

Citem-se, em primeiro lugar, as decisões que afastam a exigência de dolo ou erro grosseiro quando se discute dano ao erário. De acordo com o TCU, em interpretação polêmica, o art. 28 apenas alcança a imposição de sanções administrativas (multas, por exemplo). Para condenação de ressarcimento ao erário, basta culpa leve.

Outro ponto diz respeito ao ônus da prova. No TCU, cabe ao gestor provar que seguiu a legislação com a devida diligência. Julgados recentes vão nessa linha (Acórdãos nº 7.308-1ªC, nº 1.746-P e 1.493-P, todos de 2020).

Se a prova da inexistência de erro grosseiro cabe ao gestor, então a efetividade do art. 28 como garantidor de um ambiente de segurança jurídica perde força.

Um terceiro fator é a ampla liberdade com que o TCU vem interpretando o conceito de erro grosseiro, como já demonstraram Eduardo Jordão e Conrado Tristão. A verificação ou não de erro grosseiro deixa, assim, de ser uma questão probatória importante ou um ônus argumentativo para o tribunal, transformando-se em mera janela para o exercício assistemático de tipificação de condutas.

Se o problema da paralisia decisória no setor público de fato existe, outras reformas serão necessárias para enfrentá-lo.

Informação bibliográfica deste texto, conforme a NBR 6023:2018 da Associação Brasileira de Normas Técnicas (ABNT):

BRAGA, André de Castro O. P. Erro grosseiro e TCU: algo mudou? Evidências sugerem que impacto da alteração da LINDB foi modesto. In: ROSILHO, André. (Org.). *Direito Administrativo e Controle de Contas.* Belo Horizonte: Fórum, 2023. p. 281-282. ISBN 978-65-5518-491-4.

COOPERAÇÃO DOS CONTROLES EM ACORDO DE LENIÊNCIA

CONTROLADORES PÚBLICOS SE COMPROMETEM A AGIR COM HARMONIA EM ACORDOS DE LENIÊNCIA

YASSER GABRIEL

12.08.2020

Talvez estejamos diante de novo momento na história dos acordos de leniência, em que a palavra de ordem é "cooperação". Em 06 de agosto de 2020, foi assinado acordo de cooperação técnica (ACT) entre TCU, CGU, AGU, STF e Ministério da Justiça, instituindo diretrizes operacionais concretas para celebração dos acordos de leniência. O propósito é harmonizar a atuação simultânea dos signatários do ACT para aumentar a efetividade dos acordos de leniência da Lei Anticorrupção. Na prática, isso se traduziu no seguinte:
1. CGU, AGU e MPF farão investigações para apurar eventual irregularidade praticada contra Administração Pública e participarão conjuntamente das negociações dos acordos de leniência. A condução das negociações, contudo, ficará a cargo da CGU e da AGU.
2. TCU auxiliará CGU e AGU a estimar o dano ao erário e os encargos financeiros atribuídos à empresa colaboradora. Se o TCU discordar do valor final, o acordo poderá ser celebrado mesmo assim. Mas não haverá quitação quanto ao ressarcimento do dano.

3. Após assinado o acordo, haverá o compartilhamento entre esses órgãos (e outros pertinentes) das provas e informações produzidas. Essas provas não poderão ser utilizadas, direta ou indiretamente, para responsabilização da empresa colaboradora.

Olhar mais cético sugere que o ACT não produziu mudança concreta na dinâmica dos acordos de leniência. Afinal: pela Lei Anticorrupção, sempre foi da CGU a competência para celebrá-los e os demais órgãos sempre tiveram competência para realizar investigações, inclusive com alguma cooperação entre si; ademais, o TCU já mantinha prerrogativa de fazer avaliação própria quanto ao prejuízo público (caso concluísse pela não reparação integral do dano, preservava a possibilidade de imputá-lo à empresa); e a não responsabilização da empresa colaboradora com base nas provas produzidas já era premissa trazida no próprio acordo celebrado.

Porém, o ACT, por um olhar mais otimista, parece ser uma boa "carta de intenções" em que diversos controladores públicos se comprometem a buscar a harmonização de suas ações para que o acordo de leniência siga útil no combate à corrupção. Nesse sentido, busca-se o prestígio da atuação administrativa negocial. Caso contrário, a descoordenação institucional poderia levar, na ponta, ao descrédito do instrumento junto a empresas que, por nele não enxergarem segurança jurídica, prefeririam não colaborar.

A multiplicidade de controles sobre a Administração Pública gera um dilema. De um lado, há a ideia de que muitos controladores olhando para a gestão pública aumentam as chances de se apanhar irregularidade. Mas, de outro, a sobreposição de controladores trabalhando sobre o mesmo fato pode gerar conflitos entre suas atuações. Levar esses elementos em conta é fundamental para que se tenha um controle público eficaz e com segurança jurídica. O ACT demonstra disposição dos controladores para tanto. Aguardemos para ver se a disposição é real.

Informação bibliográfica deste texto, conforme a NBR 6023:2018 da Associação Brasileira de Normas Técnicas (ABNT):

GABRIEL, Yasser. Cooperação dos controles em acordo de leniência: controladores públicos se comprometem a agir com harmonia em acordos de leniência. *In*: ROSILHO, André. (Org.). *Direito Administrativo e Controle de Contas*. Belo Horizonte: Fórum, 2023. p. 283-284. ISBN 978-65-5518-491-4.

IMPROBIDADE NO TCU: SERÁ QUE A MODA PEGA?

RECENTES DECISÕES DO TCU SOBRE IMPROBIDADE ADMINISTRATIVA TRAZEM SURPRESA E PREOCUPAÇÕES

RICARDO ALBERTO KANAYAMA

19.08.2020

Há duas semanas, esta coluna descreveu as estratégias do Tribunal de Contas da União (TCU) para contornar possível interpretação do Tema 899, do Supremo Tribunal Federal (STF), que considerou prescritível a pretensão de ressarcimento ao erário fundada em decisão do TCU.

Uma delas, refletida nos acórdãos nº 1.482/2020 e nº 7.687/2020, consiste em fazer um juízo de improbidade administrativa – verificar se houve dolo do agente – a fim de se declarar a imprescritibilidade do ressarcimento, nos termos do Tema 897, do STF.

Esta estratégia do TCU traz surpresa e preocupações.

Surpresa porque altera entendimento consolidado no TCU no sentido de que o processo de tomada de contas não se confunde com o processo judicial de improbidade administrativa (acórdão nº 1.049/2020) e de que há independência entre as instâncias ainda que o agente tenha sido absolvido em uma delas (acórdão nº 2.111/2016).

Já as preocupações decorrem de três motivos. O primeiro se refere à competência, uma vez que nem a Constituição nem a lei autorizam o TCU a fazer juízos de improbidade. É inerente a um Estado de Direito que a pessoa saiba quem julga e pelo que está sendo julgada.

Se o primeiro motivo é de competência legal, o segundo é de competência técnica. Improbidade administrativa não é matéria simples, nem mesmo no âmbito do processo judicial. Embora com quase trinta anos, a Lei nº 8.429/1992 ainda guarda muitas controvérsias na literatura e nos tribunais. O conceito de dolo genérico, usado como principal fundamento nas duas decisões do TCU para afastar a prescritibilidade, carece de contornos precisos e recebe críticas.

Especificamente sobre deixar de prestar contas, prevista como conduta ímproba que viola princípios (art. 11, VI, Lei nº 8.429/1992) e usada no acórdão nº 1.482/2020 para afirmar que havia dolo, há no Superior Tribunal de Justiça (STJ) decisões com diferentes fundamentos tanto para condenar o agente quanto para absolvê-lo (comparar EDcl no REsp nº 852.671.BA e AREsp nº 282.630.PI, por exemplo), o que atesta a dificuldade no tema.

Finalmente, o terceiro motivo de preocupação refere-se ao contraditório e à ampla defesa.

Ao contraditório, pois se no Judiciário a citação ficta é exceção, no TCU ela é plenamente admissível, já que se presume a confirmação do recebimento da comunicação enviada ao endereço do interessado que consta no sistema do Tribunal de Contas, ainda que ele tenha alterado seu domicílio. É, aliás, o que ocorreu no acórdão nº 1.482/2020, no qual se decretou a revelia do agente.

À ampla defesa, pois, quanto ao ônus probatório, enquanto na ação de improbidade prevalece o princípio da presunção da inocência, recaindo o ônus sobre o acusador, no TCU prevalece o oposto: é responsabilidade do agente público comprovar o correto uso dos recursos públicos, como o acórdão nº 7.687/2020 deixou claro.

Também há prejuízo à defesa no tocante à produção de provas, pois no Judiciário ela é mais robusta se comparada ao TCU, que não permite prova testemunhal ou pericial.

Tudo isso aponta que a estratégia usada pelo TCU para afastar a prescritibilidade do ressarcimento ao erário a partir de um juízo de improbidade é preocupante. Que a moda seja passageira.

Informação bibliográfica deste texto, conforme a NBR 6023:2018 da Associação Brasileira de Normas Técnicas (ABNT):

KANAYAMA, Ricardo Alberto. Improbidade no TCU: será que a moda pega? Recentes decisões do TCU sobre improbidade administrativa trazem surpresa e preocupações. In: ROSILHO, André. (Org.). Direito Administrativo e Controle de Contas. Belo Horizonte: Fórum, 2023. p. 285-286. ISBN 978-65-5518-491-4.

É CONSTITUCIONAL A INIDONEIDADE DECLARADA PELO TCU?
STF TERIA DITO QUE SIM. DISSE MESMO?

ANDRÉ ROSILHO

YASSER GABRIEL

21.10.2020

A Constituição não concedeu ao Tribunal de Contas da União (TCU) a possibilidade de declarar inidôneo licitante ou contratado pela administração e, com isso, proibir-lhe de disputar contratos públicos. Mas a lei orgânica do TCU o fez (art. 46, Lei nº 8.443, de 1992). Seria a lei constitucional nesse ponto?

Em 2015, o Plenário do Supremo Tribunal Federal (STF), por maioria, disse que sim (mandado de segurança 30.788). Mas o fez a partir de olhar específico. O relator do caso, ministro Marco Aurélio, entendeu que a sanção ultrapassava os limites do poder do órgão de contas.

Porém, o voto vencedor foi o do ministro Luis Roberto Barroso, que entendeu constitucional a sanção porque: i) a Constituição permitiu ao TCU sancionar particulares que recebam recursos públicos; ii) a sanção não se confunde com a prevista na Lei Geral de Licitações (Lei nº 8.666, de 1993), pois, na leitura das normas feita pelo ministro, essa é destinada à punição de contratado por inexecução contratual, enquanto a do TCU visa licitante fraudador de licitação.

Mas a decisão não enfrentou a principal dúvida sobre a constitucionalidade da sanção: licitante ou contratado utiliza, arrecada, guarda, gerencia ou administra dinheiro, bens e valores públicos?

A Constituição é clara ao estabelecer que particulares responsáveis por valores públicos prestam contas ao TCU e ficam sujeitos ao poder sancionador do órgão em caso de ilegalidade de despesa ou irregularidade de contas (art. 70, parágrafo único, e art. 71, VIII). É o que ocorre, por exemplo, com organizações do terceiro setor que recebem repasses da administração para executar atividade de interesse público em caráter de parceria social. Não há dúvida em relação a casos como esse.

É diferente a situação de particulares contratados, fornecedores de bens e serviços à administração. Apesar de os recursos envolvidos nessa relação comercial serem públicos na origem, tal natureza muda ao serem percebidos pelo particular. Ao ser remunerado, o contratado não está guardando, gerenciando ou fazendo qualquer outra coisa com valor público. Ele está sendo pago por trabalho desempenhado. É dinheiro dele, não do estado.

No caso de licitante que não chegou a celebrar contrato – e, portanto, sequer recebeu valores, públicos ou privados – as circunstâncias ficam ainda mais distantes das hipóteses constitucionais.

A dúvida central quanto à adequação da inidoneidade declarada pelo TCU ao regime constitucional não é se o órgão pode ou não aplicar sanção a particulares. Mas se contratados pela Administração Pública que recebem remuneração pelas prestações contratuais executadas podem ser qualificados como "responsáveis por valores públicos", nos termos da Constituição. Essa dúvida ainda não foi enfrentada pelo Supremo. Quando isso acontecer, e se o STF fizer uma leitura fiel ao texto da Constituição, é possível que a sanção venha a ser entendida como inconstitucional.

Informação bibliográfica deste texto, conforme a NBR 6023:2018 da Associação Brasileira de Normas Técnicas (ABNT):

ROSILHO, André; GABRIEL, Yasser. É constitucional a inidoneidade declarada pelo TCU? STF teria dito que sim. Disse mesmo? *In*: ROSILHO, André. (Org.). *Direito Administrativo e Controle de Contas*. Belo Horizonte: Fórum, 2023. p. 287-288. ISBN 978-65-5518-491-4.

A NECESSÁRIA "DETRAÇÃO" NA APLICAÇÃO DE SANÇÕES DO TCU
INDEPENDÊNCIA INSTITUCIONAL NÃO JUSTIFICA AUTOALIENAÇÃO DAS ESFERAS PUNITIVAS

YASSER GABRIEL

09.12.2020

Chama-se *detração* o abatimento do tempo da prisão cumprida provisoriamente no tempo da prisão definitiva (art. 42 do Código Penal). A medida temporária, tendo efeitos semelhantes aos da definitiva e decorrendo da mesma conduta irregular, não pode ser desconsiderada. Afinal, pragmaticamente, a restrição de direitos do sancionado iniciou-se no momento da prisão provisória.

O conceito de detração talvez tenha relevância em outro contexto se considerado que leis brasileiras previram sanções a serem aplicadas em diferentes esferas punitivas com efeitos práticos semelhantes. Exemplo é a proibição para contratar com a administração: uma mesma irregularidade pode levar à aplicação de sanções com esse efeito pela própria administração, pelo Judiciário e pelo Tribunal de Contas da União.

Mesmo sendo instituições independentes, se suas competências sancionadoras não forem exercidas com alguma integração, pode-se ter um quadro de desproporcionalidade.

Aplicadas em momentos distintos e sucessivos, proibições que deveriam vigorar por até dois anos, por exemplo, podem, na prática, deixar o sancionado impedido de disputar contratos públicos por mais tempo.

A discussão chegou ao Plenário do TCU. Uma das questões do acórdão 148, de 2020, dizia respeito à empresa proibida de contratar com a administração pelo tribunal após ter sido punida com sanção de efeito semelhante pela Controladoria-Geral da União. A empresa argumentava que, ao aplicar a sanção, o TCU deveria considerar a sanção da CGU. O fundamento seria, por analogia, o art. 42 do Código Penal, tendo sido lembrado que o órgão recorre ao direito penal para suprir lacunas normativas na atividade sancionadora.

O argumento não foi aceito ante a *"ausência de previsão legal para adoção do instituto da detração para cumprimento da penalidade do art. 46 da Lei nº 8.443/1992"*, que fundamenta a proibição para contratar pelo TCU. Há dois problemas nessa justificativa.

Primeiro: ignora jurisprudência do Plenário do órgão (acórdão nº 1408, de 2014), em que se deixou de declarar inidônea empresa justamente porque ela havia sido impedida de contratar com a administração pela CGU, em decorrência da mesma irregularidade e pelo impedimento vigorar por período superior a cinco anos, o máximo permitido à sanção na jurisdição de contas. O tribunal assentou que, caso sancionasse, haveria *bis in idem* em função dos efeitos práticos gerados.

Segundo: ignora a Lei de Introdução às Normas do Direito Brasileiro, que estabelece que sanções aplicadas por autoridades administrativas, judiciais e controladoras devem considerar, em sua dosimetria, as demais sanções de mesma natureza e relativas ao mesmo fato (art. 22, §3º). Existe, portanto, norma determinando a incidência da lógica da detração às sanções do TCU.

O Brasil optou por dotar diversas autoridades com competência sancionadora sobre a mesma irregularidade. Concordar ou não com o modelo pouco importa, pois é ele que vige. Mas independência institucional não justifica autoalienação das esferas punitivas. Se um agente pode ser repreendido por várias sanções com efeitos semelhantes, é necessário cuidado para que punições exacerbadas, constitucionalmente vedadas pela necessidade de individualização e proporcionalidade da pena, não ocorram.

Informação bibliográfica deste texto, conforme a NBR 6023:2018 da Associação Brasileira de Normas Técnicas (ABNT):

GABRIEL, Yasser. A necessária "detração" na aplicação de sanções do TCU: independência institucional não justifica autoalienação das esferas punitivas. *In*: ROSILHO, André. (Org.). *Direito Administrativo e Controle de Contas*. Belo Horizonte: Fórum, 2023. p. 289-290. ISBN 978-65-5518-491-4.

CABE RESPONSABILIZAÇÃO DE PARECERISTA QUE NÃO SEGUIR JURISPRUDÊNCIA PACIFICADA DO TCU?

É ÔNUS DO TCU INDICAR SUA JURISPRUDÊNCIA PACIFICADA COM BASE EM SÓLIDA METODOLOGIA

JULIANA BONACORSI DE PALMA

30.12.2020

Parecerista pode ser pessoalmente responsabilizado se deixar de considerar jurisprudência pacificada pelo TCU. O entendimento integra a razão de decidir do Acórdão nº 13.375/2020, recebido com grande preocupação pela comunidade jurídica, especialmente pelos advogados públicos, que agora se veem obrigados a reconhecer jurisprudência pacífica do TCU e segui-la fielmente para não serem responsabilizados.

No caso concreto, pregoeira e assessor jurídico do Município de Jacobina (BA) foram sancionados por restringirem indevidamente a competitividade em pregão, realizado em 2014, para contratação de serviço de transporte escolar.

O edital exigia a vistoria da totalidade dos veículos necessários ao cumprimento do contrato para qualificação técnica. Segundo o TCU, essa exigência contraria súmula nº 272 do Tribunal[1] e *"farta jurisprudência"* sobre o assunto.

---

[1] Súmula 272 do TCU: "(n)o edital de licitação, é vedada a inclusão de exigências de habilitação e de quesitos de pontuação técnica para cujo atendimento os licitantes tenham de incorrer em custos que não sejam necessários anteriormente à celebração do contrato".

Porém, os precedentes mencionados no voto são posteriores a 2014, quando o pregão foi realizado (Ac. nº 656/2016; Ac. nº 2939/2018; Ac. nº 2098/2019). O relatório lista julgados para refutar o argumento da defesa de que a "linha jurisprudencial não seria consensual à época do certame", mas nenhum deles tem similaridade com os fatos, versando sobre aquisição de imobiliários ou materiais para manutenção de bens imóveis, construção de novo campus universitário, construção ou ampliação de sistema sanitário e construção de escola.

Tampouco esses precedentes se conectam com a questão jurídica de fundo, versando sobre a exigência de visita técnica por profissional específico da empresa licitante (Ac. nº 2179/2011; Ac. nº 2669/2013; Ac. nº 1215/2014), a exigência de visita técnica em um único dia ou datas e horário pré-definidos (Ac. nº 1172/2012; Ac. nº 147/2013; Ac. nº 2669/2013) ou ausência de previsão da substituição da visita técnica por declaração (Ac. nº 1955/2014; Ac. nº 656/2016). Os mesmos problemas se verificam com os precedentes do voto.

Em exercício simples de pesquisa de jurisprudência com base em 37 acórdãos com conexão ao caso concreto, apreciados pelo TCU até cinco anos antes do certame,[2] constatou-se que não havia jurisprudência pacificada no TCU sobre a exigência de vistoria veicular para fins de qualificação técnica, credenciamento ou habilitação.

A exigência de vistoria veicular para fins de qualificação técnica surgiu como uma prática administrativa voltada a contornar problemas de qualidade e quantidade de veículos de transporte escolar, recorrentes nos pequenos municípios beneficiados pelo Programa Nacional de Apoio ao Transporte do Escolar.

Em 2012, é editada a súmula nº 272 do TCU, treinando o olhar dos auditores para essa questão. Porém, a súmula jamais foi aplicada e nos dois casos em que se reconheceu a ilegalidade da vistoria durante o certame, não houve responsabilização (Ac. nº 1557/2012; Ac. nº 2874/2013). Ademais, o relatório de auditoria da política pública (Ac. nº 1614/2013) não apresentou qualquer recomendação ou determinação sobre o assunto.

O reconhecimento da jurisprudência pacificada pelo TCU não é tarefa simples, devendo ser orientada pela Nova LINDB e pelo CPC.

---

[2] Busquei no sistema de pesquisa disponibilizado pelo TCU acórdãos apreciados pelo Plenário entre 1º de janeiro de 2009 e 1º de janeiro de 2014 com as palavras-chave ("transporte escolar" habilitação competitividade veículo).

É ônus do TCU indicar com clareza a sua jurisprudência pacificada, preferencialmente na forma de súmulas. O CPC é bastante claro em conferir essa responsabilidade *aos Tribunais*.

O ônus de dizer a jurisprudência pacífica não pode ser transferido ao particular e nem aos advogados públicos, que jamais poderão ser responsabilizados por deixar de reconhecê-la ou desconsiderá-la (tipificação assim fere a reserva de lei).

O reconhecimento da jurisprudência pacífica deve ser guiado por metodologia sólida, com amostra composta pela similaridade com o caso concreto e a questão jurídica em debate, e que sejam situados à época dos fatos.

Mais importante que reconhecer a jurisprudência pacificada, busca inglória em qualquer Tribunal, é trabalhar para a boa fundamentação das decisões.

Informação bibliográfica deste texto, conforme a NBR 6023:2018 da Associação Brasileira de Normas Técnicas (ABNT):

PALMA, Juliana Bonacorsi de. Cabe responsabilização de parecerista que não seguir jurisprudência pacificada do TCU? É ônus do TCU indicar sua jurisprudência pacificada com base em sólida metodologia. *In*: ROSILHO, André. (Org.). *Direito Administrativo e Controle de Contas*. Belo Horizonte: Fórum, 2023. p. 291-293. ISBN 978-65-5518-491-4.

ACORDO DE LENIÊNCIA E DECLARAÇÃO DE INIDONEIDADE PELO TCU

PARA STF, MULTIPLICIDADE SANCIONADORA NÃO PODE LEVAR AO DESCUMPRIMENTO PRÁTICO DO ACORDO

YASSER GABRIEL

14.04.2021

Novo capítulo para o debate da multiplicidade de sanções incidentes sobre aquele que pratica irregularidade contra a Administração Pública. Em 30 de março de 2021, a Segunda Turma do Supremo Tribunal Federal decidiu que o Tribunal de Contas da União (TCU) não pode declarar inidônea empresa que tenha firmado acordo de leniência (mandados de segurança 35.435 e 36.496). Isso, claro, quando sanção e acordo disserem respeito à mesma conduta irregular.

A discussão teve origem no fato de acordos de leniência celebrados entre empresas e Ministério Público Federal, Advocacia--Geral da União e Controladoria-Geral da União possuírem cláusula estabelecendo que esses órgãos de controle se absteriam de aplicar sanções que as impedissem de celebrarem contratos públicos. O TCU não é signatário desses acordos e, com base em sua lei orgânica (art. 46), poderia declarar essas empresas inidôneas, deixando-as temporariamente impossibilitadas de contratarem com a administração.

O racional jurídico da decisão do STF, construído no voto do relator Gilmar Mendes, é o seguinte: 1) eventual aplicação da sanção esvaziaria os termos do acordo, uma vez que há coincidência de efeitos práticos entre a sanção do TCU e aquelas negociadas pelos demais controladores; 2) a possibilidade de o TCU impor a sanção pelos mesmos fatos objeto do acordo não é compatível com os princípios constitucionais da eficiência e da segurança jurídica; 3) tal arranjo não prejudica a competência do TCU para apurar danos complementares, que não foram reparados no acordo. Ocorre apenas que, nessa hipótese, a Corte de Contas não poderá fazer uso da declaração de inidoneidade, restando-lhe os demais instrumentos jurídicos que tem a seu dispor.

Entre os vários aspectos positivos da decisão, aponto dois que mais me chamam atenção.

Primeiro é que se deixou claro haver um dever de proteção à segurança jurídica e à confiança depositada pelo particular no estado. Afinal, os efeitos de sanções que sobre ele recaem, decorrentes da atuação dos diversos poderes estatais, são rigorosamente os mesmos, independentemente de sua origem. Uma vez que o acordo tenha sido celebrado e o particular esteja cumprindo com suas obrigações, ele não deve ficar sujeito à instabilidade causada por eventual descoordenação das atuações públicas sancionadoras e sofrer consequências semelhantes às que sofreria caso o negócio jurídico não tivesse existido. Para isso, o argumento da autonomia das instâncias não cola.

Segundo é que intrínseca a ela está a ideia (muito lógica) de que é preciso buscar coerência entre as atuações dos diversos agentes incumbidos de proteção da administração contra a prática de irregularidades. No caso do acordo de leniência, a própria efetividade do instrumento depende do concerto entre esses agentes. Controle é bom e necessário. Mas isso não autoriza a instituição de caos jurídico.

Informação bibliográfica deste texto, conforme a NBR 6023:2018 da Associação Brasileira de Normas Técnicas (ABNT):

GABRIEL, Yasser. Acordo de leniência e declaração de inidoneidade pelo TCU: para STF, multiplicidade sancionadora não pode levar ao descumprimento prático do acordo. *In*: ROSILHO, André. (Org.). *Direito Administrativo e Controle de Contas*. Belo Horizonte: Fórum, 2023. p. 295-296. ISBN 978-65-5518-491-4.

BOA NOTÍCIA NA APLICAÇÃO DO ART. 22 DA LINDB PELO TCU?

REALIDADE DO GESTOR FOI DECISIVA EM RECENTE DECISÃO DO TCU

GILBERTO MENDES C. GOMES

26.05.2021

Não é exagero afirmar que o Tribunal de Contas da União (TCU) tornou-se um grande laboratório para a aplicação dos novos dispositivos da Lei de Introdução das Normas do Direito Brasileiro (LINDB), que incidem não só na esfera controladora, mas também nos campos administrativo e judicial. Isso não só pelo próprio delineamento das competências da Corte de Contas pela Constituição, mas também porque o TCU vem progressivamente aplicando os novos dispositivos em suas decisões.

Na última sessão plenária do TCU, foi julgado caso em que a Corte de Contas revelou postura interessante à luz dos novos dispositivos da LINDB – no caso, especificamente do artigo 22, segundo o qual "na interpretação de normas sobre gestão pública, serão considerados obstáculos e as dificuldades reais do gestor e as exigências das políticas públicas a seu cargo, (...)". O Acórdão nº 1151/2021-P pode ser uma decisão importante em matéria de interpretação deste dispositivo.

Isso porque, a um só tempo, o TCU entendeu que: (i) há falha sistêmica nos processos de aprovação e fiscalização de convênios no MTur e os gestores não podem ser punidos apenas por executarem esses protocolos (ii) à época dos fatos não havia controle ou normas que institucionalizaram a política pública de turismo, não sendo adequado avaliar a conduta do gestor com base em procedimentos definidos após sua conduta.

A decisão contrasta com julgados anteriores às novas disposições da LINDB, nos quais o TCU aplicou sanções a gestores do MTur em situações semelhantes, como no Acórdão nº 6076/2016-Primeira Câmara. De acordo com ministro vogal no acórdão nº 1151/2021, a jurisprudência anterior do Tribunal teria resultado em injustiça para esses gestores, que teriam enfrentando obstáculos e dificuldades de gestão pública similares.

O caso não permite traçar diagnósticos amplos sobre a aplicação dos novos dispositivos da LINDB pelo TCU. No entanto, revela situação em que o diploma teve impacto direto para mudar os critérios da Corte de Contas na responsabilização de gestores públicos.

Informação bibliográfica deste texto, conforme a NBR 6023:2018 da Associação Brasileira de Normas Técnicas (ABNT):

GOMES, Gilberto Mendes C. Boa notícia na aplicação do art. 22 da LINDB pelo TCU? Realidade do gestor foi decisiva em recente decisão do TCU. In: ROSILHO, André. (Org.). *Direito Administrativo e Controle de Contas*. Belo Horizonte: Fórum, 2023. p. 297-298. ISBN 978-65-5518-491-4.

CONTORCIONISMOS DO PODER PUNITIVO DO TCU

INTERPRETAÇÃO DO TRIBUNAL DIFICULTA APLICAÇÃO DO §3º DO ART. 22 DA LINDB

YASSER GABRIEL

02.06.2021

Para casos em que uma irregularidade praticada contra a administração gera sanções com efeitos semelhantes, aplicadas a um mesmo particular por autoridades públicas distintas, o §3º do art. 22 da Lei de Introdução às Normas do Direito Brasileiro (LINDB) determina que "sanções aplicadas ao agente serão levadas em conta na dosimetria das demais sanções".

Concretizando premissas constitucionais de proporcionalidade e individualização da pena, a norma positivou o dever de autoridades públicas atentarem a eventuais exageros repressivos decorrentes de jurisdições sancionadoras atuarem com independência entre si. Chamo isso de dever de *harmonização de efeitos das sanções de direito administrativo*.

Já mostrei nesta coluna que o Tribunal de Contas da União (TCU) não harmoniza os efeitos de sua declaração de inidoneidade com sanções de mesmo tipo aplicadas por outros entes. Para o tribunal, inexistiria dever legal nesse sentido, ignorando o dispositivo da LINDB.

Esse enredo acaba de aumentar.

Em acórdão recente (nº 416/2021), o Plenário do tribunal reconheceu que o "§3º do art. 22 da LINDB introduziu uma causa de diminuição da pena, a ser arbitrada pelo julgador no momento de sua aplicação, a partir da verificação da natureza e da identidade dos fatos em discussão". Fato positivo, pois revela que o TCU agora leva em conta o que diz o texto da norma.

Ocorre que o tribunal desenvolveu interpretação que, na prática, parece esvaziar o normativo.

O caso envolvia harmonização de efeitos entre a declaração de inidoneidade prevista na Lei Orgânica do TCU (art. 46), cujo limite é cinco anos, e a declaração de inidoneidade da Lei nº 8.666/1993 (art. 87, inciso IV), com duração incerta, pois depende da reabilitação do sancionado perante a administração ou da cessação dos efeitos da irregularidade. Ambas resultam na impossibilidade de o sancionado participar de licitações e celebrar contratos públicos. Mas por conta da diferença em suas durações, o tribunal entendeu que "somente seria possível compensar a pena de inidoneidade da Lei nº 8.666/1993 na da Lei nº 8.443/1992 (...). Já o contrário, a compensação da inidoneidade da Lei nº 8.443/1992 na da Lei nº 8.666/1993, não ocorreria nunca. Pela diversidade de tratamentos, não há como imaginar as duas como penalidades de mesma natureza".

O raciocínio é problemático.

Primeiro, ignora o que realmente importa para fins de harmonização, que é a identidade entre efeitos práticos das punições. Depois, parte da ideia de que a inidoneidade da Lei nº 8.666/1993 necessariamente irá durar mais do que a do TCU, o que não é verdade. Por fim, acaba por exigir semelhança quase total entre sanções, de modo que, para serem harmonizadas, precisariam ter contornos jurídicos muito próximos, e não apenas as mesmas consequências punitivas.

Apesar de o TCU ter reconhecido a existência de norma jurídica válida, deu a ela interpretação que limita sua eficácia, pois o direito brasileiro previu sanções com nomenclaturas e prazos diferentes, mas com implicações práticas semelhantes. Não seria a primeira vez que o tribunal teria agido dessa forma – os casos da prescrição da pretensão de ressarcimento e do prazo para julgamento de aposentadoria o demonstram. Terminada a leitura do acórdão, não pude deixar de lembrar do Keanu Reeves se contorcendo para escapar das balas do agente Jones.

Informação bibliográfica deste texto, conforme a NBR 6023:2018 da Associação Brasileira de Normas Técnicas (ABNT):

GABRIEL, Yasser. Contorcionismos do poder punitivo do TCU: interpretação do tribunal dificulta aplicação do §3º do art. 22 da LINDB. *In*: ROSILHO, André. (Org.). *Direito Administrativo e Controle de Contas*. Belo Horizonte: Fórum, 2023. p. 299-300. ISBN 978-65-5518-491-4.

O CONTROLADOR MÉDIO

O PRIMO MENOS CONHECIDO DO "ADMINISTRADOR MÉDIO"

EDUARDO JORDÃO

09.06.2021

O Tribunal de Contas da União (TCU) costuma usar o parâmetro do "administrador médio" para avaliar a conduta de um gestor sob seu julgamento.

Em belo texto publicado nesta coluna em 2018, minha colega Juliana Palma identificou o uso dessa figura em nada menos do que 133 acórdãos do TCU. Neles, o Tribunal caracterizava o tal "administrador médio" como aquele que apresenta os níveis de diligência, cautela e razoabilidade esperáveis dos gestores públicos. O administrador de carne e osso que não se enquadra nesse padrão "médio" termina responsabilizado pessoalmente.

Mas... e o "controlador médio"? O que dele se deve esperar?

Partindo dos mesmos conceitos referidos acima, que tipo de comportamentos se podem exigir de um controlador para que se possa considerá-lo "diligente, cauteloso e razoável"?

Abaixo sugiro algumas especificações para esse novo parâmetro, convidando o leitor a adicionar as suas próprias, com o intuito de contribuir para o aprimoramento do controle público nacional.

1 – O controlador médio precisa, em primeiro lugar, conhecer bem o direito que lhe cabe aplicar. Isso parece óbvio, mas é particularmente importante esclarecer que implica não apenas dominar o que o direito impõe, como também reconhecer lacunas e indeterminações jurídicas. O controlador médio

aplica o direito certo, mas não impõe as suas próprias vontades quando o direito é incerto: dá ao controlado, neste caso, espaço para realizar as suas próprias escolhas;

2 – Além do direito, o controlador médio precisa também conhecer a realidade do administrador público. A propósito, em alguns países, exige-se que os controladores da Administração Pública tenham antes atuado como gestores públicos, para julgarem com conhecimento de causa. É também por isso que o art. 22 da LINDB veio exigir do controlador que leve em consideração "os obstáculos e as dificuldades reais do gestor";

3 – O controlador médio também precisa *ser* e *parecer* imparcial. Não há julgamento justo e correto sem neutralidade, com pré-julgamentos e manipulações processuais;

4 – E, finalmente, o controlador médio precisa ter consciência das suas próprias limitações (jurídicas) e dos seus próprios limites (subjetivos). Com o tanto de poder que detém, é grande a tentação para que o controlador se creia não médio, mas superior. Mas isso não pode fazê-lo esquecer que a sua atuação (ela também, e não apenas a do controlado) se submete aos limites do direito; e que as suas próprias compreensões e avaliações da realidade (elas também, e não apenas as do controlado) se sujeitam a limitações intelectuais e a vieses cognitivos.

Precisamente como o parâmetro do "administrador médio", a ideia de "controlador médio" serve para permitir a avaliação das condutas concretas dos controladores.

No caso dos controladores, seu eventual não enquadramento dentro desses parâmetros desejáveis de regra não implica sua responsabilização pessoal. Mas isso não afasta a possibilidade e a conveniência da sua utilização, para avaliar a legitimidade da atuação desses agentes públicos de carne e osso.

Informação bibliográfica deste texto, conforme a NBR 6023:2018 da Associação Brasileira de Normas Técnicas (ABNT):

JORDÃO, Eduardo. O controlador médio: o primo menos conhecido do "administrador médio". *In*: ROSILHO, André. (Org.). *Direito Administrativo e Controle de Contas*. Belo Horizonte: Fórum, 2023. p. 301-302. ISBN 978-65-5518-491-4.

CONTEXTO FÁTICO E CRITÉRIOS PARA A APLICAÇÃO DE SANÇÕES PELO TCU

TCU PARECE TER DIFICULDADE DE ATENDER AO COMANDO DO §2º DO ART. 22 DA LINDB

GABRIELA DUQUE

21.07.2021

Não são poucos os desafios enfrentados pelo julgador ao realizar a dosimetria na imposição de sanções. O §2º do art. 22 da Lei de Introdução às Normas do Direito Brasileiro (LINDB) ajuda a endereçar o problema ao orientar o aplicador do direito a considerar o contexto (natureza e gravidade da infração, danos dela originados, agravantes, atenuantes e antecedentes do agente) na decisão sobre a aplicação de pena.[1]

Desde que introduzido na LINDB, em 2018, observa-se referência expressa ao art. 22 em decisões do TCU, especialmente em julgados que aplicam a multa do artigo 57 da Lei nº 8.443/1992 aos responsáveis por causar danos ao erário.

A 2ª Câmara do Tribunal parece utilizar um mesmo padrão de fundamentação ao aplicar a regra.[2] Inicia pela classificação da gravidade da conduta, registra a ocorrência de dano, os antecedentes do(s) agente(s)

---

[1] Sobre o tema veja JORDÃO, Eduardo. Art. 22 da LINDB. Acabou o romance: reforço ao pragmatismo no direito público brasileiro. *Revista de Direito Administrativo*, Rio de Janeiro, Edição Especial: Direito Público na Lei de Introdução às Normas de Direito Brasileiro – LINDB (Lei nº 13.655/2018), p. 63-92, nov. 2018.

[2] Nesse sentido, confira os Acórdãos nºs 1461/2020, 1460/2020, 640/2020; 8.470/2021, 8.380/2020; 1.089/2020; 834/2020, 833/2020, 1088/2020, 640/2020, 5.316/2020, 12.705/2019; 12.698/2019; 3.490/2019, todos da Segunda Câmara.

e fixa o valor da multa (em percentual do dano). O trecho adiante ilustra bem essa linha decisória: "tem-se que a irregularidade referente à omissão no dever de prestar contas configura conduta grave, capaz de gerar a presunção de prejuízo ao erário no valor total captado. Por outro lado, observa-se que os responsáveis não figuram nos registros do Cadirreg (sistema deste Tribunal para cadastro de contas julgadas irregulares), nem há outros processos no TCU em que figurem como responsáveis. Assim, após sopesar agravantes e atenuantes, o montante das multas deve ficar em patamar próximo a 40% do valor atualizado do débito, dividido entre a empresa e o sócio-administrador" (Acórdão nº 1.460/2020).

A fundamentação segue um esquema lógico. A conclusão parece ser deduzida diretamente de um conjunto de premissas, as quais, contudo, não têm sua procedência demonstrada na motivação.

Não é dito porque a infração foi considerada grave. Tal maneira de fundamentar as decisões pode fazer com que o Tribunal deixe de cumprir, na prática, com o comando central do §2º do art. 22 da LINDB.

Para que a LINDB seja atendida, não parece suficiente qualificar determinada conduta como grave, a fim de se decidir pela aplicação de multa em determinado valor. Cabe ao julgador explicar as razões da gravidade atribuída à conduta. Do contrário, haverá o risco de sanções serem aplicadas a partir de juízos de valor não revelados, pressupostos.[3] Seria uma maneira de contornar o dever de a autoridade definir sanções a partir das peculiaridades do caso concreto – as quais, claro, precisam ser explicitadas.

---

[3] É o que parece ter ocorrido nos seguintes casos concretos: "irregularidade referente à falha quanto ao dever de prestar conta atribuídas ao Sr. Ítalo do Amaral configura conduta grave" (Acórdão nº 8.470/2021 – Segunda Câmara); "a irregularidade referente à falha quanto ao dever de prestar contas atribuída ao Sr. Paulo Cesar configura conduta grave" (Acórdão nº 8.380/2021 – Segunda Câmara); "irregularidades relativas à inexecução do objeto e à ausência da prestação de contas a justificar o nexo de causalidade entre os recursos captados e as despesas realizadas configuram condutas graves (Acórdão nº 1.089/2020- Segunda Câmara); "omissão no dever de prestar contas configura conduta grave, capaz de gerar a presunção de prejuízo ao erário no valor total captado (Acórdão nº 834/2020 – Segunda Câmara).

Ainda é cedo para diagnósticos definitivos acerca da aplicação do art. 22 da LINDB. É importante observar o caminho que será trilhado pelo TCU no futuro.

Informação bibliográfica deste texto, conforme a NBR 6023:2018 da Associação Brasileira de Normas Técnicas (ABNT):

DUQUE, Gabriela. Contexto fático e critérios para a aplicação de sanções pelo TCU: TCU parece ter dificuldade de atender ao comando do §2º do art. 22 da LINDB. *In*: ROSILHO, André. (Org.). *Direito Administrativo e Controle de Contas*. Belo Horizonte: Fórum, 2023. p. 303-305. ISBN 978-65-5518-491-4.

TCU PODE DESCONSIDERAR PERSONALIDADE JURÍDICA E ESTENDER EFEITOS DA INIDONEIDADE?

TRIBUNAL DE CONTAS DESENVOLVEU RACIOCÍNIO VISANDO A EVITAR FRAUDE À SANÇÃO DE INIDONEIDADE

JULIANA BONACORSI DE PALMA

29.09.2021

Desde o julgamento do Acórdão nº 495/2013, o TCU entende que a declaração de inidoneidade recai apenas sobre a empresa licitante. Por ausência de disposição legal, os efeitos da inidoneidade não poderiam ser aplicados a sócios e administradores – inviável, portanto, a desconsideração da personalidade jurídica na jurisdição de contas.

Mas para evitar que os sócios e administradores fugissem dos efeitos da inidoneidade pela constituição de nova empresa, o TCU desenvolveu raciocínio visando a evitar fraude à sanção de inidoneidade. Caso qualquer dos sócios ou administradores de empresa constitua nova pessoa jurídica com o mesmo objeto, após a sanção e durante a sua vigência, devem ser tomadas as providências necessárias para inibir a participação dessa nova empresa em certames. Visando maior efetividade, o TCU entende que essa restrição abrange também empresas de parentes até o terceiro grau dos sócios e administradores das empresas declaradas inidôneas.

Mais recentemente, a legislação passou a dispor sobre a extensão dos efeitos da inidoneidade a terceiros. Pela Lei das Empresas Estatais, de 2016, empresas cujos sócios e administradores tenham integrado o quadro societário de licitante inidônea não podem participar de licitação ou serem contratadas pelo Poder Público (art. 38). Viram *"profissionais radioativos"*.[1] Agora em 2021, a Nova Lei de Licitações previu uma nova hipótese de desconsideração da personalidade jurídica e os isótopos radioativos da inidoneidade podem alcançar administradores e sócios com poderes de administração (art. 160).

No Acórdão nº 1761/2021, a pretexto da edição da Nova Lei de Licitações, suscita-se interessante questionamento sobre o art. 160 autorizar o TCU a estender os efeitos da sanção a sócios e administradores de empresas declaradas inidôneas.

O TCU não tem competência para desconsiderar a personalidade jurídica e estender os efeitos da inidoneidade a terceiros. Além de não ser destinatário da Lei, o TCU não é expressamente indicado como titular dessa competência. Competências, ainda mais de poder, não se presumem. O Estado de Direito não admite poderes implícitos para restringir, limitar ou condicionar direitos. Há uma grave falha de o Legislativo não indicar o responsável por tamanha competência – mais um exemplo de *poder sem responsabilidade*. Mas isso não significa que o TCU a detenha só porque assim supõe.

A extensão dos efeitos da inidoneidade a terceiros deve atender aos direitos previstos em lei: contraditório, ampla defesa e análise jurídica prévia (o que quer que isso signifique no processo judicial). Ainda, o princípio da culpabilidade previsto na Constituição determina que apenas os sócios e administradores que de fato participaram da fraude à licitação podem sofrer os efeitos da inidoneidade. Além da comprovação do dolo, deve-se considerar os elementos de dosimetria previstos na Nova Lei de Licitações e na LINDB (art. 22). Por fim, qualquer interpretação ampliativa da *ocorrência impeditiva indireta*, como para empresa de parente até o terceiro grau de sócios ou administradores inidôneos por irradiação, carece de fundamento jurídico.

Informação bibliográfica deste texto, conforme a NBR 6023:2018 da Associação Brasileira de Normas Técnicas (ABNT):

PALMA, Juliana Bonacorsi de. TCU pode desconsiderar personalidade jurídica e estender efeitos da inidoneidade? Tribunal de Contas desenvolveu raciocínio visando a evitar fraude à sanção de inidoneidade. *In*: ROSILHO, André. (Org.). *Direito Administrativo e Controle de Contas*. Belo Horizonte: Fórum, 2023. p. 307-308. ISBN 978-65-5518-491-4.

---

[1] A ideia é do Professor Carlos Ari Sundfeld.

DELEGAÇÃO DE COMPETÊNCIA: UM TEMA QUE MERECE MAIS ATENÇÃO DO TCU

FALTAM PARÂMETROS PARA RESPONSABILIZAR GESTORES EM CASOS DE DESCONCENTRAÇÃO

RICARDO ALBERTO KANAYAMA

10.11.2021

No Boletim de Jurisprudência 364 do Tribunal de Contas da União (TCU), lê-se que: "a comprovação de que os atos de gestão do convênio foram praticados por secretário municipal, conforme competência prevista em lei municipal, afasta a responsabilidade do prefeito pela utilização dos recursos transferidos, mesmo que, na condição de agente político, figure como signatário do ajuste".

A objetividade do texto engana. Ao contrário do que parece, o TCU ainda não tem parâmetros claros sobre a responsabilização de agentes em casos de delegação de competência. O acórdão que originou o enunciado (nº 8674/2021 – 2ª Câmara) o comprova.

O caso tratou de tomada de contas especial de um ex-prefeito de Olinda (PE), irmão de um conhecido senador, pela ausência de comprovação no uso de recursos do Fundo Nacional de Assistência Social (FNAS). O Relator, apoiado no art. 70, parágrafo único da Constituição Federal, e no art. 93, do Decreto-Lei nº 200/1967, considerou que o fato de ele ter assinado o termo de adesão era suficiente para responsabilizá-lo.

Por sua vez, o revisor, sucinto, mas apoiado em precedentes, entendeu que diante de lei municipal de organização do município que previa competência do secretário para gerir recursos do FNAS, não havia razão para responsabilizar o ex-prefeito.

Em seguida, o Relator complementou e reafirmou seu voto: a lei municipal não havia delegado competência, mas apenas fixado competência institucional. E elencou sete fatos que concluiriam pela responsabilidade do ex-prefeito. Ao final, assentou que "não subsistiria, ainda, a eventual razoabilidade no voto-revisor ora apresentado pelo Ministro Raimundo Carreiro, até porque, diante de todas essas robustas evidências até aqui apresentadas, restaria plenamente demonstrada a total ausência de correlação entre a situação identificada no presente processo e os supostos precedentes anunciados pelo Ministro-Revisor".

Mais importante do que apontar com quem está a razão, é perceber que falta na jurisprudência do TCU parâmetros seguros para reconhecer quando a delegação de competência a outro agente exclui a responsabilidade do gestor. Rápida pesquisa revela que há decisões para todos os gostos.

Em alguns casos, entende-se que não é possível exigir que o gestor fiscalize todos os atos da Administração, sob pena de inviabilizar a gestão (Ac. nº 5333/2011 – 2ª Câmara e nº 11486.2019 – 1ª Câmara) ou de tornar inútil a desconcentração administrativa (Ac. nº 5815/2011 – 2ª Câmara).

Em outros, afirma-se que, apesar de lei delegante, mantém-se a responsabilidade em razão da assinatura do Convênio mesmo sem ato de gestão (Ac. nº 2059.2015 – Plenário), pela escolha do subordinado (culpa *in eligendo*) ou do dever de supervisão (culpa *in vigilando*) (Ac. nº 10328/2017 e nº 13314/2020 – 2ª Câmara). Afirma-se que a delegação deve ser por lei, não decreto (Ac. nº 7304/2013 – 1ª Câmara e nº 3579/2020 – 2ª Câmara), mas controverte-se sobre o teor da lei (como no caso apresentado).

Para garantir a segurança jurídica, o TCU deve estabelecer parâmetros claros sobre responsabilização em casos de delegação de competência.

Informação bibliográfica deste texto, conforme a NBR 6023:2018 da Associação Brasileira de Normas Técnicas (ABNT):

KANAYAMA, Ricardo Alberto. Delegação de competência: um tema que merece mais atenção do TCU: faltam parâmetros para responsabilizar gestores em casos de desconcentração. *In*: ROSILHO, André. (Org.). *Direito Administrativo e Controle de Contas*. Belo Horizonte: Fórum, 2023. p. 309-310. ISBN 978-65-5518-491-4.

O PODER DISSUASÓRIO DO TCU: ENTRE RECORDES E O VAZIO

COM DIRETRIZES MAIS CLARAS, O PODER DO TRIBUNAL DE CONTAS DA UNIÃO DE GUIAR COMPORTAMENTOS SERIA MAIS EFETIVO

ANDRÉ DE CASTRO O. P. BRAGA

24.11.2021

No ano passado, o Tribunal de Contas da União (TCU) bateu recorde no campo da responsabilização de agentes públicos, ao impor condenações num valor total de R$8,6 bilhões, entre multas e imputações de débito. É um número quase quatro vezes maior do que o verificado dez anos atrás (R$2,3 bilhões em 2011, em valores corrigidos).

Em 2021, teremos novo recorde. Apenas no primeiro semestre deste ano, o TCU chegou a R$8,7 bilhões em condenações, ultrapassando o valor do ano passado inteiro.

De uma perspectiva quantitativa, os números retratam um órgão de controle em expansão. Mas o que eles dizem sobre a *qualidade* da atuação do TCU? As decisões do tribunal inibem novas ilegalidades ou novos erros na Administração Pública? Quais os efeitos dissuasórios de todas essas condenações?

Por um lado, parece razoável afirmar que o risco de ser punido pelo TCU é, hoje, uma variável bastante presente nos processos decisórios do setor público. Para ficar em um único exemplo: no mês passado, integrantes do Ministério da Economia pediram demissão porque, entre outros motivos, não queriam ser alvo do TCU por irregularidades na revisão do teto de gastos.

Casos como esse refletem o espírito de um tempo e projetam, no imaginário público, o TCU como um órgão que exerce sua função com considerável independência e expertise, capaz inclusive de desagradar altas autoridades do governo federal. O risco de punição pelo TCU tende, sim, a ser levado a sério e a moldar comportamentos.

Por outro lado, os dados geram dúvidas. Se eventual punição do TCU é uma variável que costuma ser considerada, por que, ano após ano, continuamos vendo quantidade significativa de gestores condenados?

Várias são as hipóteses. Uma delas: agentes públicos não aprendem com seus erros ou são desonestos. Nesse contexto, o poder dissuasório do TCU não ganharia tração. Trata-se de hipótese plausível para análise de casos pontuais; pouco provável para explicação do comportamento de agentes públicos em geral.

Outra hipótese: os instrumentos de responsabilização à disposição do TCU são insuficientes. Também soa frágil. Em 2011, por exemplo, cada pessoa condenada pelo TCU em processos de contas ficou obrigada a pagar, em média, um valor de R$890 mil. Desde então, esse valor vem aumentando. Há, ainda, inabilitações, bloqueios de bens e declarações de inidoneidade. É um bom arsenal.

Terceira hipótese, mais razoável: embora enxergue e receie o risco de punição, boa parte dos gestores públicos tem dificuldade em identificar a conduta que o TCU espera deles, sobretudo naquelas situações em que as normas aplicáveis são vagas ou ambíguas. Por sua vez, o TCU não consegue, por meio de sua jurisprudência, demarcar com precisão os limites desse espaço de discricionariedade do gestor, por inúmeros motivos (ausência de amplo poder normativo; limitações operacionais para julgar uma quantidade brutal de processos; vagueza e complexidade da legislação; inércia do Judiciário na fixação de testes de deferência, entre outros).

Nesse cenário de incertezas, gestores e entes públicos não conseguem se planejar para obedecer os parâmetros de legalidade e economicidade que serão usados pelo TCU em fiscalizações futuras. Como consequência, gestores serão punidos ainda que estivessem dispostos, na origem, a seguir as orientações do TCU, quaisquer que elas fossem.

Tudo isso não significa que a atuação do TCU não possua o poder de inibir ilícitos futuros. Significa apenas que esse poder é menor do que poderia ser e, muitas vezes, aponta para o vazio.

Informação bibliográfica deste texto, conforme a NBR 6023:2018 da Associação Brasileira de Normas Técnicas (ABNT):

BRAGA, André de Castro O. P. O poder dissuasório do TCU: entre recordes e o vazio: com diretrizes mais claras, o poder do Tribunal de Contas da União de guiar comportamentos seria mais efetivo. *In*: ROSILHO, André. (Org.). *Direito Administrativo e Controle de Contas*. Belo Horizonte: Fórum, 2023. p. 311-313. ISBN 978-65-5518-491-4.

COMO A NOVA LEI DE IMPROBIDADE ADMINISTRATIVA PODE INSPIRAR O TCU?

CINCO PONTOS DA NOVA LIA QUE PODEM INSPIRAR MELHORIAS NO TRIBUNAL DE CONTAS DA UNIÃO

RICARDO ALBERTO KANAYAMA

09.02.2022

Na sessão do dia 27 de outubro de 2021 (3:07:45 do vídeo), o ministro Benjamin Zymler propôs a criação de um grupo de trabalho para estudar as implicações da nova Lei de Improbidade Administrativa (LIA) sobre tribunais de contas.

O ministro mencionou como principais pontos a exigência de comprovação do dolo para a condenação, a necessidade de ouvir os tribunais de contas sobre o dano ao erário no acordo de não persecução cível (tema tratado nesta coluna) e o dever de o juiz considerar tanto as provas produzidas quanto as sanções aplicadas em outras instâncias controladoras.

São pontos que afetam diretamente os tribunais de contas. Porém, a nova LIA tem mais a contribuir: ela pode inspirar o Tribunal de Contas da União (TCU) a aperfeiçoar sua atuação em cinco pontos.

Em seus procedimentos de direito administrativo sancionador
A nova Lei de Improbidade consolidou a ideia de que os princípios constitucionais do direito administrativo sancionador são aplicáveis às ações de improbidade (artigo 1º, §4º), haja vista as sanções graves a que os agentes estão sujeitos. Não obstante os procedimentos de contas não se equipararem à ação de improbidade, é certo que o TCU aplica

sanções a agentes públicos e a particulares. Por esse motivo, cumpre ao tribunal atuar em consonância com garantias individuais de defesa.

Na responsabilização por condutas dolosas

A nova LIA não permite punições por atos culposos (artigo 1º, §§1º e 2º). A nova LINDB já havia lançado o debate ao permitir a punição apenas de atos dolosos ou com erro grosseiro (a culpa grave). O TCU tem se esforçado em construir balizas, mas sem sucesso (conferir trabalho do Observatório do TCU). A nova LIA pode inspirar o tribunal ou a concentrar as punições a atos dolosos ou a estabelecer parâmetros claros para sancionar diferentemente o dolo do erro grosseiro.

A compreender que princípios não se prestam a condenar qualquer conduta

O artigo 11 foi o ponto mais discutido no projeto da nova Lei de Improbidade. Ao final, manteve-se boa parte da redação original, mas as condutas que violam princípios da administração passaram a ter rol taxativo. Evita-se que qualquer conduta seja improbidade. Princípios não podem ser atalhos fáceis para acusar ou decidir. Princípios não se prestam à retórica ou à legitimação do vazio. Considerando que o TCU também aplica princípios, não há como o tribunal ignorar esta ideia.

A fazer uso de soluções consensuais

A nova LIA finalmente abandonou a ideia de que o interesse público é indisponível ao permitir soluções consensuais mesmo quando há dano ao erário. É visão moderna do direito público. Nada impede que o TCU possa regulamentar medidas similares em seu âmbito.

A tornar seus prazos prescricionais claros

A nova LIA pretendeu ser clara quanto aos prazos prescricionais. Até hoje, o TCU não o é, sobretudo porque constantemente deixa de seguir o que decisões dos tribunais superiores do Judiciário estabelecem (tema desta coluna). É hora de o TCU mudar a prática em prol da segurança jurídica.

A nova LIA deixou para trás muitos dogmas do direito público. O TCU também pode fazê-lo. A nova Lei de Improbidade Administrativa está aí como inspiração.

Informação bibliográfica deste texto, conforme a NBR 6023:2018 da Associação Brasileira de Normas Técnicas (ABNT):

KANAYAMA, Ricardo Alberto. Como a nova Lei de Improbidade Administrativa pode inspirar o TCU? Cinco pontos da nova LIA que podem inspirar melhorias no Tribunal de Contas da União. *In*: ROSILHO, André. (Org.). *Direito Administrativo e Controle de Contas*. Belo Horizonte: Fórum, 2023. p. 315-316. ISBN 978-65-5518-491-4.

PARTE 7

PROCESSO NO CONTROLE DE CONTAS

E SE O CONTROLADOR MUDA DE IDEIA?
TEM DE RESPEITAR O PASSADO E OS PRECEDENTES, DIZ O TCE-SP, APLICANDO A LINDB

YASSER GABRIEL

20.03.2019

Aqueles que pesquisam controle das contratações públicas devem atentar a recente decisão muito importante do Tribunal de Contas do Estado de São Paulo (TCE-SP). Trata-se do processo TC-41698.026.08, de relatoria da Conselheira Substituta Silvia Monteiro, que, em embargos de declaração, reformulou decisão anterior do tribunal para prestigiar orientação geral vigente à época da celebração do contrato analisado.

O caso: a Prefeitura de Diadema, em 31.10.2008, havia contratado empresa para prestar serviços de coleta de resíduos domiciliares e demais serviços de limpeza pública, juntamente com serviços de coleta de resíduos de saúde.

A Segunda Câmara do TCE-SP, com base em sua jurisprudência atual, entendeu irregular o negócio. Essa jurisprudência diz que serviços de coleta de resíduos comuns não devem ser aglutinados em uma mesma contratação com a coleta de resíduos de saúde. O entendimento decorre de interpretação da corte sobre o art. 23, §1º, da Lei de Licitações, que estabelece dever de parcelamento do objeto do contrato em tantas parcelas quantas se comprovem técnica e economicamente viáveis.

A peculiaridade: à época da assinatura do contrato, a jurisprudência consolidada do tribunal era outra e permitia a conjugação desses serviços. O julgamento paradigmático para mudança de posicionamento (TC-37738.026.08) ocorreu em 12.11.2008 – somente 12 dias após a celebração do negócio.

Ou seja, o contrato havia sido celebrado em coerência com entendimento vigente do TCE-SP. Mais: outro contrato, contemporâneo ao analisado e com características muito semelhantes, foi considerado regular pela Primeira Câmara do tribunal (TC-2.007.09).

Diante desses fatos, o voto da relatora, seguido pela maioria do Plenário, reformou a decisão para declarar regular o contrato, fundamentando-se em dois dispositivos jurídicos. Primeiro, no art. 24 da Lei de Introdução às Normas do Direito Brasileiro (LINDB), que veda a possibilidade de serem declarados inválidos atos, contratos e outros ajustes celebrados levando em conta orientações gerais da época – o que inclui jurisprudência administrativa (vale dizer que, no voto, há detalhada reconstrução da evolução jurisprudencial do tribunal nesse tema).

Depois, no art. 489, §1º, VI, do Código de Processo Civil, que diz não estar fundamentada decisão que "deixe de seguir jurisprudência ou precedente invocado pela parte, sem demonstrar a existência de distinção no caso em julgamento ou a superação do entendimento".

É um exemplo de controle bem executado. O caso mostra que não há problema de o controlador mudar seu posicionamento sobre determinado tema, desde que não queira aplicá-lo a situações pretéritas que, somente agora, chegam à sua análise. Reforça a premissa incorporada à LINDB pela Lei nº 13.655/2018 de que o controlador não pode ignorar o contexto do objeto controlado, inclusive sua própria visão sobre o tema à época.

Ainda que não tenha sido unânime, a decisão sinaliza que essa é uma preocupação do TCE-SP. Fica agora a expectativa de que tal racionalidade decisória permeie futuros julgamentos.

Informação bibliográfica deste texto, conforme a NBR 6023:2018 da Associação Brasileira de Normas Técnicas (ABNT):

GABRIEL, Yasser. E se o controlador muda de ideia? Tem de respeitar o passado e os precedentes, diz o TCE-SP, aplicando a LINDB. *In*: ROSILHO, André. (Org.). *Direito Administrativo e Controle de Contas*. Belo Horizonte: Fórum, 2023. p. 319-320. ISBN 978-65-5518-491-4.

CONSEQUENCIALISMO, EVIDÊNCIAS E O CONTROLE PELO TCU

TRIBUNAL DEVE CONSIDERAR A LEITURA ADMINISTRATIVA DAS EVIDÊNCIAS

JULIANA BONACORSI DE PALMA

03.04.2019

É cada vez mais efetiva a transformação do modo de tomada de decisões na esfera pública. O simples crivo de "oportunidade e conveniência" não é mais suficiente para orientar as decisões administrativas, especialmente aquelas que incorrem em impactos de toda sorte, como econômicos, distributivos e ambientais.

Decisões administrativas são tão ou mais legítimas conforme a capacidade de a Administração produzi-las com base em estudos, avaliações, métricas e participação. Evidências permitem antever importantes consequências e, ao observá-las, a autoridade decide com maior qualidade. Isso também lhe permite rever decisões com maior propriedade, escapando da retórica do "interesse público".

Apesar de não serem novidade no Brasil, os processos decisórios orientados por evidência paulatinamente deixam de ser uma experiência burocrática pontual. Hoje, são uma tendência.

Basta mencionar a edição do Decreto de Governança Pública (Decreto nº 9.203/2017) e a recente regulamentação dos processos normativos da CVM com expressa previsão da avaliação de impacto regulatório (Portaria CVM nº 48/2019). Futuramente, podem se transformar em regra: então, processos lastreados em evidências passariam a ser o modelo típico de tomada de decisão administrativa.

Certo é que esse movimento em direção a uma Administração focada em resultados, e orientada por evidências, depende de como as instituições reagirão a esse processo. O Tribunal de Contas da União tem papel especialmente importante nesse tema.

Isso porque a instituição pode trabalhar na mensuração dos impactos de decisões administrativas. Trata-se de atividade próxima da versão original da auditoria operacional, então disciplinada na Resolução TCU nº 256/91, em que a motivação administrativa era tomada como referencial de análise. Nesse modelo, a análise não termina em determinações e recomendações; resulta em subsídios, não vinculantes, para que a Administração proceda à avaliação retrospectiva da decisão, notadamente a de natureza normativa. Pode, assim, servir de estímulo à realização de processos decisórios orientados por evidências.

A saudável relação de governança pública do TCU com os processos decisórios de evidência determina a impossibilidade de controle prévio à decisão administrativa, como o reexame de uma avaliação de impacto regulatório ou a determinação para que uma consulta pública seja novamente produzida. Ainda, cabe ao Tribunal deferência à leitura das evidências pela Administração Pública.

O TCU, por meio da prática de controle focado em resultados, tende a contribuir para o aprimoramento da governança pública. É importante, contudo, que, ao fazê-lo, não desconsidere os critérios e análises que tiverem respaldado a decisão do gestor. A visão crítica do Tribunal é positiva, mas tem de levar em consideração que controlar é diferente de administrar.

Informação bibliográfica deste texto, conforme a NBR 6023:2018 da Associação Brasileira de Normas Técnicas (ABNT):

PALMA, Juliana Bonacorsi de. Consequencialismo, evidências e o controle pelo TCU: Tribunal deve considerar a leitura administrativa das evidências. In: ROSILHO, André. (Org.). *Direito Administrativo e Controle de Contas*. Belo Horizonte: Fórum, 2023. p. 321-322. ISBN 978-65-5518-491-4.

A IMPORTÂNCIA DA TÉCNICA DECISÓRIA NO CONTROLE PÚBLICO

MESMO DIANTE DE ACHADOS DE AUDITORIA CONSISTENTES, A FORMA DE DECIDIR ADOTADA PELO TCU PODE CAUSAR IMPACTOS INDESEJADOS

GUSTAVO LEONARDO MAIA PEREIRA

19.06.2019

Em março e abril deste ano, o plenário do TCU exarou dois acórdãos – nº 721 e 992 – com significativo efeito sobre o setor de produção audiovisual brasileiro. Em auditoria realizada na Agência Nacional do Cinema (Ancine), o Tribunal identificou fragilidades na metodologia "Ancine+Simples", utilizada para verificação simplificada das prestações de contas dos recursos destinados a projetos audiovisuais.

O TCU considerou o método juridicamente inconsistente, por contrariar o "princípio constitucional da prestação de contas", e tecnicamente frágil, por facilitar uma série de irregularidades, tais como a execução de itens em valores diferentes dos que constam do orçamento aprovado; comprovação de despesas mediante documentação emitida pelos próprios proponentes; dentre outras.

O Tribunal ordenou, então, que a agência alterasse a metodologia e apresentasse plano de ação para, no prazo de 12 meses, reanalisar todas as prestações de contas aprovadas com base no método simplificado. Em outro tópico da decisão, determinou que a agência "só celebre novos acordos para a destinação de recursos ao setor audiovisual, quando dispuser de condições técnico-financeiro-operacionais para analisar as respectivas prestações de contas", e alertou, no mesmo parágrafo, para a "possibilidade de responsabilização pessoal do agente público pelas eventuais irregularidades perpetradas, com ou sem dano ao erário".

A medida causou enorme impacto no setor, com grande repercussão na imprensa, pois a Ancine interpretou o comando – de maneira aparentemente razoável – como uma ordem de paralisação imediata, sob pena de sanção. Isso significou a suspensão, por parte da agência, de todo o repasse de verbas para projetos audiovisuais.

A Ancine opôs embargos de declaração perante o TCU, para demonstrar que já estava revendo a metodologia questionada e esclarecer o alcance da decisão. Em resposta, o Tribunal afirmou que não queria dizer o que pareceu dizer. Registrou, ainda, que a suspensão imediata praticada pela agência foi *"açodada"* e contrariou os princípios da *razoabilidade, isonomia* e *eficiência*.

E mais. O ministro relator determinou a intimação dos dirigentes da Ancine para prestarem esclarecimentos sobre a interrupção dos repasses, por configurar "ato ilegítimo e antieconômico, ante o evidente tumulto causado em desfavor da adequada formulação do regular ambiente de negócios, públicos e privados".

A despeito da consistência dos achados de auditoria, a técnica decisória utilizada no caso pelo TCU parece apresentar problemas, pois, no mínimo, (i) revelou uma postura exageradamente adversarial; (ii) não transmitiu com precisão a mensagem que desejava; e (iii) acabou gerando grave efeito colateral, com impacto negativo nas relações público-privadas do setor audiovisual.

O temor de ser punido pelo TCU é algo real, e não apenas retórico, entre os gestores públicos, interferindo de maneira relevante no dia a dia da Administração, para o bem e para o mal. Pode dissuadir agentes corruptos, mas também acaba paralisando gestores bem-intencionados. O risco, em uma expressão popular, é "jogar o bebê fora junto com a água do banho".

Informação bibliográfica deste texto, conforme a NBR 6023:2018 da Associação Brasileira de Normas Técnicas (ABNT):

PEREIRA, Gustavo Leonardo Maia. A importância da técnica decisória no controle público: mesmo diante de achados de auditoria consistentes, a forma de decidir adotada pelo TCU pode causar impactos indesejados. *In*: ROSILHO, André. (Org.). *Direito Administrativo e Controle de Contas*. Belo Horizonte: Fórum, 2023. p. 323-324. ISBN 978-65-5518-491-4.

LIMITES AOS PODERES INDIVIDUAIS NO TCU: O PEDIDO DE VISTA E A FORÇA DO COLEGIADO

MUDANÇA REGIMENTAL DO TCU EXPLICITA UMA FACETA PROMISSORA DA CORTE DE CONTAS

DANIEL BOGÉA

VITÓRIA DAMASCENO

15.01.2020

O TCU vive momento de expansão de poder. O balanço do ano de 2019 produzido por este Observatório apresentou como diagnóstico central o alargamento de competências operado por decisões da própria Corte.

Se fica cada vez mais evidente *o que faz* o Tribunal e *qual é o impacto* de suas decisões, pouco se sabe sobre *quem é o TCU*. Em muitos sentidos, ainda se trata de *outro desconhecido*, em expressão de Aliomar Baleeiro para referir-se ao STF no final dos anos 1960.

Inicialmente, é preciso distinguir três espaços dotados de autonomia funcional que podem ser vistos como "TCUs" diferentes: (i) o colegiado de ministros, responsável pela tomada de decisão; (ii) as secretarias técnicas compostas por auditores de carreira; e (iii) o Ministério Público junto ao TCU.

Em relação ao primeiro espaço, mudança regimental, aprovada em 22 de maio (Acórdão nº 1167/2019-P; Resolução nº 310/2019) e que passou a vigorar nas últimas sessões de 2019, jogou nova luz sobre a dinâmica decisória do Tribunal.

A mudança instituiu o fim da vista individual dos processos, trazendo a figura da vista coletiva. Em essência, uma vez deferido o pedido de vista, esse passará a valer coletivamente, para que todos os ministros tenham acesso aos autos simultaneamente, vedando-se a possibilidade de sucessivos pedidos de vista.

Além disso, foi estabelecido prazo para continuação do julgamento: o autor do pedido de vista tem a obrigação de reincluir o processo em pauta dentro de 20 dias – ou 60 dias, em casos excepcionais.

Foram dois os fundamentos principais apresentados pelo relator para justificar a vista coletiva: a nova realidade do processo eletrônico, que permite o compartilhamento simultâneo de autos com diferentes gabinetes, e a adaptação da ritualística processual do TCU ao CPC e à legislação correlata.

A alteração tem como norte a celeridade decisória. A justificativa do projeto de resolução indica a intenção de "barrar a prática de engavetamento de processo por meio do pedido de vista", uma vez que haveria a "possibilidade de que cada julgador peça vista, o que pode fazer estenderem-se os processos por dezenas de anos, como se tem verificado, especialmente no Supremo Tribunal Federal".

Fica claro que a mudança de caráter procedimental possui notável impacto sobre a própria identidade do colegiado. Representa evidente redução de poderes individuais dos ministros, que se veem privados da possibilidade de agir estrategicamente, controlando o timing de julgamentos a partir de múltiplos pedidos de vista ou de sua postergação indefinida.

Consolida-se situação oposta à que se observa no STF – expressamente mencionado no projeto de resolução –, em que é recorrente a crítica à expansão de poderes individuais de ministros (e.g. artigo de Joaquim Falcão e Diego Werneck publicado neste JOTA). Por lá, o poder de vista, distribuído de forma fragmentada e sem controles, é percebido como um mecanismo que fragiliza a colegialidade e corrói a legitimidade do Tribunal.

À primeira vista, portanto, a mudança regimental do TCU explicita uma faceta promissora da Corte de Contas: há maior força do colegiado em detrimento da individualidade dos ministros. Resta saber se o novo desenho do pedido de vista proporcionará o balanço ótimo entre celeridade decisória e o necessário aprofundamento do debate interno.

Informação bibliográfica deste texto, conforme a NBR 6023:2018 da Associação Brasileira de Normas Técnicas (ABNT):

BOGÉA, Daniel; DAMASCENO, Vitória. Limites aos poderes individuais no TCU: o pedido de vista e a força do colegiado: mudança regimental do TCU explicita uma faceta promissora da Corte de Contas. In: ROSILHO, André. (Org.). *Direito Administrativo e Controle de Contas*. Belo Horizonte: Fórum, 2023. p. 325-326. ISBN 978-65-5518-491-4.

TCU TEM PRAZO PARA JULGAR CONCESSÃO DE APOSENTADORIA?

STF DECIDIU QUE SIM, MAS DEIXOU ESPAÇO PARA INTERPRETAÇÃO

RICARDO ALBERTO KANAYAMA

15.04.2020

Ao julgar o RE nº 636.553.RS em regime de repercussão geral, o Supremo Tribunal Federal (STF) fixou a tese de que "em atenção aos princípios da segurança jurídica e da confiança legítima, os Tribunais de Contas estão sujeitos ao prazo de cinco anos para o julgamento da legalidade do ato de concessão inicial de aposentadoria, reforma ou pensão, a contar da chegada do processo à respectiva Corte de Contas".

A decisão é marcante, na medida em que o Supremo alterou seu entendimento consolidado há bastante tempo, qual seja: a concessão de aposentadoria, reforma ou pensão (ARP), tratando-se de ato administrativo complexo, apenas se aperfeiçoaria com o registro pelo TCU, razão pela qual não haveria qualquer prazo – de prescrição ou decadência – para que a Corte de Contas julgasse a legalidade do ato inicial de concessão.

Até então, a única ressalva do STF, em interpretação à Súmula Vinculante nº 3, era de que havia necessidade de contraditório e ampla defesa ao interessado se o TCU decidisse sobre a legalidade após cinco anos da concessão administrativa. Se a Corte de Contas decidisse em menos de cinco anos, sequer existiam tais garantias.

O julgamento do RE nº 636.553.RS se encaminhava para a manutenção do entendimento já consolidado, até que o Min. Edson Fachin apresentou voto divergente defendendo que a concessão de

ARP se tratava de ato composto e, por isso, o ato do TCU estaria sujeito a prazo decadencial.

Após a divergência, nos debates do julgamento – vídeos aqui, aqui e aqui, pois ainda não houve a publicação do acórdão –, os Ministros trouxeram exemplos de casos com longo transcurso de tempo entre a concessão de ARP pela Administração e o julgamento da legalidade pelo TCU, o que, segundo eles, era preocupante. Talvez em razão disso, o Min. Gilmar Mendes, relator, reviu seu voto e fixou a tese transcrita no início deste texto, no que foi acompanhado pela maioria da Corte.

Contudo, como se vê ao final do julgamento, sobretudo no voto do Min. Roberto Barroso, o STF achou que não era o momento de enfrentar as premissas teóricas do tema. Manteve o entendimento de que o ato de ARP é complexo. E, quanto ao prazo, optou pelos cinco anos do art. 1º, do Decreto nº 20.920.1932, ou seja, pela prescrição, e não pela decadência (art. 54, Lei nº 9.784.1999).

Prescrição e decadência não se confundem, sobretudo porque aquela pode ser suspensa ou interrompida. Nesse sentido, o TCU poderia interpretar que, uma vez recebendo o ato de concessão da ARP da Administração, se der regular andamento à análise, ciência ao interessado ou qualquer outro tipo de ato processual, o prazo prescricional de cinco anos estaria interrompido. Em outras palavras, a eficácia da decisão do STF poderia ser mitigada.

Ainda é cedo para saber como o TCU vai reagir em relação à decisão do STF. No entanto, desde logo se vê que ela pode ser insuficiente para fazer a Corte de Contas mudar sua postura e jurisprudência.

Informação bibliográfica deste texto, conforme a NBR 6023:2018 da Associação Brasileira de Normas Técnicas (ABNT):

KANAYAMA, Ricardo Alberto. TCU tem prazo para julgar concessão de aposentadoria? STF decidiu que sim, mas deixou espaço para interpretação. In: ROSILHO, André. (Org.). *Direito Administrativo e Controle de Contas*. Belo Horizonte: Fórum, 2023. p. 327-328. ISBN 978-65-5518-491-4.

TRIBUNAIS DE CONTAS E A PRESCRIÇÃO DO RESSARCIMENTO AO ERÁRIO
STF APLICARÁ NOVA TESE AO TCU?

CONRADO TRISTÃO

13.05.2020

O Supremo Tribunal Federal (STF) acaba de fixar tese de repercussão geral prevendo que "é prescritível a pretensão de ressarcimento ao erário fundada em decisão de tribunal de contas" (tema 899).

A tese contrasta com o entendimento do Tribunal de Contas da União (TCU) de que "as ações de ressarcimento movidas pelo Estado contra os agentes causadores de danos ao erário são imprescritíveis" (súmula nº 282). Na sessão plenária subsequente à decisão do STF, ministros do TCU externaram preocupação com o tema.

Há receio de que o STF também passe a aplicar à imputação de débito por dano ao erário definida pelo TCU o prazo prescricional de cinco anos, proposto pelo ministro Alexandre de Moraes para o caso que originou o tema 899 (RE nº 636.886). Segundo o ministro Bruno Dantas, tal entendimento seria uma "hecatombe" para o tribunal.

A reação dos ministros do TCU sugere que a incidência de prescrição quinquenal sobre a atuação dos tribunais de contas para fins de ressarcimento do erário seria algo extravagante. Contudo, o direito comparado aponta para cenário diverso.

A lei orgânica do *Tribunal de Cuentas* espanhol (*ley orgánica* 2.82) estabelece a "responsabilidade contábil", prevendo que "aquele que por ação ou omissão contrária à lei originar a diminuição de patrimônios ou dinheiros públicos fica obrigado a indenizar os danos e prejuízos causados" (art. 38, 1).

No entanto, a lei de funcionamento do tribunal (*ley* 7.88) estabelece limites à sua atuação, dispondo que "as responsabilidades contábeis prescrevem pelo transcurso de cinco anos contados da data em que foram cometidos os fatos que as originaram" (*disposiciones adicionales*, 3, 1).

Na Itália, a lei de reforma da *Corte dei Conti* (*legge* nº 20.94) disciplina a propositura junto ao tribunal da "ação de responsabilidade" por danos ao erário. Mas o diploma também prevê condicionamentos, estabelecendo que "o direito ao ressarcimento do dano prescreve, em qualquer caso, em cinco anos, a partir da data em que o evento danoso ocorreu ou, no caso de ocultação dolosa do dano, a partir da data de sua descoberta" (art. 1, 2).

Por fim, a legislação financeira francesa (no caso, *loi* 63-156.63), que disciplina a atuação da *Cour des Comptes*, prevê a ocorrência de "responsabilidade pessoal e pecuniária" no momento "em que déficit ou desvio de dinheiro ou valores é constatado, receita não é recolhida, despesa é paga irregularmente" etc. (art. 60, I).

Mas a lei também impõe limites à atuação do tribunal, prevendo que "o primeiro ato de apuração da responsabilidade não pode mais ocorrer depois de 31 de dezembro do quinto ano seguinte àquele em que o jurisdicionado apresentou suas contas ao juiz de contas" (art. 60, IV).

A decisão do STF sobre prescrição da pretensão de ressarcimento ao erário abre caminho para refletirmos sobre a incidência da prescrição sobre a própria atuação dos tribunais de contas. O TCU parece ver o movimento com ceticismo. Mas a experiência internacional revela que a previsão de prazo prescricional de cinco anos para que tribunais de contas proponham medidas voltadas ao ressarcimento do erário é comum a ordenamentos distintos.

À luz do comando segundo o qual "autoridades públicas devem atuar para aumentar a segurança jurídica" (art. 30 da LINDB), seria o caso de o STF aplicar sua nova tese ao TCU e delimitar também a prescrição da pretensão de ressarcimento ao erário do tribunal?

Informação bibliográfica deste texto, conforme a NBR 6023:2018 da Associação Brasileira de Normas Técnicas (ABNT):

TRISTÃO, Conrado. Tribunais de contas e a prescrição do ressarcimento ao erário: STF aplicará nova tese ao TCU? In: ROSILHO, André. (Org.). *Direito Administrativo e Controle de Contas*. Belo Horizonte: Fórum, 2023. p. 329-330. ISBN 978-65-5518-491-4.

DESENVOLVIMENTO DA DISCUSSÃO ENVOLVENDO A PRESCRIÇÃO DA ATUAÇÃO DO TCU NA PAUTA DO SUPREMO

HOUVE CONSIDERÁVEL AMADURECIMENTO DESSA DISCUSSÃO DESDE QUE FOI INDICADA JUNTO AO STF COMO "PAUTA TCU" EM 2018

GILBERTO MENDES C. GOMES

PEDRO A. AZEVEDO LUSTOSA

05.03.2022

Conforme exposto em coluna de 12.12.2018,[1] a Corte de Contas tinha grande preocupação com uma série de assuntos outrora em trâmite no Supremo Tribunal Federal, como era o caso da incidência de regras de prescrição e decadência sobre procedimentos do TCU.

Naquela época, o então Ministro Presidente do Tribunal, Raimundo Carreiro, recebeu visita do então Ministro Presidente do STF, Dias Toffoli, e ressaltou em comunicação durante sessão plenária que teria enviado relação dos processos judiciais de grande importância para a jurisdição de contas. Esses processos receberiam especial atenção e preferência na apreciação pelo Supremo.

A maior parte dos autos indicados nessa lista consistia em Mandados de Segurança e, dentre eles, o TCU entendia ser de especial

---

[1] GOMES, Gilberto Mendes C. O TCU na pauta do Supremo: possibilidades e limites de controle. 2018. *JOTA*. Disponível em: <https:..www.jota.info.opiniao-e-analise.colunas.controle-publico.o-tcu-na-pauta-do-Supremo-possibilidades-e-limites-de-controle-12122018>. Acesso em: 04 mar. 2022.

relevância os que discutiam a incidência de prazo prescricional e decadencial sobre sua atuação para ressarcimento ao erário (imposição de débito) e para a aplicação de multas. Notava-se, na prática, esforço do Tribunal para reverter entendimento em formação no STF pelo reconhecimento do prazo quinquenal da Lei nº 9.873/1999 para a pretensão punitiva e ressarcitória da Corte de Contas, o que implicara na reversão das decisões da Corte de Contas que aplicavam o prazo decenal previsto no Código Civil apenas à pretensão sancionatória e rejeitavam a prescrição do ressarcimento ao erário em seus processos administrativos.

Isso em mente, a discussão envolvendo a prescrição da atuação do TCU ainda foi desenvolvida ao longo de diversos julgados até o ano de 2020, quando houve a definição do enunciado referente ao Tema nº 899 de Repercussão Geral (RE nº 636.886): "É prescritível a pretensão de ressarcimento ao erário fundada em decisão de Tribunal de Contas".

A reação do TCU a esse entendimento foi imediata, conforme narrado em coluna do dia 05.08.2020,[2] de modo que o Tribunal registrou em boletim de jurisprudência que não alteraria sua jurisprudência para acolher posição do STF, por entender que o prazo prescricional definido pelo Supremo se aplicaria somente à fase judicial de execução do título extrajudicial baseado em decisão de Tribunal de Contas.

Naquela ocasião, os ministros da Corte de Contas alertaram para supostas consequências catastróficas para o acolhimento da tese de prescritibilidade da pretensão de ressarcimento do erário.

Houve setores do Tribunal que não resistiram à repercussão geral reconhecida pelo Supremo. A Secretaria de Recursos (SERUR) e a Procuradora-Geral do Ministério Público de Contas (MPTCU) adotaram posições contundentes pela implementação desse entendimento nos processos em trâmite na Corte de Contas.

Para além dos embates internos do TCU a respeito do Tema nº 899 de Repercussão Geral, em 23.08.2021, houve julgamento dos Embargos de Declaração da União Federal no âmbito do Supremo.

Naquela oportunidade, o Ministro Relator Alexandre de Moraes apresentou voto no sentido de que o caso concreto que deu ensejo à repercussão gera, não tratou do prazo prescricional incidente nas fases anteriores à condenação pelos Tribunais de Contas, estando

---

[2] GOMES, Gilberto Mendes C.; LUSTOSA, Pedro A. Azevedo. Prescrição e ressarcimento do erário pelo TCU após a tese 899 do STF. *JOTA*, 2020. Disponível em: <https:...www.jota.info.opiniao-e-analise.colunas.controle-publico.prescricao-e-Ressarcimento-do-erario-pelo-tcu-apos-a-tese-899-do-stf-05082020>. Acesso em: 04 mar. 2022.

a discussão da repercussão geral restrita à fase posterior à formação do título executivo. Em outras palavras, a Suprema Corte decidiu não entrar na discussão envolvendo a regra de prescrição aplicável aos processos administrativos de Tomada de Contas, restringindo, assim, o objeto do Tema nº 899 de Repercussão Geral à fase de execução do acórdão do TCU.

Vê-se, portanto, que, embora o Supremo tenha avançado com a discussão envolvendo a prescritibilidade da atuação do TCU, essa matéria não foi completamente exaurida em sede de repercussão geral. De todo modo, o que se observa é que, na prática, a definição da regra de prescrição do processo administrativo nos Tribunais de Contas continua sendo realizada caso a caso, especialmente por meio de Mandados de Segurança impetrados perante o STF questionando a matéria.

Portanto, continua pertinente o debate sobre a prescritibilidade e a incidência dos prazos e dispositivos da Lei nº 9.873/1999 aos processos administrativos no âmbito do Tribunal de Contas da União, o que pode ser realizado, no âmbito da Corte de Contas, por meio de julgamento de processo paradigma para uniformização do entendimento do Plenário.

Referências

GOMES, Gilberto Mendes C. O TCU na pauta do Supremo: possibilidades e limites de controle. 2018. *JOTA*. Disponível em: <https:..www.jota.info.opiniao-e-analise.colunas. controle-publico.o-tcu-na-pauta-do-Supremo-possibilidades-e-limites-de-controle-12122018>. Acesso em: 04 mar. 2022.

GOMES, Gilberto Mendes C.; LUSTOSA, Pedro A. Azevedo. Prescrição e ressarcimento do erário pelo TCU após a tese 899 do STF. *JOTA*, 2020. Disponível em: <https:..www. jota.info.opiniao-e-analise.colunas.controle-publico.prescricao-e-Ressarcimento-do-erario-pelo-tcu-apos-a-tese-899-do-stf-05082020>. Acesso em: 04 mar. 2022.

Informação bibliográfica deste texto, conforme a NBR 6023:2018 da Associação Brasileira de Normas Técnicas (ABNT):

GOMES, Gilberto Mendes C.; LUSTOSA, Pedro A. Azevedo. Desenvolvimento da discussão envolvendo a prescrição da atuação do TCU na pauta do Supremo: houve considerável amadurecimento dessa discussão desde que foi indicada junto ao STF como "pauta TCU" em 2018. *In*: ROSILHO, André. (Org.). *Direito Administrativo e Controle de Contas*. Belo Horizonte: Fórum, 2023. p. 331-333. ISBN 978-65-5518-491-4.

PRETENSÃO DE RESSARCIMENTO NO TCU: IMPRESCRITÍVEL ATÉ QUANDO?

TCU PRECISA EXPLICAR POR QUE SEGUE APLICANDO A SÚMULA DA IMPRESCRITIBILIDADE

ANDRÉ ROSILHO

04.11.2020

Em abril, o Supremo Tribunal Federal fixou a tese de que é prescritível a pretensão de ressarcimento ao erário fundada em decisão de tribunal de contas (Tese nº 899, RE nº 636.886). Desde então, o tema movimenta o Tribunal de Contas da União.

Como apontado em coluna anterior, o TCU procura meios para afastar a incidência da tese, que, na sua visão, se aplicaria apenas à fase de execução judicial.

A interpretação tem despertado críticas em âmbito acadêmico. Agora, o Acórdão nº 2620/2020 – Plenário indica que ela não conta com o apoio nem do corpo técnico do Tribunal nem do Ministério Público de Contas.

Provocada a se manifestar sobre a prescritibilidade da pretensão de ressarcimento ao erário, a Secretaria de Recursos do TCU se pôs a identificar a *ratio decidendi* da decisão do STF.

Em sua manifestação, lembrou que a "fundamentação adotada no RE nº 636.886 evidencia a preocupação do STF em reafirmar que o princípio de limitação temporal para exercício das pretensões patrimoniais é requisito de segurança jurídica, não se podendo conferir ao art. 37, §5º, da Constituição uma interpretação que desnature sua natureza de norma excepcional". Referido artigo diz que "A lei estabelecerá os prazos de prescrição para ilícitos praticados por qualquer agente, servidor ou não, que causem prejuízos ao erário, ressalvadas as respectivas ações de ressarcimento".

Afirmou, ainda, que o Supremo teria inovado ao deixar "expresso, nas razões de decidir, que a ressalva constitucional do art. 37, §5º, se aplica[ria] apenas à hipótese de dano provocado por ato doloso tipificado como de improbidade, sendo prescritíveis, por consequência, as demais pretensões ao ressarcimento que não requeiram o dolo para sua configuração".

Desse modo, considerando-se que "a condenação proferida pelo tribunal de contas não requer que a conduta seja dolosa, nem o processo de controle externo estaria instrumentalizado para a realização da prova de dolo (desnecessária para justificar a condenação ao ressarcimento, se a pretensão for exercida tempestivamente)", decorreria da Tese nº 899 que a pretensão de ressarcimento ao erário é prescritível.

Ante a ausência de norma específica sobre o tema, a Secretaria sugeriu, por ora, a aplicação analógica da Lei nº 9.873, de 1999, que regula a prescrição da pretensão punitiva da administração federal, e propôs o sobrestamento da ação até o julgamento dos embargos de declaração no RE nº 636.886.

Os argumentos foram corroborados pelo Ministério Público de Contas.

O relator, contudo, em voto seguido pelos demais ministros, ignorou o posicionamento. Limitou-se a dizer que optava "por aplicar ao presente caso a jurisprudência dominante nesta Corte de Contas, sedimentada na Súmula nº 282, segundo a qual é imprescritível a pretensão de ressarcimento por parte da União".

Evidente que os ministros não têm o dever de acatar as conclusões da equipe de fiscalização. Mas parece razoável dizer que possuem o ônus de com elas dialogar – do contrário, qual seria sua utilidade? No caso, o TCU tinha a opção de sobrestar o julgamento até a manifestação final do STF no RE. Mas optou por julgá-lo, aplicando a velha jurisprudência. Faltou explicar o porquê.

Informação bibliográfica deste texto, conforme a NBR 6023:2018 da Associação Brasileira de Normas Técnicas (ABNT):

ROSILHO, André. Pretensão de ressarcimento no TCU: imprescritível até quando? TCU precisa explicar por que segue aplicando a súmula da imprescritibilidade. In: ROSILHO, André. (Org.). *Direito Administrativo e Controle de Contas*. Belo Horizonte: Fórum, 2023. p. 335-336. ISBN 978-65-5518-491-4.

TCU E O ÔNUS DA PROVA EM PROCESSO ADMINISTRATIVO SANCIONADOR

CONTRATADOS PELO ESTADO NÃO PODEM SER EQUIPARADOS A GESTORES PÚBLICOS

GILBERTO MENDES C. GOMES
PEDRO A. AZEVEDO LUSTOSA

25.11.2020

Julgado recente do Tribunal de Contas da União (TCU) reforçou o entendimento de que, em processos que apuram condutas imputadas a empresas contratadas pela Administração Pública, cabe ao Tribunal o ônus da prova de eventuais ilegalidades e ao respectivo gestor público a obrigação de demonstrar a boa e regular aplicação dos recursos públicos (Acórdão nº 2544/2020-P, relator min. Bruno Dantas).[1]

Na oportunidade, em processo que repercutia operações policiais referentes a desvios por meio de empresas de fachada, avaliou-se a responsabilidade de empresa contratada para a construção de obra em município, haja vista que parte dos serviços pagos pelo ente público não teria sido executada. Assim, estaria ausente a comprovação do nexo de causalidade entre a execução dessas obras e os recursos federais repassados por convênio.

Contrariando o posicionamento da unidade técnica, o plenário da Corte decidiu que não caberia à empresa provar o nexo de causalidade entre a aplicação de recurso público e sua atuação. Nesse caso, a

---

[1] Reforçando o decidido pelo Acórdão nº 901/2018-TCU – Segunda Câmara, relator min. José Múcio Monteiro.

comprovação da correta aplicação dos recursos caberia ao convenente ou ao próprio Tribunal.

No entendimento do plenário, os atos de gestão propriamente ditos (praticados por gestores públicos, e não por fornecedores de bens e serviços) estariam relacionados ao imperativo constitucional de prestar contas (art. 70, parágrafo único, da CF.88) e, por consequência, submetidos à inversão *ope legis* do ônus da prova prevista no art. 93 do Decreto-Lei nº 200.1967 c.c art. 66 do Decreto nº 93.872.1986.

O mesmo não ocorreria com os indícios de irregularidades atribuíveis a empresas contratadas pela Administração Pública, apurados por meio de denúncias, representações ou fiscalizações da Corte de Contas – processos administrativos sancionadores em que o TCU funciona como instrutor-acusador e julgador. Nesses casos, a regra aplicável, segundo o TCU, seria a do art. 373 do CPC.15.[2]

Assim, caberia ao próprio Tribunal, nesses casos, a demonstração dos fatos necessários à condenação dos responsáveis – isto é, dos fatos constitutivos da pretensão punitiva.

Apesar de o Tribunal já ter jurisprudência consolidada no sentido de que é ônus seu demonstrar ilegalidades na conduta de fornecedores do Estado,[3] é estranho que a unidade técnica continue a sustentar opinião diversa, indicando "que a empresa contratada, revel, teria deixado de produzir prova da regular aplicação dos recursos sob sua responsabilidade".

O caso sugere a necessidade de o Tribunal seguir zelando pela jurisprudência, especialmente quando processos envolverem, simultaneamente, gestores públicos e particulares contratados – situação em que, segundo orientação do próprio TCU, o ônus da prova deve ser distribuído de modo distinto.

Informação bibliográfica deste texto, conforme a NBR 6023:2018 da Associação Brasileira de Normas Técnicas (ABNT):

GOMES, Gilberto Mendes C.; LUSTOSA, Pedro A. Azevedo. TCU e o ônus da prova em processo administrativo sancionador: contratados pelo Estado não podem ser equiparados a gestores públicos. *In*: ROSILHO, André. (Org.). *Direito Administrativo e Controle de Contas*. Belo Horizonte: Fórum, 2023. p. 337-338. ISBN 978-65-5518-491-4.

---

[2] Reforçada pelas disposições dos artigos 36 e 37 da Lei de Processo Administrativo, Lei Federal nº 9.784.99.
[3] Há julgados nesse sentido desde 2014 (Acórdãos nº 5344/2014-1ªC e nº 901/2018-2ªC, por exemplo).

O TCU CONSIDERANDO AS CONSEQUÊNCIAS PRÁTICAS DA SUA DECISÃO

TRIBUNAL APLICA O ART. 20 DA LINDB PARA NÃO IMPOR DÉBITO A MUNICÍPIO

RICARDO ALBERTO KANAYAMA

06.01.2021

Município que utiliza os valores recebidos do Fundo Nacional de Saúde (FNS) em ações diferentes das previstas (os "blocos de financiamento"), ainda que dentro da área da saúde, deve devolver tais valores? Ou seja, o desvio de objeto na saúde constitui débito do Município?

A Lei Complementar nº 141.2012 determina que se houver aplicação dos recursos em objeto de saúde diverso do originalmente pactuado, a entidade repassadora deve dar ciência ao TCU para que o ente recebedor devolva os valores (art. 27). Diante disso, o entendimento do TCU é de que o desvio de objeto, ainda que não tão grave quanto o desvio de finalidade ou o dano ao erário, constitui débito do Município (Acórdão nº 1.072/2017).

Para o TCU, o desvio de objeto "representa ofensa ao interesse jurídico material da União em ver implementada uma determinada estratégia de saúde" *e pensar diferente* "poderia estimular os Municípios a gerir as parcelas oriundas do FNS como se fossem recursos próprios, desonerando seus próprios orçamentos, mantendo não realizadas as políticas de responsabilidade da União" (Acórdão nº 1.391/2019).

Contudo, o TCU ainda tem se defrontado com fatos anteriores à LC nº 141.2012. Nesses casos, suas decisões oscilam, mas geralmente o Tribunal afasta o débito, pois ora entende que a LC nº 141/2012 não pode retroagir (Acórdão nº 8.498/2020), ora considera que a norma de 2017 do Ministério da Saúde extinguiu os antigos "blocos de financiamento", tornando o desvio de objeto irrelevante (Acórdão nº 1.037/2019).

Recentemente, o Acórdão nº 1.045/2020 trouxe novo argumento à questão. O Ministro Benjamin Zymler, relator, aplicou explicitamente o artigo 20, da Lei de Introdução às Normas do Direito Brasileiro (LINDB) para concluir não haver débito do Município quando há desvio de objeto antes da LC nº 141/2012.

Segundo ele, a devolução de valores, após o transcurso do tempo, pode ser tanto uma medida desnecessária – pode não haver mais demanda na área na qual se deixou de aplicar os recursos ou ela pode não ser mais uma prioridade da Administração – quanto contraproducente – o eventual remanejamento de recursos "representaria obrigação dissociada da análise das reais necessidades da população local, com impacto no planejamento das ações de saúde". Não haveria, portanto, interesse público a justificá-la.

A decisão considerou outras possíveis consequências práticas. Primeiro, impor um débito "pode interferir de forma inadequada no uso efetivo dos recursos atualmente disponíveis para tão importante área e afetar o cumprimento das metas previstas no plano plurianual de saúde". Segundo, o débito puniria o atual (bom) gestor que nenhuma relação tem com os fatos do passado, prejudicando a realização das metas planejadas e, consequentemente, o atendimento à população. E, terceiro, o débito poderia servir como instrumento político para que um gestor prejudicasse seu sucessor.

O entendimento merece elogios ao incorporar na análise as consequências práticas, podendo ser aplicado a casos posteriores à LC nº 141.2012. Sem dúvida, um passo importante do TCU no tema.

Informação bibliográfica deste texto, conforme a NBR 6023:2018 da Associação Brasileira de Normas Técnicas (ABNT):

KANAYAMA, Ricardo Alberto. O TCU considerando as consequências práticas da sua decisão: Tribunal aplica o art. 20 da LINDB para não impor débito a município. In: ROSILHO, André. (Org.). *Direito Administrativo e Controle de Contas*. Belo Horizonte: Fórum, 2023. p. 339-340. ISBN 978-65-5518-491-4.

IMPEDIMENTO E SUSPEIÇÃO DE MINISTROS DO TCU

QUAL É A JURISPRUDÊNCIA DO TRIBUNAL SOBRE O TEMA?

GILBERTO MENDES C. GOMES
PEDRO A. AZEVEDO LUSTOSA

20.01.2021

O recém-empossado ministro Jorge Oliveira, do Tribunal de Contas da União (TCU) – que assume a vaga do então presidente, José Múcio – foi objeto de notícias sobre sua possível suspeição ou impedimento em casos diretamente relacionados ao presidente da República, Jair Bolsonaro,[1] ou para os quais atuou como Ministro da Secretaria-Geral da Presidência da República.[2]

Sobre o tema, é preciso observar as normas do CPC (arts. 144 e 145), da Lei Federal de Processo Administrativo (Lei nº 9.874/99, art. 18) e do próprio Regimento Interno do Tribunal (art. 39, incisos VIII e IX e §1º, d). Ademais, há o Código de Ética do Servidor Público do TCU, que veda a atuação do servidor em situações que possam afetar, ou parecer afetar, o desempenho de suas funções com independência e imparcialidade. Esse normativo também aponta impedimento ou suspeição em relação a órgão com o qual o servidor tenha mantido vínculo profissional nos últimos dois anos.

---

[1] Por exemplo: https:..politica.estadao.com.br.noticias.geral,nao-vou-fingir-que-nao-sou-amigo-do-presidente-diz-jorge-oliveira,70003564659.

[2] Por exemplo: https:..www1.folha.uol.com.br.colunas.painel.2021.01.jorge-oliveira-e-questionado-por-conflito-de-interesses-em-estreia-no-tcu.shtml.

Não obstante os mencionados normativos, a jurisprudência recente do TCU evidencia certa dificuldade em aplicar parâmetros legais para reconhecimento do impedimento e suspeição de seus Ministros.
Usualmente, os Ministros se declaram suspeitos em casos envolvendo seus Estados de origem[3] (quando tenham exercido cargos eletivos) ou impedidos conforme lista de pessoas encaminhada ao Tribunal (Acórdão nº 2901/2020-P, por exemplo). Todavia, quando há arguição por terceiro, observa-se uma jurisprudência defensiva da competência do Ministro questionado.

Nos casos de relação pessoal do Ministro com pessoa sob jurisdição do TCU, o acolhimento da arguição de suspeição dependeria da demonstração concreta de "elementos que convergem para o induvidoso interesse do julgador", não cabendo "meras conjecturas, ilações ou pretensões sem elementos objetivos e demonstráveis nos autos" (Acórdãos nº 631/2017-P, nº 1224/2019-P e nº 1242/2020-P).

Já quanto à situação de relator com atuação pretérita no caso em análise, houve interpretação literal do artigo 39 do RITCU, de modo que o impedimento ou a suspeição seriam apenas reconhecidos se o Ministro fosse advogado, perito, representante do Ministério Público ou servidor do TCU (Acórdão nº 631/2017-P).

Por fim, as regras do Código de Ética dos Servidores do TCU, mais abrangentes e que se preocupam com a aparência de imparcialidade, não foram utilizadas em caso de alegação de suspeição de Ministro, sob o argumento de que se aplicaria a Lei Orgânica da Magistratura (Acórdão nº 1242/2020).

A jurisprudência do TCU demonstra que a declaração de impedimento ou suspeição depende muito mais da iniciativa do próprio ministro que de censura do Plenário, como foi o caso do processo noticiado pela mídia, em que o ministro Jorge Oliveira se declarou impedido.[4]

Informação bibliográfica deste texto, conforme a NBR 6023:2018 da Associação Brasileira de Normas Técnicas (ABNT):

GOMES, Gilberto Mendes C.; LUSTOSA, Pedro A. Azevedo. Impedimento e suspeição de ministros do TCU: qual é a jurisprudência do Tribunal sobre o tema? *In*: ROSILHO, André. (Org.). *Direito Administrativo e Controle de Contas*. Belo Horizonte: Fórum, 2023. p. 341-342. ISBN 978-65-5518-491-4.

---

[3] Como no caso noticiado https:..jc.ne10.uol.com.br.politica.2020.06.11952321-ana-arraes-vai-se-declarar-impedida-de-ser-relatora-da-compra-dos-respiradores-pela-prefeitura-do-recife.html.
[4] No dia 14.01, o gabinete do Ministro Jorge Oliveira juntou termo de impedimento para atuar no TC 020.973.2020-9.

TCU ENTRE O 'DEVER DE UNIFORMIDADE' E A JUSTIÇA NO CASO CONCRETO

FATOS SUGERIAM A NECESSIDADE DE REVISÃO DA JURISPRUDÊNCIA REITERADA DO TRIBUNAL

MARIANA VILELLA

10.02.2021

A segurança jurídica na atuação de tribunais advém do respeito a precedentes e de sua capacidade de rever a jurisprudência quando ela não parece adequada. No julgamento do Acórdão nº 3138/2020-P, o Tribunal de Contas da União (TCU) mostrou dificuldade em equilibrar essa balança.

Tratou-se de recurso interposto por empresa condenada a ressarcimento de débito acrescido de multa e juros de mora. A empresa pedia a revisão do débito, o que foi unanimemente negado, ou o afastamento da multa e juros de mora, tema que causou discussão no Plenário.

Quando da abertura da tomada de contas, a parte foi citada para pagamento de R$64 milhões, valor que, ao final da apuração, foi reduzido a cerca de R$190 mil. A condenação, ao final, foi para ressarcimento do valor remanescente, R$190 mil, e pagamento de juros de mora sobre esse valor, além da multa. A empresa alega ser injusto pagar pela mora, porque não teve a oportunidade de recolher o valor correspondente à dívida até o momento da decisão. Também alega boa-fé na sua conduta e ausência de culpa quanto ao tempo transcorrido no processo.

O Relator, seguindo parecer do MP de Contas, propôs dar à parte a oportunidade de recolher o valor da dívida apurada sem incidência de juros de mora. Destacou que foi por opção processual do TCU que a tomada de contas foi instaurada com o valor total do contrato, antes da oitiva da empresa, de modo que, só ao final se soube efetivamente o valor do débito.

Em sentido oposto, o voto Revisor manteve a cobrança dos juros de mora, alegando ser insignificante os responsáveis terem sido citados por valor muito superior ao débito apurado. Quanto à boa-fé, afastou a alegação com fundamento na existência de outros processos em desfavor da empresa, o que revelaria um padrão no seu modo de agir em relação ao erário.

O ministro Zymler entendeu plausíveis as alegações da empresa e concordou com o afastamento da mora. Mas voltou atrás justificando que seria difícil verificar a boa-fé e que seria preciso seguir a jurisprudência do TCU no tema. Já o ministro Dantas afirmou que, apesar de ter ficado sensibilizado pelo voto do Relator, verificou que ele mesmo tinha decisões consolidadas em posicionamento contrário. Assim, alegando "dever de uniformidade", acompanhou o Revisor. Ao final, por 6 a 2, prevaleceu a condenação da empresa, com multa e juros de mora.

A decisão causa perplexidade. A cobrança de juros de mora é como uma pena imposta ao devedor que, por sua culpa, posterga o cumprimento do devido. No caso, o TCU decidiu pela incidência dos juros de mora supondo que a empresa poderia ter ressarcido o erário no início do processo, quando o valor do débito sequer havia sido apurado. Também preocupante é o afastamento da boa-fé porque a empresa é parte de outros processos. Há, aqui, curiosa presunção de culpa.

Apesar de alguns Ministros terem registrado que seria injusto aplicar ao caso a jurisprudência reiterada na matéria, decidiram ceder em nome de um suposto "dever de uniformidade". O Tribunal tem autonomia para rever sua jurisprudência e o faz constantemente à luz do Direito e dos fatos. É preciso distinguir: jurisprudência uniforme e estável não é sinônimo de aplicação automática de precedentes.

Informação bibliográfica deste texto, conforme a NBR 6023:2018 da Associação Brasileira de Normas Técnicas (ABNT):

VILELLA, Mariana. TCU entre o 'dever de uniformidade' e a justiça no caso concreto: fatos sugeriam a necessidade de revisão da jurisprudência reiterada do Tribunal. In: ROSILHO, André. (Org.). *Direito Administrativo e Controle de Contas*. Belo Horizonte: Fórum, 2023. p. 343-344. ISBN 978-65-5518-491-4.

RESOLUÇÃO 315 DO TCU: INÍCIO DE UMA REVOLUÇÃO NO CONTROLE?

EVIDÊNCIAS SUGEREM QUE O TCU ENTROU EM ROTA DE AUTOCONTENÇÃO

ANDRÉ DE CASTRO O. P. BRAGA

10.03.2021

Que tipo de ordem o Tribunal de Contas da União (TCU) pode dar à Administração Pública? A pergunta ronda o debate há algum tempo.

A Lei Orgânica do TCU é vaga. Diz que, diante de irregularidade, o tribunal pode adotar as "medidas cabíveis" (art. 12, IV) ou determinar "providências necessárias ao exato cumprimento da lei" (art. 45). Com base nesses dispositivos, o TCU vem determinando ou recomendando as mais variadas ações, como a edição de regulamentos, a mudança de cláusulas contratuais e a elaboração de manuais.

O próprio TCU parece entender que essa ampla liberdade na definição do conteúdo de suas decisões pode gerar efeitos negativos. Prova disso é que, em abril de 2020, o tribunal editou a Resolução nº 315, que representa inegável esforço de autocontenção.

O novo regulamento prevê, por exemplo, que as determinações do TCU, de aplicação obrigatória, não podem restringir a "discricionariedade do gestor" (art. 5º). Estabelece também que as recomendações do tribunal, de obediência facultativa, não devem ser "genéricas e distantes da realidade" (art. 12).

A Resolução nº 315 criou, ainda, obstáculos procedimentais à emissão desordenada de decisões. Um deles é o procedimento de "construção participativa de deliberações", no qual o ente sob fiscalização pode apresentar, na etapa instrutória, informações sobre possíveis consequências negativas das medidas propostas pelos auditores do TCU. Esses, em seus relatórios, ficam agora obrigados a considerar – e, se for o caso, a rebater expressamente – os dados e argumentos apresentados pelos entes fiscalizados.

Após quase um ano de vigência, quais os resultados da Resolução nº 315? Na tentativa de encontrar uma resposta, analisei 320 acórdãos do TCU, emitidos em processos de auditoria entre março de 2019 e fevereiro de 2021.

Em relação às determinações, houve uma diminuição de 40% (antes da resolução, média de 8,9 determinações por acórdão; após, 5,3). As recomendações seguiram caminho inverso: aumento de 24% (antes, média de 1,78 por acórdão; após, 2,21).[1]

A partir desses dados, uma hipótese plausível é a de que, nos últimos 10 meses, o TCU adotou maior cautela na formulação de determinações, reservando-as para a correção de ilegalidades manifestas.

Os dados também retratam um cenário de possível migração: deliberações que antes ganhariam o *status* de determinação passaram a ser qualificadas como recomendações, em tese menos invasivas.

Como todo período de vigência da Resolução nº 315 transcorreu durante a pandemia, surge a dúvida se a queda do número de determinações estaria, na verdade, relacionada a possível diminuição no ritmo de trabalho do TCU. Não parece ser o caso. Se usarmos o número de páginas dos acórdãos como indicador, chegaremos à conclusão de que, na pandemia, não houve diminuição de trabalho no TCU, nem as auditorias tornaram-se menos complexas (antes da resolução, média de 44 páginas por acórdão; após, 48).

Pelo seu teor e espírito, a Resolução nº 315 constitui uma das principais reformas envolvendo o TCU após 1988. Embora necessitem de aprofundamento, os dados apresentados aqui sugerem que ela já produz impactos na rotina do tribunal, com potencial de tornar o controle público mais previsível. Deve-se acompanhar atentamente sua aplicação, preservar seus ganhos, identificar suas falhas e debater

---

[1] A quantidade de determinações e recomendações por acórdão foi extraída da plataforma Conecta, na página eletrônica do TCU. A planilha com os dados utilizados está disponível aqui.

melhorias. Eventualmente, transformá-la em lei. Arrisco dizer que o futuro do controle da Administração Pública está ali.

Informação bibliográfica deste texto, conforme a NBR 6023:2018 da Associação Brasileira de Normas Técnicas (ABNT):

BRAGA, André de Castro O. P. Resolução 315 do TCU: início de uma revolução no controle? Evidências sugerem que o TCU entrou em rota de autocontenção. *In*: ROSILHO, André. (Org.). *Direito Administrativo e Controle de Contas*. Belo Horizonte: Fórum, 2023. p. 345-347. ISBN 978-65-5518-491-4.

HÁ DUPLO GRAU DE JURISDIÇÃO NO TCU?
O NÃO IMPEDIMENTO DO "RELATOR RECORRIDO"

GILBERTO MENDES C. GOMES
VITÓRIA DAMASCENO

07.04.2021

Segundo o próprio Tribunal de Contas da União (TCU), o princípio do duplo grau de jurisdição incide em seu procedimento finalístico de controle externo, principalmente em processos que possam acarretar sanção a jurisdicionados. Ainda que sua aplicação pela Corte assuma contornos bastante peculiares, vários de seus julgados apontam que a Lei Orgânica do TCU albergou esse princípio, no sentido de garantir a reavaliação do conteúdo debatido com o intuito de reparar decisão contrária ao interesse da parte (Acórdãos nº 2.171/2020-P e nº 8.557/2020-1ªC, por exemplo).

Uma das peculiaridades do duplo grau no TCU é a participação do ministro que relatou a decisão recorrida no julgamento do recurso que a desafia, apesar de o processo ser redistribuído a novo relator (Acórdão nº 288/2017-P). Trata-se de situação em que o "ministro relator recorrido" pode exercer as faculdades comuns de julgador durante a apreciação do caso, podendo proferir voto, pedir vistas e – por mais contraintuitivo que possa parecer – redigir voto vencedor em recurso contra sua própria decisão.

A situação gera certa perplexidade justamente por possibilitar que o "relator recorrido" possa defender sua decisão em plenário, inclusive com possibilidade de apartes às falas dos demais julgadores após a sustentação oral da defesa da parte.

Foi o que ocorreu na sessão plenária de julgamentos de 31 de março. Em Recurso de Reconsideração contra decisão que condenou a parte em ressarcimento ao erário (TC nº 031.629.2016-4), após voto da nova ministra relatora que acatou argumentos da defesa e de pareceres da área técnica e do Ministério Público de Contas, o primeiro relator pediu vistas para, posteriormente, apresentar voto revisor no sentido de manter a decisão em seus termos originais.

No caso, por desempate do ministro que presidia a sessão, venceu o voto revisor, proferido pelo relator recorrido, de modo que sua decisão original foi mantida. Ou seja, o mesmo ministro foi redator do processo duas vezes, nos dois graus de jurisdição.

De fato, não há previsão normativa expressa na Lei Orgânica ou no Regimento Interno do TCU que vede esse cenário. Inclusive, em oportunidade anterior nessa coluna, apontamos que a leitura de impedimento de ministros feita pelo TCU é bastante literal quanto ao art. 39 do Regimento Interno, contemplando apenas os casos em que ministro atuasse como advogado, perito, representante do Ministério Público ou servidor do TCU no mesmo processo (Acórdão nº 631/2017-P).

Contudo, se o ministro é impedido por ter atuado no mesmo processo em função diferente, por que não o seria por ter atuado anteriormente na mesma função? A nosso ver, é conclusão que o próprio Código de Processo Civil nos traz, na clara redação do artigo 144, II, de aplicação supletiva ao TCU: "Há impedimento do juiz, sendo-lhe vedado exercer suas funções no processo de que conheceu em outro grau de jurisdição, tendo proferido decisão".

À luz do caso concreto, a dúvida é: até que ponto se pode falar em duplo grau de jurisdição quando o juiz que relatou a decisão recorrida não apenas atuou na nova deliberação, como foi determinante para a manutenção do entendimento original do Tribunal?

Informação bibliográfica deste texto, conforme a NBR 6023:2018 da Associação Brasileira de Normas Técnicas (ABNT):

GOMES, Gilberto Mendes C.; DAMASCENO, Vitória. Há duplo grau de jurisdição no TCU? O não impedimento do "relator recorrido". *In*: ROSILHO, André. (Org.). *Direito Administrativo e Controle de Contas*. Belo Horizonte: Fórum, 2023. p. 349-350. ISBN 978-65-5518-491-4.

TCU, O TRIBUNAL DRIBLADOR

TCU TEM DRIBLADO DECISÃO DO STF QUE FIXOU PRAZO PARA O JULGAMENTO DE APOSENTADORIAS

RICARDO ALBERTO KANAYAMA

21.04.2021

Há um ano o RE nº 636.553.RS fixou prazo de cinco anos para o Tribunal de Contas da União (TCU) julgar a legalidade dos atos de aposentadoria, reforma ou pensão (ARP). Esta coluna concluiu que a decisão do Supremo Tribunal Federal (STF) era um avanço, mas tinha deixado pontos abertos que poderiam mitigar a eficácia do julgado.

Infelizmente, o cenário que se temia virou realidade.

Aproveitando-se de um trecho do voto do ministro Gilmar Mendes nos embargos de declaração, o TCU fixou o entendimento de que "passados cinco anos, contados de forma ininterrupta, a partir da entrada do ato de admissão e concessão de aposentadoria, reforma e pensão (CF, 71, III) no TCU, o ato restará automaticamente estabilizado e considerado registrado tacitamente. Estabilizado o ato, abre-se, a partir daí, a possibilidade de sua revisão, nos termos do art. 54 da Lei nº 9.874.1999" (Acórdão nº 122/2021-P).

Assim, o TCU poderia, de ofício (art. 260, §2º, Regimento Interno TCU), rever a legalidade do ato de ARP em até cinco anos após o seu registro tácito. Os cinco anos do STF transformaram-se em dez anos no TCU (cinco anos para a estabilização e cinco anos para a revisão de ofício).

Por mais que a decisão do STF seja criticável pelas suas imprecisões, a interpretação do TCU é insustentável. O TCU driblou o STF em três lances.

Primeiro, os embargos de declaração opostos pela União não pediram esclarecimento sobre a possibilidade de revisão de ofício pelo TCU após o registro tácito. O recurso pediu apenas a modulação temporal dos efeitos, o esclarecimento sobre a natureza do prazo (prescrição ou decadência) e se a má-fé do agente ou situações específicas afastariam o prazo. Portanto, não poderia o STF esclarecer o que não foi considerado obscuro.

Segundo, o acórdão do RE, no voto do Min. Gilmar Mendes, já tinha deixado claro que o TCU tem o prazo de cinco anos para proceder ao registro de ARP, "após o qual se considerarão *definitivamente* registrados" e "findo o referido prazo, o ato de aposentação considerar-se-á registrado tacitamente, *não havendo mais a possibilidade de alteração* pela Corte de Contas" (p. 66, grifo nosso). Ou seja, não há como "rever o que não foi visto" após os cinco anos, sobretudo porque não é coerente algo ser considerado estável (definitivo), mas estar sujeito à revisão.

Terceiro, o caso concreto no RE deve ser considerado para interpretar a tese de repercussão geral. O STF manteve decisão do TRF4 que havia reconhecido a impossibilidade de o TCU julgar a legalidade do ato de aposentadoria concedida pela administração sete anos depois da sua chegada à Corte de Contas. Se a interpretação do TCU fosse admissível, o STF teria reformado a decisão do TRF4, já que estaria dentro do suposto prazo de cinco anos para o TCU rever de ofício.

A intenção do STF foi impor ao TCU o respeito à segurança jurídica e à confiança legítima, mas, em parte por sua responsabilidade, sua decisão tem sido driblada. Até que a questão retorne ao STF, é certo que haverá mais judicialização e insegurança jurídica.

Informação bibliográfica deste texto, conforme a NBR 6023:2018 da Associação Brasileira de Normas Técnicas (ABNT):

KANAYAMA, Ricardo Alberto. TCU, o Tribunal driblador: TCU tem driblado decisão do STF que fixou prazo para o julgamento de aposentadorias. *In*: ROSILHO, André. (Org.). *Direito Administrativo e Controle de Contas*. Belo Horizonte: Fórum, 2023. p. 351-352. ISBN 978-65-5518-491-4.

O PLENÁRIO DO TCU PODE LIMITAR O TEMPO DE VISTA DE MINISTRO REVISOR?

PARA AGILIZAR O JULGAMENTO DA CONCESSÃO DO 5G, O TCU FEZ INTERPRETAÇÃO HETERODOXA DO REGIMENTO INTERNO

GILBERTO MENDES C. GOMES

25.08.2021

Na quarta-feira passada, o Tribunal de Contas da União chamou sessão extraordinária para discussão exclusiva sobre a licitação da Anatel para autorizações de uso de radiofrequências destinadas à implementação de redes móveis em tecnologia 5G.

O caso já era singular por uma série de razões, a exemplo da participação de membros do órgão de controle em comitivas ao estrangeiro para visitas a fornecedores do serviço em fase anterior à análise do processo pelo Plenário e do tratamento *sui generis* recebido pelo processo, considerado prioritário pelo governo federal, com convocação de sessão extraordinária com dispensa de parte do prazo de que a Corte dispunha para avaliar a questão.

Porém, ele se tornou ainda mais singular porque o Plenário, após dinâmica que durou mais de uma hora, deliberou pela concessão de vista por apenas sete dias ao Ministro Revisor.

Como de costume nos julgamentos da Corte, ao entender que necessitaria de mais tempo para se pronunciar, o Ministro Revisor solicitou vista com o prazo excepcional de 60 dias, nos termos do §3º do artigo 112 do Regimento Interno do TCU.

Esse dispositivo, incluído em alteração regimental de 2019, está contextualizado em uma reforma para adaptar o pedido de vista ao processo eletrônico, no sentido de que as vistas seriam sempre coletivas, evitando paralisações de julgamento por pedidos de vista consecutivos, e teriam prazo determinado, evitando que o processo ficasse em avaliação pelo Ministro Revisor por período indefinido.

Entretanto, ao contrário da costumeira concessão automática e pouco debatida da vista ao Revisor, seguiu-se calorosa discussão em Plenário em que, de um lado, o Ministro Revisor indicava a extrema complexidade da questão, o que demandaria o prazo máximo de vista, e, de outro, os demais Ministros do colegiado adiantavam seus votos apontando convergência ao voto relator, sustentando que o tema exigiria pronta decisão a fim de viabilizar a licitação do 5G. Posteriormente, invocaram disposição regimental para impor ao Revisor prazo de apenas sete dias de vista.

Esse prazo diminuto, inferior ao de até 20 dias garantido pelo §2º do art. 112 do RITCU, foi determinado por decisão colegiada do Plenário a partir de pedido de Ministro, utilizando o mesmo dispositivo que garantiria o limite excepcional de 60 dias (art. 112, §3º).

Será que, quando da realização da alteração regimental, os Ministros do TCU já imaginavam utilizá-la para *limitar* o pedido de vista de um par? Isso porque, em uma primeira leitura, a concessão de prazo excepcional para vista motivada pela "natureza e complexidade da matéria", ainda mais em um caso como a licitação do 5G, parece apontar para uma dilação de prazo – e não para a sua redução, como de fato ocorreu.

No limite, essa utilização heterodoxa do Regimento poderia prejudicar a colegialidade da decisão e desincentivar a exposição de divergências, tendo em vista a eventual inviabilidade de o ministro revisor proferir seu voto no prazo concedido, por limitação *ad hoc* ao seu direito de vista dos autos.

Informação bibliográfica deste texto, conforme a NBR 6023:2018 da Associação Brasileira de Normas Técnicas (ABNT):

GOMES, Gilberto Mendes C. O plenário do TCU pode limitar o tempo de vista de ministro revisor? Para agilizar o julgamento da concessão do 5G, o TCU fez interpretação heterodoxa do Regimento Interno. *In*: ROSILHO, André. (Org.). *Direito Administrativo e Controle de Contas*. Belo Horizonte: Fórum, 2023. p. 353-354. ISBN 978-65-5518-491-4.

TRIBUNAIS DE CONTAS SÃO IMUNES ÀS LEIS DE PROCESSO?

NOVA LEI DE LICITAÇÕES IMPÕE PRAZO PARA DECISÃO DE MÉRITO EM CAUTELARES

CONRADO TRISTÃO

27.10.2021

O Tribunal de Contas da União (TCU) decidiu representar à Procuradoria-Geral da República para que seja ajuizada ação direta de inconstitucionalidade contra dispositivos da nova Lei de Licitações (Lei nº 14.133.2021).

Questiona-se, em especial, a previsão de que, "ao suspender cautelarmente o processo licitatório, o tribunal de contas deverá pronunciar-se definitivamente sobre o mérito da irregularidade que tenha dado causa à suspensão no prazo de 25 (vinte e cinco) dias úteis, (...) prorrogável por igual período uma única vez" (art. 171, §1º).

O dispositivo destoa do regimento interno do TCU, que prevê a "suspensão do ato ou do procedimento impugnado (...) até que o Tribunal decida sobre o mérito da questão" (art. 276, *caput*). Segundo o ministro relator Bruno Dantas, a nova Lei de Licitações "interfere em matérias de organização e funcionamento desse órgão de controle externo, desrespeitando suas prerrogativas de autonomia e autogoverno".

Mas será que autonomia e autogoverno significam imunidade a normas processuais, que não aquelas propostas ou estabelecidas pelos próprios tribunais de contas?

A Constituição estende aos órgãos de contas determinadas proteções conferidas ao Judiciário, como a competência privativa para "elaborar seu regimento interno" e "propor ao Poder Legislativo" a "alteração" de sua "organização" (art. 73 e art. 96, I, "a" e II, "d"). Contudo, o próprio texto constitucional prevê a necessidade de "observância [pelo regimento interno] das normas de processo e das garantias processuais das partes" (art. 96, I, "a"), de modo que os tribunais de contas não podem, no exercício de seu poder regulamentar, ignorar regras processuais previstas em lei.

Além disso, a interpretação que o Supremo Tribunal Federal (STF) tem dado à prerrogativa dos tribunais de contas para propor leis que alterem sua organização não abrange questões processuais.

Para o STF, importa em violação à autonomia a norma que "usurpa funções fiscalizatórias do TCE-RJ para transferi-las à Assembleia" (ADI 4191); "concede descontos de 50% a 80% em multas administrativas impostas pelo Tribunal de Contas [do estado do Piauí]" (ADI nº 6846 MC); "suprime o inciso (...) segundo o qual a obstrução ao livre exercício das inspeções e auditorias determinadas [pelo TCE-TO] era considerada infração passível de multa" (ADI nº 4418 MC).

Por outro lado, o próprio STF tem aplicado a tribunais de contas prazos processuais previstos na legislação. É o caso da aplicação ao TCU, no âmbito do julgamento da legalidade de aposentadorias, do prazo de prescrição quinquenal do Decreto nº 20.910/1932, que traz regras gerais de prescrição em âmbito judicial e administrativo em relação à Fazenda Pública (RE nº 636.553).

O TCU pleiteia prerrogativa que nem os tribunais judiciais possuem – STF incluso. Órgãos do Judiciário não têm competência privativa para propor ao Legislativo a edição de normas sobre processo. O argumento utilizado pelo TCU de violação a sua autonomia e autogoverno parece estratégia para afastar dos tribunais de contas a incidência de lei que amplia o ônus do controlador.

Informação bibliográfica deste texto, conforme a NBR 6023:2018 da Associação Brasileira de Normas Técnicas (ABNT):

TRISTÃO, Conrado. Tribunais de contas são imunes às leis de processo? Nova Lei de Licitações impõe prazo para decisão de mérito em cautelares. In: ROSILHO, André. (Org.). *Direito Administrativo e Controle de Contas*. Belo Horizonte: Fórum, 2023. p. 355-356. ISBN 978-65-5518-491-4.

DIREITO DE VISTA DO RELATOR NO TCU: CASO ELETROBRAS

PLENÁRIO AUTORIZA O PROCESSO DE DESESTATIZAÇÃO MESMO COM PEDIDO DE VISTA PENDENTE

GILBERTO MENDES C. GOMES
PEDRO A. AZEVEDO LUSTOSA

19.01.2022

A desestatização da Eletrobras é assunto de impacto nacional. O processo do Tribunal de Contas da União (TCU) que o analisa contém uma série de aspectos curiosos. Comentamos aqui relevante ponto processual suscitado durante julgamento do dia 15 de dezembro (Acórdão nº 3.176/2021-Plenário) em que os ministros se manifestaram sobre o direito de vista do relator – tema já tratado em outra ocasião.

No início da sessão, houve antecipação de pedido de vista dos autos sob a justificativa de necessidade de aprofundamento em temas como o impacto tarifário decorrente do encerramento do contrato da Itaipu Binacional e o preço de outorga.

Não obstante o corriqueiro ser o relator conceder a vista e retirar o processo da pauta, ele optou, nesse caso, provavelmente por conta da antecipação do pedido de vista em caso complexo, por adiantar seu voto. Na ocasião, destacou todos os pontos analisados pelo TCU e pontuou suas preocupações relacionadas à incompletude de informações prestadas pelo Ministério de Minas e Energia (MME), aos estudos para aproveitamento ótimo de usinas, à maturação do processo em meio às mudanças regulatórias e às premissas do cálculo do valor adicionado aos contratos. Isso tudo para sugerir determinações e recomendações ao ministério e ao Conselho Nacional de Política Energética (CNPE) para que adotassem medidas relacionadas aos aspectos destacados em sua fala, de modo que a desestatização pudesse prosseguir.

Eis o problema: o pedido de vista, se deferido, adiaria a discussão em mais de mês, já que se tratava da última sessão do ano. Para tentar resolvê-lo, o plenário cogitou realizar sessão extraordinária na penúltima semana de 2021 para análise dessa matéria; ou acatar o pedido de vista sem obstar o seguimento da desestatização, condicionando a eficácia desse procedimento à decisão conclusiva do TCU.

Ambas as propostas encontraram dificuldades práticas, seja porque o Regimento Interno veda sessões plenárias após o dia 16 de dezembro (art. 92), seja porque o adiamento da manifestação do TCU sobre os atos da desestatização traria insegurança jurídica ao processo.

A solução aprovada pelo tribunal foi conceder o pedido de vista e, paralelamente, autorizar o seguimento dos estudos, condicionando eficácia da assinatura do contrato à decisão final de mérito do TCU.

Esta coluna já tratou dos limites aos pedidos de vista voltados a controlar o *timing* de julgamentos do colegiado. A decisão, contudo, se destaca por se afastar ainda mais do Regimento Interno.

O plenário deu interpretação própria à regra processual para o caso concreto, enevoando a credibilidade dos estudos que passarão a ser desenvolvidos para a desestatização da Eletrobras. Trouxe, com isso, insegurança jurídica ao procedimento como um todo.

A desestatização seguirá, mas sob a ameaça de um julgamento inconcluso. A solução costurada *ad hoc* pelo plenário não tem fundamento claro nas normas procedimentais do TCU. Indagado, o que o próprio tribunal diria de um colegiado que flexibiliza regras a que deve se submeter durante deliberação? Ainda que simbólica e para evitar atrasos no cronograma, esse tipo de decisão gera precedente arriscado, sem amparo claro nas normas do tribunal, levantando dúvidas sobre em que tipo de situação será repetida.

Informação bibliográfica deste texto, conforme a NBR 6023:2018 da Associação Brasileira de Normas Técnicas (ABNT):

GOMES, Gilberto Mendes C.; LUSTOSA, Pedro A. Azevedo. Direito de vista do relator no TCU: caso Eletrobras: Plenário autoriza o processo de desestatização mesmo com pedido de vista pendente. In: ROSILHO, André. (Org.). *Direito Administrativo e Controle de Contas*. Belo Horizonte: Fórum, 2023. p. 357-358. ISBN 978-65-5518-491-4.

PARTE 8

PERFIL INSTITUCIONAL E ORGANIZAÇÃO INTERNA DO TRIBUNAL DE CONTAS DA UNIÃO

O STF CONTROLANDO O CONTROLADOR

ASSUMIRÁ O SUPREMO O PAPEL DE FREAR O MOVIMENTO EXPANSIONISTA DO TCU?

EDUARDO JORDÃO

11.09.2019

 Quis custodiet ipsos custodes?, a conhecida frase de "As Sátiras", do poeta romano Juvenal, veicula a preocupação do cético diante da atividade de fiscalização: quem haverá de controlar o próprio controlador, para evitar que ele abuse de seus poderes?
 No contexto do esgarçamento progressivo, pelo Tribunal de Contas da União, das competências que lhe atribuiu a Constituição, essa preocupação é frequente. No nosso ordenamento jurídico, a instituição à qual caberia, eventualmente, impor limites ao TCU é o Supremo Tribunal Federal.
 Esses embates institucionais são politicamente sensíveis e envolvem muito mais do que o mero exame de competências normativas. Mas a julgar por algumas movimentações recentes, o STF parece disposto a enfrentá-lo.
 Nos últimos meses, pelo menos três rumorosas decisões liminares chamaram a atenção: (i) em 19 de agosto, a ministra Carmen Lúcia suspendeu decisão do TCU que multava advogado parecerista por licitação considerada irregular; (ii) em 7 de junho, a ministra Rosa Weber suspendeu os efeitos de decisão do TCU que estabelecera a obrigatoriedade de a OAB prestar-lhe contas e submeter-se à sua fiscalização; (ii) em 3 de maio de 2019, o ministro Marco Aurélio acolheu o pleito do governador do Distrito Federal para determinar que a União

se abstivesse de reter o Imposto de Renda Retido na Fonte de policiais e bombeiros do DF, tal como havia sido determinado pelo TCU.

Decisões fortes e relevantes, prolatadas por ministros diferentes, que compartilham a intuição de que o TCU vem extrapolando as suas competências. Os avanços da Corte de Contas naturalmente aproximam o dia em que algum freio lhe será aplicado. Nesse sentido, eventual impulso de resistência do STF não chegaria a ser surpreendente.

Esses avanços naturalmente afetam muita gente e é natural que os afetados recorram às armas que detêm: a Corte passa, então, de controlador a controlado; de estilingue a vidraça. Uma ilustração desse tipo de reação é o vídeo, que viralizou na internet, em que o governador do Distrito Federal critica fortemente o TCU e anuncia que irá contestar suas decisões no Supremo.

Em artigo publicado aqui na coluna Controle Público, no final do ano passado, Gilberto Mendes Gomes já chamara a atenção para o fato de que o ano de 2019 será marcado por julgamentos importantes do STF sobre a amplitude das competências do TCU.

Além da discussão sobre os prazos de prescrição aplicáveis para o TCU, o STF deverá em breve examinar se a Corte de Contas de fato pode, tal como vem fazendo, (i) desconsiderar a personalidade jurídica de empresas sob sua jurisdição; (ii) aplicar inidoneidade a empresas que houverem celebrado acordos de leniência; (iii) deixar de aplicar normas que entendam inconstitucional; entre outros temas que têm gerado polêmica.

Serão várias, portanto, as oportunidades para testar a extensão do ímpeto controlador do STF.

Informação bibliográfica deste texto, conforme a NBR 6023:2018 da Associação Brasileira de Normas Técnicas (ABNT):

JORDÃO, Eduardo. O STF controlando o controlador: assumirá o Supremo o papel de frear o movimento expansionista do TCU? In: ROSILHO, André. (Org.). *Direito Administrativo e Controle de Contas*. Belo Horizonte: Fórum, 2023. p. 361-362. ISBN 978-65-5518-491-4.

TCU E A DESBUROCRATIZAÇÃO DO CONTROLE

SIMPLIFICAÇÃO DO CONTROLE É O MELHOR CAMINHO PARA APERFEIÇOAR A GESTÃO PÚBLICA

DANIEL BOGÉA

29.04.2020

O papel de maior relevo do Tribunal de Contas da União (TCU) no fomento à desburocratização reside no necessário processo de simplificação do controle. Em 2019, ponderei em coluna deste Observatório do TCU que o controlador pode e deve, por meio de um olhar externo, funcionar como canal de aperfeiçoamento da administração, mas deveria priorizar o exercício de autoavaliação, evitando ser ele próprio um gerador de barreiras burocráticas contraproducentes.

Na última semana, em meio ao caos da pandemia, o TCU prolatou cinco acórdãos que consolidam resultados de grupo de trabalho constituído pela Presidência da Corte justamente para propor ações de desburocratização no âmbito interno do órgão e que tenham impacto externo. O resultado de fôlego impressiona e merece análise aprofundada. Esse espaço, contudo, limita-se a uma primeira sumarização dessas decisões, que trazem novos atos normativos com impactos sobre o funcionamento do Tribunal.

- *Acórdão nº 1004/2020-P*: o TCU emitiu Instrução Normativa sobre a organização e apresentação de tomada e prestação de contas. A partir do diagnóstico de que o rito de prestação e julgamento das contas ordinárias ainda é custoso e de baixa efetividade e eficácia, a IN nº 84.2020 visa à aplicação mais eficiente dos recursos do TCU, limitando o conjunto de casos que devem ser processados como tomadas de contas apenas àqueles em que forem detectados indícios de irregularidade ou de conjunto de irregularidades materialmente relevantes, ou quando detectada a existência de risco de relevante impacto na gestão, a partir de critérios objetivos de custo e benefício fixados pelo normativo.

- *Acórdão nº 1005/2020-P*: o TCU emitiu Resolução sobre as deliberações da Corte, a partir do diagnóstico de explosão do número de atos de comando expedidos nos últimos anos. A tentativa de incremento da qualidade desse tipo de decisão envolve, inclusive, a conveniente obrigatoriedade de solicitação dos comentários do gestor pela unidade técnica previamente à proposição de determinação ou recomendação. A Resolução nº 315/2020 apresenta critérios mais claros para caracterizar e diferenciar hipóteses de recomendação e determinação, bem como os efeitos desses atos de comando.
- *Acórdão nº 1006/2020-P*: o TCU alterou a IN nº 71/2012, com o propósito de otimizar o rito dos procedimentos de tomada de contas especial. A relevante mudança oferece a possibilidade de pagamento do débito antecipado, sem juros de mora, ainda na fase interna do processo.
- *Acórdão nº 1007/2020-P*: o TCU alterou a IN nº 81.2018, estabelecendo como regra a solicitação dos comentários do gestor pela unidade técnica nos processos de desestatização, previamente à proposição de determinação ou recomendação.
- *Acórdão nº 1008/2020-P*: o TCU alterou a Resolução nº 170/2018, que dispõe sobre a elaboração e a expedição das comunicações processuais. As alterações têm como propósito conformar o processo do Tribunal à evolução do ambiente digital. Sua repercussão prática também é de relevo, pois estabelece novo modelo de interação documental eletrônica com o público externo.

Em meio ao cenário de terra arrasada, boas notícias são mais do que bem-vindas. As recentes decisões do TCU, aprovando normativos formatados a partir dos corretos ideais de eficiência e desburocratização, demonstram a formação de um processo interno de reflexão do órgão sobre os potenciais impactos negativos do exercício do controle, mesmo quando bem intencionado.

Que esse aprendizado institucional se aprofunde e assuma caráter permanente, inclusive no que diz respeito à análise continuada dos impactos das normas ora aprovadas.

Informação bibliográfica deste texto, conforme a NBR 6023:2018 da Associação Brasileira de Normas Técnicas (ABNT):

BOGÉA, Daniel. TCU e a desburocratização do controle: simplificação do controle é o melhor caminho para aperfeiçoar a gestão pública. *In*: ROSILHO, André. (Org.). *Direito Administrativo e Controle de Contas*. Belo Horizonte: Fórum, 2023. p. 363-365. ISBN 978-65-5518-491-4.

SIMPLIFICAÇÃO DO CONTROLE PELO TRIBUNAL DE CONTAS DA UNIÃO

RESOLUÇÃO DO TRIBUNAL INCORPORA DIRETRIZES DA LEI DE INTRODUÇÃO ÀS NORMAS DO DIREITO BRASILEIRO (LINDB)

ANDRÉ ROSILHO

06.05.2020

O Tribunal de Contas da União (TCU), como divulgado nesta coluna, tomou decisões que consolidam esforço de simplificação de suas atividades de controle. O Acordão nº 1005.2020-P, que aprovou a Resolução nº 315/2020, sinaliza importante mudança na comunicação com jurisdicionados.

O Tribunal costuma veicular decisões por meio de "recomendações" e "determinações". Segundo orientação jurisprudencial consolidada na Resolução nº 265/2014 (agora revogada), recomendações não seriam vinculantes e apresentariam oportunidades de melhoria da gestão pública. Já determinações seriam vinculantes e visariam corrigir irregularidades.

Mas pesquisas apontam que o Tribunal, em certos casos, teria procurado atribuir efeito cogente a recomendações, aproximando-as, na prática, de determinações.[1]

---

[1] Ver, p. ex., MONTEIRO, Vera; ROSILHO, André. Agências reguladoras e o controle da regulação pelo Tribunal de Contas da União. *In*: PEREIRA NETO, Caio Mario; PINHEIRO, Luís Felipe Valerim (Coord.). *Direito da Infraestrutura, vol. 2*. São Paulo: Saraiva, p. 54 e ss; e PEREIRA, Gustavo Leonardo Maia. *O TCU e o controle das agências reguladoras de infraestrutura no Brasil*: controlador ou regulador? Dissertação de Mestrado. FGV Direito SP, 2019. p. 153 e ss.

Ademais, segundo o relator, seria comum a percepção, "tanto do público interno quanto dos agentes externos", de que o TCU expediria "comandos cogentes sem muitas vezes avaliar a viabilidade [de sua] implementação"; não levaria em conta "o contexto da organização e seus principais problemas antes de propor medidas"; e expediria "comandos para gestores que não possuem competência para sua implementação".

A resolução nº 315/2020 reconfigurou as hipóteses de cabimento de determinações e recomendações e fixou novos parâmetros para seu uso pelo TCU. As mudanças giram ao redor de três objetivos.

O primeiro, *simplificar a comunicação*. O diploma esclareceu que determinações devem conter "comando com ação direta" (art. 8ª, parágrafo único). E vedou que recomendações fossem "genéricas e distantes da realidade prática da unidade jurisdicionada" (art. 12, *caput*) ou baseadas exclusivamente "em critérios que contenham elevada carga de abstração teórica ou conceitos jurídicos indeterminados" (art. 12, parágrafo único).

O segundo, *estimular controle baseado em evidências e com foco em resultado*. É o que se extrai do comando para que recomendações sejam baseadas em "critérios, tais como leis, regulamentos, boas práticas e técnicas de comparação (*benchmarks*)" e "agregue valor à unidade jurisdicionada, baixando custos, simplificando processos de trabalho, melhorando a qualidade e o volume dos serviços ou aprimorando a eficácia e os benefícios para a sociedade" (art. 11, §§1º e 2º, II).

O terceiro, *estimular controle colaborativo*. Para isso, obrigou a unidade técnica instrutiva a oportunizar "aos destinatários das deliberações a apresentação de comentários" e informações "quanto às consequências práticas da implementação das medidas aventadas" (art. 14, *caput*). Art. 21

A resolução aproxima a atuação do TCU à Lei de Introdução às Normas do Direito Brasileiro (LINDB), que obriga autoridades a considerar "consequências práticas da decisão" (art. 20) e "obstáculos"

Disponível em: https:..bibliotecadigital.fgv.br.dspace.bitstream.handle.10438.27366.
Disserta%C3%A7%C3%A3o%20-%20Gustavo%20Maia%20-%20Vers%C3%A3o%20
Biblioteca.pdf.

e "dificuldades reais do gestor" (art. 22) e visa "aumentar a segurança jurídica na aplicação das normas" (art. 30). Trata-se de passo importante para o aprimoramento do controle externo da administração.

Informação bibliográfica deste texto, conforme a NBR 6023:2018 da Associação Brasileira de Normas Técnicas (ABNT):

ROSILHO, André. Simplificação do controle pelo Tribunal de Contas da União: Resolução do Tribunal incorpora diretrizes da Lei de Introdução às Normas do Direito Brasileiro (LINDB). *In*: ROSILHO, André. (Org.). *Direito Administrativo e Controle de Contas*. Belo Horizonte: Fórum, 2023. p. 367-369. ISBN 978-65-5518-491-4.

QUAL MINISTRO QUEREMOS PARA O TCU?

DEBATE JÁ TÍPICO NAS NOMEAÇÕES AO STF DEVE CHEGAR TAMBÉM AO TCU

EDUARDO JORDÃO

26.08.2020

Há cerca de 20 anos, poucos estudantes de direito conseguiriam citar o nome de mais de um ou dois ministros do STF. Hoje, os onze são conhecidos até pelo grande público, que se interessa e discute sobre indicados ao cargo e sobre as regras relativas à escolha e ao exercício do mandato.

O TCU é o próximo STF. Pouco conhecido até recentemente, ampliou progressivamente as suas competências, participou de polêmicas relevantes e se colocou no centro do debate nacional. Não surpreende que a antecipação de aposentadoria do Ministro José Múcio, para o final deste ano, venha causando expectativa, fazendo a mídia especular possíveis nomeados e abrir rodas de apostas.

Até recentemente, nomeações ao TCU não mereciam mais do que uma pequena nota nos jornais e eram objeto de barganha e arranjos políticos. Uma situação muito distante da realidade do STF, em que as ideias do indicado ("terrivelmente evangélico"?) sempre contaram muito. Na nova realidade do TCU, a tendência é que seja necessário conhecer mais a fundo o que mexe com o coração também dos seus nomeados.

Qual perfil desejamos para o novo Ministro? Alguém que encarne a sanha anticorrupção que tem sensibilizado o Tribunal nos últimos anos? Alguém mais propenso à autocontenção, para contrabalancear a (criticada) tendência expansionista do Tribunal? Seriam esses perfis contraditórios ou é possível equilibrar autocontenção e combate a irregularidades?

Dos nove atuais Ministros, não há nenhum negro e apenas uma mulher (a segunda nos mais de 100 anos de história do Tribunal). Seis são formados em direito (dois deles com graduação adicional, em medicina e engenharia), e os outros, em engenharia, administração e medicina veterinária. Dos sete de livre nomeação, cinco eram políticos ao serem nomeados (quatro deputados e um senador); os outros dois eram servidores de carreira do Senado. Quais desses padrões devem ser perpetuados e quais exigem mudança?

São perguntas particularmente relevantes porque as oportunidades para alterar a composição do TCU são raras, além de repartidas entre diferentes instituições. O último presidente a nomear um ministro foi Lula, em 2009. Permanecendo os atuais Ministros nos cargos até a idade limite de 75 anos, os próximos cinco anos verão a abertura de apenas mais duas vagas, em 2022 (Ana Arraes) e 2023 (Raimundo Carreiro).

A rara ocasião, aliás, encoraja debates também sobre as regras de nomeação e de exercício do cargo. Dada a jurisdição do Tribunal sobre agentes públicos e políticos, seria melhor evitar que as indicações viessem do ambiente político? Nas regras atuais, três dos ministros são escolhidos pelo Presidente da República (um livremente, dois após listas tríplices do próprio TCU). As outras vagas são reservadas ao Congresso Nacional (Câmara e Senado, alternadamente).

Para garantir maior renovação, seria melhor cogitar de mandatos fixos? Embora a vitaliciedade e o longo do tempo no cargo possam trazer vantagens, alguns Ministros poderão passar quase 40 anos no TCU. É o caso de Walton Rodrigues e de Bruno Dantas, indicados quase com a idade-limite de 35 anos, e que só se aposentarão, respectivamente, em 2037 e 2053.

São muitas as perguntas. E o debate só está começando.

Informação bibliográfica deste texto, conforme a NBR 6023:2018 da Associação Brasileira de Normas Técnicas (ABNT):

JORDÃO, Eduardo. Qual ministro queremos para o TCU? Debate já típico nas nomeações ao STF deve chegar também ao TCU. In: ROSILHO, André. (Org.). *Direito Administrativo e Controle de Contas*. Belo Horizonte: Fórum, 2023. p. 371-372. ISBN 978-65-5518-491-4.

SERÁ QUE O TCU PREFERE SER TEMIDO?
EM COMUNICADO, TCU OMITE ISENÇÃO DE RESPONSABILIDADE PESSOAL COM BASE NA LINDB

ANDRÉ ROSILHO

07.07.2021

Por meio de boletins de jurisprudência, o Tribunal de Contas da União (TCU) divulga decisões que receberam indicação de relevância sob o prisma jurisprudencial. Todos que lidam com direito público os leem. Em um dos últimos, as seguintes palavras foram escolhidas pela diretoria de jurisprudência do Tribunal para sintetizar o que fora decidido no Acórdão nº 1374/2021-P: tomada de contas especial, responsabilidade, entidade de direito privado, princípio da boa-fé, débito, recolhimento, prazo e renovação.

Após o anúncio da constituição de débito em procedimento de cunho punitivo, houve o destaque: "Por não gerirem recursos públicos, a boa-fé desses agentes [pessoas jurídicas contratadas] pode ser presumida, desde que não haja elementos nos autos que a descaracterizem". A *contrario sensu*, portanto, a boa-fé dos gestores públicos não se presumiria. O recado parece claro: cuidado!

O leitor que acessa a íntegra do acórdão, contudo, é tomado por boa surpresa.

De fato, o TCU apurou irregularidades na execução de contrato de obra e constituiu débito a ser quitado por consórcio contratado. Mas ao contrário do que se poderia imaginar, o Tribunal, apoiado nos arts. 22 e 28 da Lei de Introdução às Normas do Direito Brasileiro, decidiu isentar os agentes públicos de responsabilidade pessoal.

Nos termos do voto do relator, o ministro Jorge Oliveira, o TCU teve o cuidado de individualizar condutas e aferir, com base nas defesas apresentadas e no material probatório coligido pela unidade técnica, se as irregularidades teriam sido, ou não, produto de dolo ou erro grosseiro – e, por conseguinte, se haveria elementos para responsabilização pessoal nos termos do art. 28 da LINDB.

Por exemplo, o responsável técnico pelo gerenciamento e fiscalização das obras – que celebrou aditivo contratual, aprovou planilhas e boletins de medição etc. – não deveria, na avaliação do TCU, ser pessoalmente responsabilizado. É que as circunstâncias concretas (magnitude do empreendimento e complexidade da obra), a boa-fé do gestor (aferida a partir da adoção de conjunto de condutas diligentes) e a ausência de erro grosseiro (culpa grave) o isentariam de punição.

O reconhecimento de erro escusável pelo TCU revela uso adequado da LINDB e postura que, na prática, procura afastar o receio de responsabilização por culpa leve, aumentando a segurança jurídica na interpretação e aplicação do direito público, em consonância com o art. 30 da LINDB.

A pergunta é: por que a diretoria de jurisprudência do TCU optou por sintetizar o acórdão com frase do relator dita em *obiter dictum*? Por que destacar, justamente no boletim que todos leem, frase solta que inspira medo no gestor, sendo que a decisão pretendeu obter sua confiança?

De duas, uma: ou o TCU se comunica mal com a sociedade, ou, como sugeriu André Braga, o Tribunal tende a privilegiar "a divulgação de informações sobre decisões que identificam ou punem irregularidades na condução de licitações ou execução de contratos administrativos". Se o TCU quer se dissociar do tal "apagão das canetas", essa não parece ser boa estratégia.

Informação bibliográfica deste texto, conforme a NBR 6023:2018 da Associação Brasileira de Normas Técnicas (ABNT):

ROSILHO, André. Será que o TCU prefere ser temido? Em comunicado, TCU omite isenção de responsabilidade pessoal com base na LINDB. *In*: ROSILHO, André. (Org.). *Direito Administrativo e Controle de Contas*. Belo Horizonte: Fórum, 2023. p. 373-374. ISBN 978-65-5518-491-4.

MUDANÇAS NO RH DO TCU: MODERNIZAÇÃO OU TREM DA ALEGRIA?

NORMA TRAZ FLEXIBILIDADE E PODE MELHORAR O CONTROLE

GUSTAVO LEONARDO MAIA PEREIRA

13.10.2021

Em sua última sessão plenária, o TCU aprovou norma que modifica a organização de seu quadro de pessoal, com o objetivo de assegurar um pouco mais de flexibilidade na distribuição da força de trabalho.[1]

Os servidores do TCU são distribuídos em três cargos efetivos: auditor federal de controle externo, de nível superior; técnico federal de controle externo, de nível médio; e auxiliar de controle externo, de nível básico. As atividades, inclusive as dos auditores, são desmembradas em duas áreas de atuação: controle externo e apoio técnico e administrativo.

Nas discussões sobre a nova norma, alguns ministros propuseram a eliminação completa dessa distinção. Com a necessidade de integração cada vez maior dos trabalhos no âmbito do Tribunal, a separação seria obsoleta e disfuncional. Mas houve muita reação interna e prevaleceu a visão de que essa diferenciação entre os cargos decorreria de lei.

Ainda assim, foi aprovada uma regra mais flexível referente à ocupação de funções de confiança. Auditores da área de apoio técnico

---

[1] Resolução nº 332/2021, aprovada por meio do Acórdão nº 2.440/2021, rel. min. Vital do Rego.

e administrativo passam a poder assumir algumas chefias de nível intermediário em unidades de controle externo. Também ficou autorizada a ocupação de determinadas funções de confiança – de menor nível hierárquico – por técnicos. A associação que representa auditores da "área de controle externo" manifestou-se dizendo que as mudanças liberavam o "trem da alegria" e seriam "maléficas, atentatórias e corrosivas às prerrogativas institucionais essenciais à imparcialidade, à independência dos Auditores e à higidez das ações finalísticas de fiscalização".

Exagero. As mudanças são orientadas pelo diagnóstico de que há muita gente envolvida com atividades acessórias, de apoio administrativo, enquanto existe déficit nas ações de controle externo. Isso em um contexto em que há respaldo normativo para uma ampliação significativa da terceirização de atividades-meio no âmbito do Tribunal, o que tornaria possível a liberação de mão de obra das atividades de apoio para o trabalho que não pode ser terceirizado.

Além disso, foi aprovada norma que permite a requisição de servidores e empregados públicos para assessorar os ministros – cada gabinete pode requisitar 1 servidor –, o que também rendeu pesadas críticas da entidade de classe. Argumentam que abrirá margem para "conflitos de interesse entre controlador e controlado". A crítica parece descabida. Não é razoável supor que um servidor de determinado órgão ou entidade, cedido para o TCU, passe a trabalhar sorrateiramente na defesa de interesses "privados" do seu órgão de origem ou algo do tipo. A regra é salutar na medida em que permitirá que o trabalho do Tribunal seja mais influenciado pelas complexidades do mundo real do gestor público.

A norma está longe de fazer uma revolução no controle. Faz modificações para dar mais flexibilidade na gestão de pessoal, em sintonia com a necessidade de modernização da máquina pública. Mesmo pequenas mudanças afetam a vida e os interesses das pessoas, o que pode gerar insatisfação. É preciso, contudo, que os assuntos sejam processados de maneira racional e republicana, sem paixões, e que os avanços ocorram, ainda que de modo incremental.

Informação bibliográfica deste texto, conforme a NBR 6023:2018 da Associação Brasileira de Normas Técnicas (ABNT):

PEREIRA, Gustavo Leonardo Maia. Mudanças no RH do TCU: modernização ou trem da alegria? Norma traz flexibilidade e pode melhorar o controle. *In*: ROSILHO, André. (Org.). *Direito Administrativo e Controle de Contas*. Belo Horizonte: Fórum, 2023. p. 375-376. ISBN 978-65-5518-491-4.

TUDO O QUE O TCU QUER NESTE NATAL
... É TER PODER DE VETO SOBRE QUEM SERÃO SEUS FUTUROS MINISTROS

YASSER GABRIEL

08.12.2021

1º de dezembro de 2021, dia seguinte ao degelo de Mariah Carey. O Tribunal de Contas da União (TCU) aprovou a Resolução nº 334 trazendo regras e procedimentos para que ele próprio pudesse aferir a idoneidade moral e a reputação ilibada daqueles que estão na iminência de tomar posse como ministros do TCU. Nela, o tribunal disse que *all I want for Christmas* é alguém que não se enquadre em alguma das situações previstas na resolução. Do contrário, diz a norma, a posse não será dada. Na prática, a resolução "atribuiu" ao TCU o poder de vetar o ingresso de futuros ministros.

Para saber quais situações ensejam o veto, basta ler a norma. Alguns exemplos: (i) ter contra si ação penal recebida por crime doloso contra a Administração Pública ou por alguns dos crimes previstos na lei que disciplina casos de inexigibilidade eleitoral (Lei Complementar nº 64, de 1990); (ii) ser réu em ação de improbidade administrativa que já tenha ultrapassado a fase processual da decisão saneadora; (iii) ter sido sancionado, pelo TCU, com multa ou inabilitação para exercício de cargo ou função pública.

A preocupação do tribunal com garantir a idoneidade de quem ocupará sua cúpula é nobre e faz sentido. Problema é a forma como procurou atendê-la. A resolução não possui respaldo constitucional.

A Constituição estabelece requisitos para a nomeação de ministros do TCU — brasileiros com idoneidade moral, reputação ilibada etc. A escolha dos ministros é feita ou pela Presidência da República, com aprovação do Senado, ou pelo Congresso Nacional (art. 73, §§1º e 2º). Cabe a essas instituições avaliar se os escolhidos estão aptos ao exercício do cargo. Neste processo, a Constituição não atribuiu poder de veto ao TCU. Optou por restringir a escolha à deliberação política da Presidência e do Congresso, feita a partir de alguns parâmetros, objetivos e subjetivos.

OK: o modelo talvez possa ser aprimorado. Mas isso não autoriza o órgão a, contrariando o regime constitucional, "criar" competências para si próprio. É um espaço de atuação que não foi dado a ele ou a outros tribunais que possuem processos semelhantes para escolha de seus ministros e desembargadores, como o Supremo Tribunal Federal (STF) – que, aliás, jamais cogitou do poder de vetar aqueles que tenham sido nomeados e aprovados para o cargo de ministro.

Há formas legítimas de o TCU questionar a escolha de pessoas que entenda inadequadas para ocuparem o cargo. Na arena política, em 2014, a manifestação pública de seu corpo técnico mostrou-se eficaz para mudar o rumo de indicação para vaga aberta com a aposentadoria do ministro Antônio Valmir Campelo Bezerra. A via judicial também é alternativa possível e frequentemente utilizada para discutir a validade de indicações para cargos públicos.

Tudo isso para dizer que, neste Natal, o TCU quis algo além do que o ordenamento jurídico vigente lhe dá. Embora a justificativa pareça sedutora, ela não permite driblar o regime constitucional. As repercussões concretas da resolução provavelmente serão vistas apenas no próximo ano. Por enquanto, resta aguardar e desejar a quem leu até aqui um feliz Natal e um excelente 2022. Volto no ano que vem!

Informação bibliográfica deste texto, conforme a NBR 6023:2018 da Associação Brasileira de Normas Técnicas (ABNT):

GABRIEL, Yasser. Tudo o que o TCU quer neste Natal: ... é ter poder de veto sobre quem serão seus futuros ministros. In: ROSILHO, André. (Org.). *Direito Administrativo e Controle de Contas*. Belo Horizonte: Fórum, 2023. p. 377-378. ISBN 978-65-5518-491-4.

JURISPRUDÊNCIA DO CONTROLE DE CONTAS E IDENTIDADE INSTITUCIONAL DO TCU
OS PRIMEIROS VOTOS DO MINISTRO ANTONIO ANASTASIA

JULIANA BONACORSI DE PALMA

09.03.2022

Há pouco mais de um mês o professor Antonio Anastasia tomou posse como ministro do Tribunal de Contas da União (TCU). Nos oito acórdãos de plenário em que o agora ministro Anastasia foi relator, sobressai como característica a fundamentação com base na jurisprudência do próprio tribunal.

Assim, negou o registro de ato de aposentadoria por incorporação indevida de gratificação, atentando que "há jurisprudência firme no TCU" no sentido da negativa (Ac. nº 786/2022). Desconstituiu registros tácitos de aposentadoria, aplicando o mesmo entendimento que em "decisão recente sobre matéria semelhante" (Ac. nº 374/2022). Seguiu o entendimento do TCU sobre contagem de tempo em casos paradigmáticos visando à incorporação da vantagem de quintos pelo exercício de função de direção, chefia ou assessoramento (Ac. nº 373/2022).

A jurisprudência invocada nesses casos reconhece, empiricamente, a jurisprudência do TCU. Trata-se de trabalho de coleta, análise e sistematização de entendimentos, para reconhecer qual é a jurisprudência firme, as decisões análogas e os casos paradigmáticos.

A jurisprudência revela a identidade do tribunal e orienta a tomada de decisões institucionais. Nos votos, fica evidente a importância das unidades técnicas e do MPTCU no estudo da jurisprudência do controle de contas. A pesquisa técnica e diligente de jurisprudência agrega valor à instituição. A importância de bem compreender o histórico de decisões do tribunal fica ainda mais evidente quando se considera a segurança jurídica.

O ministro Anastasia acatou pedido de reconsideração contra retenção de pagamentos devidos a consórcio de saneamento básico por sobrepreço residual no contrato (Ac. nº 371/2022). A partir de pesquisa de jurisprudência, verificou que "à época da fiscalização da obra (…) as referências de preços para contratação de serviços de engenharia consultivas ainda não estavam consolidadas pelo TCU". Ainda, aplicando-se os parâmetros ratificados sete anos após a fiscalização em caso paradigmático (Ac. nº 1881/2012), não se caracterizaria sobrepreço.

A despeito da unidade técnica e do MPTCU, que entendiam pela invalidade de registro de ato de pensão civil, o ministro Anastasia o considerou legal porque, à época da publicação, em 1998, o ato preenchia todos os requisitos exigidos pelo TCU (Ac. nº 785/2022). Com base em exame de jurisprudência feito pela unidade técnica, o tema recebeu diferentes entendimentos no tribunal: (Decisão nº 565/1997) possibilidade de aposentadoria de servidores que exerceram função de direção, chefia, assessoramento, assistência ou cargo em comissão com décimos incorporados; (Decisão nº 844/2001) revogação desse entendimento; e (Ac. nº 2076/2005) afastamento da aplicação da Decisão nº 844/2001 no exame de casos anteriores, para preservação da segurança jurídica, boa-fé e isonomia. Invocando expressamente o artigo 24 da LINDB e o artigo 2º, parágrafo único, inc. XIII, da Lei Federal de Processo Administrativo, reputou válido o registro do ato de pensão civil.

O ministro afirma que: "[e]m que pese a existência de teses contrárias à aplicação dessas normas (LINDB e Lei n.º 9784/99) ao controle externo exercido por este Tribunal, a diretriz legislativa não pode ser ignorada, principalmente quando se ponderam as peculiaridades do caso concreto" (Ac. nº 785/2022). Fato, legislação e exame dos precedentes – uma preocupação dos primeiros votos do ministro Anastasia que merece destaque.

Informação bibliográfica deste texto, conforme a NBR 6023:2018 da Associação Brasileira de Normas Técnicas (ABNT):

PALMA, Juliana Bonacorsi de. Jurisprudência do controle de contas e identidade institucional do TCU: os primeiros votos do ministro Antonio Anastasia. *In*: ROSILHO, André. (Org.). *Direito Administrativo e Controle de Contas*. Belo Horizonte: Fórum, 2023. p. 379-381. ISBN 978-65-5518-491-4.

SOBRE OS AUTORES

André de Castro O. P. Braga
Mestre em Direito e Desenvolvimento pela FGV Direito SP. Mestre em Administração Pública pela FGV-RJ. Doutorando em Administração Pública e Governo pela FGV-SP. Advogado.

André Rosilho
Professor da FGV Direito SP. Coordenador do Observatório do TCU da FGV Direito SP + Sociedade Brasileira de Direito Público (SBDP). Doutor em Direito pela USP. Mestre em Direito e Desenvolvimento pela FGV Direito SP. Sócio de Sundfeld Advogados.

Carlos Ari Sundfeld
Professor Titular da FGV Direito SP. Doutor e Mestre pela PUC-SP. Presidente da Sociedade Brasileira de Direito Público (SBDP). Sócio-Fundador de Sundfeld Advogados.

Conrado Tristão
Mestre e Doutorando em Direito e Desenvolvimento pela FGV Direito SP. Pesquisador do Grupo Público da FGV Direito SP + Sociedade Brasileira de Direito Público (SBDP).

Daniel Bogéa
Mestre em Ciência Política pela UnB. Mestre em Direito do Estado pela USP. Doutorando em Ciência Política na FFLCH-USP. Sócio de Piquet, Magaldi e Guedes Advogados.

Eduardo Jordão
Professor da FGV Direito Rio. Doutor pelas Universidades de Paris e de Roma. Mestre pela USP e pela LSE. Foi pesquisador visitante em Harvard, Yale, MIT e Instituto Max Planck. Sócio de Portugal Ribeiro Advogados.

Gabriela Duque
Mestre em Direito pela PUC-SP. Especialista em Licitações, Contratos Administrativos e Responsabilidade Fiscal pela ESMA/PE. Advogada em São Paulo.

Gilberto Mendes C. Gomes
Mestre em Direito Constitucional pelo IDP. Especialista pela FESMPDFT. Bacharel em Direito pela UnB. Sócio de Piquet, Magaldi e Guedes Advogados.

Gustavo Leonardo Maia Pereira
Mestre em Direito e Desenvolvimento pela FGV Direito SP. Procurador federal.

Juliana Bonacorsi de Palma
Professora da FGV Direito SP. Doutora e Mestre pela USP e LL.M. pela Yale Law School.

Mariana Vilella
Coordenadora da Escola de Formação Pública na Sociedade Brasileira de Direito Público (SBDP). Doutora e Mestre em Educação pela PUC-SP. Advogada.

Pedro A. Azevedo Lustosa
Mestrando em Direito Regulatório pela UnB. Bacharel em Direito pela UnB. Advogado de Piquet, Magaldi e Guedes Advogados.

Ricardo Alberto Kanayama
Mestre em Direito e Desenvolvimento pela FGV Direito SP. Sócio de Kanayama Advocacia.

Rodrigo Luís Kanayama
Professor Associado de Direito Financeiro e Vice-Coordenador do Programa de Pós-Graduação em Direito da UFPR (PPGD/UFPR). Doutor e Mestre em Direito pela UFPR. Sócio da Kanayama Advocacia.

Vitória Damasceno
Bacharel em Direito pela UnB. Advogada de Piquet, Magaldi e Guedes Advogados.

Yasser Gabriel
Professor da pós-graduação *lato sensu* da FGV Direito SP. Doutor em Direito pela USP. Mestre em Direito e Desenvolvimento pela FGV Direito SP. Sócio de Sundfeld Advogados.

Esta obra foi composta em fonte Palatino Linotype, corpo 10
e impressa em papel Offset 75g (miolo) e Supremo 250g (capa)
pela Gráfica Impress.